QUESTIONS

D'ENSEIGNEMENT NATIONAL

PAR

ERNEST LAVISSE

MAITRE DE CONFÉRENCES A L'ÉCOLE NORMALE
PROFESSEUR ADJOINT A LA FACULTÉ DES LETTRES DE PARIS

PARIS

LIBRAIRIE CLASSIQUE ARMAND COLIN ET Cie

1, 3, 5, RUE DE MÉZIÈRES

—

1885

ERNEST LAVISSE

Maître de conférences à l'École normale supérieure,
Professeur adjoint à la Faculté des lettres de Paris.

L'Année préparatoire d'Histoire de France,
1 vol. in-12, cart. . . . . » 60
**Récits et entretiens familiers sur l'Histoire
de France.** jusqu'en 1328. 1 vol. in-12 cart. . . » 60
La Première année d'Histoire de France,
1 vol. in-12, cart. 1 10
La Deuxième année d'Histoire de France,
1 vol. in-12 cart. 1 50
Histoire générale. in-12, cart. . . . . 1 »

PAUL BERT

Membre de l'Institut, professeur à la Faculté des sciences de Paris.

**La Deuxième année d'Enseignement scienti-
fique** (sciences physiques et naturelles). 1 vol. in-12,
cartonné. 1 50

HENRI MARION

Docteur ès lettres, chargé d'un cours complémentaire
près la Faculté des Lettres de Paris.

Leçons de Morale, 1 vol. in-18 jésus, broché. . 4 »
Leçons de Psychologie, appliquée à l'éducation.
1 vol. in-18 jésus, broché. 4 50

P. FONCIN

Inspecteur général de l'Enseignement secondaire.

L'Année préparatoire de Géographie. à l'usage
des petits enfants. 1 vol. oblong. cart. . . . . . » 75
— *La même,* partie du Maître. 1 25
La Première année de Géographie. à l'usage
des candidats au Certificat d'études primaires 1 vol.
in-4°, cart 1 30
— *La même,* partie du Maître. 2 50
La Deuxième année de Géographie. à l'usage
des élèves de l'enseignement primaire supérieur, de l'enseignement secondaire des jeunes filles, des candidats au
Brevet de capacité, au Diplôme d'études (enseignement
spécial), au Baccalauréat. 1 vol. in-4°, cart. . . . 3 90
— *La même,* partie du Maître. 1 vol. in-4°, cart. . . 1 25

Sceaux. — Imprimerie Charaire et fils.

QUESTIONS

D'ENSEIGNEMENT NATIONAL

PAR

ERNEST LAVISSE

MAÎTRE DE CONFÉRENCES A L'ÉCOLE NORMALE
PROFESSEUR ADJOINT A LA FACULTÉ DES LETTRES DE PARIS

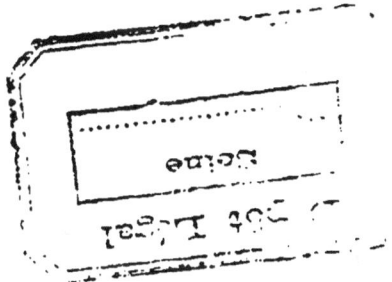

PARIS

LIBRAIRIE CLASSIQUE ARMAND COLIN ET Cie

1, 3, 5, RUE DE MÉZIÈRES

—

1885

QUESTIONS

D'ENSEIGNEMENT NATIONAL

AVANT-PROPOS

———

Un professeur aujourd'hui ne peut point se contenter d'enseigner. Qu'il le veuille ou non, il faut qu'il prenne parti entre les opinions agitées dans ce grand débat, qui a pour sujet la réforme de l'enseignement à tous ses degrés. Les discussions dans les conseils de l'Université, dans les sociétés d'enseignement, dans les journaux et les revues l'y invitent et lui en donnent le moyen.

Les chapitres de ce livre, que je soumets aujourd'hui au jugement de mes collègues et du public, ont été écrits au cours de ces discussions, commencées il y a quelques années, et qui ne sont pas finies. Qu'on me permette de montrer ici le lien qui unit ces divers chapitres et d'en présenter les idées générales.

I

L'idée la plus générale est qu'il faut des élèves à l'enseignement supérieur des lettres. Cela semble un axiome, mais l'axiome n'est pas admis par tout le monde, et je reconnais que ceux d'entre nous qui réclament pour nos facultés des lettres le privilège distinctif de ne s'adresser à personne en particulier et de parler pour tout le monde, expriment avec sincérité l'opinion très haute qu'ils se font de leur dignité professionnelle.

Voici, en peu de mots, la théorie : un homme a donné toutes les preuves officiellement requises de savoir et d'aptitude ; ses titres universitaires le placent en haut de la hiérarchie ; ses travaux ont répandu son nom. Il est professeur dans une Faculté des lettres. L'État l'y a placé pour qu'il fît part au public de ses connaissances, de son talent, de sa méthode. Deux jours par semaine, chaque fois pendant une heure, il monte dans sa chaire. Une affiche a prévenu le public ; le public entre et vient l'entendre. On ne demande à personne ni son nom, ni sa qualité. L'amphithéâtre a, comme l'église, porte ouverte et battante ; le professeur s'adresse à toutes les intelligences, comme le prêtre à toutes les âmes.

Un tel enseignement est, dit-on, nécessaire au public et nécessaire au professeur.

Nécessaire au public, car il faut dans un grand pays, qui occupe un des premiers rangs par l'intelligence, qu'il y ait un service intellectuel public. Il faut, dans une démocratie laborieuse, offrir avec libéralité la haute culture de l'esprit à quiconque ne veut pas vivre seulement de théories politiques et d'affaires. La porte close écartera tel passant qu'aurait peut-être touché un rayon de la grâce. Et plus grand sera le nombre des âmes touchées par la grâce, plus forts nous serons pour lutter contre l'invasion de l'esprit médiocre et du positivisme.

Nécessaire au professeur, car devant le public celui-ci éprouve une sorte de respect et comme une terreur de l'inconnu : il n'osera se présenter la tête vide devant une foule, qui est venue justement pour voir ce qu'il a dans la tête. L'ambition de tenir son auditoire sous l'autorité de sa parole, stimulera en lui l'énergie et soutiendra l'effort qu'il faut faire pour se rendre et demeurer maître de ses idées. Celui qui ne domine point le sujet dont il parle ne domine pas l'auditoire auquel il parle.

C'est ainsi qu'il se fait de professeur à public un échange de services, le public étant instruit des grandes questions philosophiques, littéraires, historiques; le professeur étant obligé à parler avec art sur ces questions.

Il y a, ce nous semble, beaucoup de vérité dans ces opinions, une certaine grandeur dans cette idée d'une hospitalité de l'esprit offerte sans condition, et de la noblesse d'attitude chez un professeur qui fait face à des inconnus, arrachant leurs esprits au loisir, à la frivolité, à l'assoupissement de l'incurie intellectuelle, seul contre tous et sûr de lui.

Voici pourtant des objections. Passons sur les objections moindres, sur les mille choses offensantes et ridicules, qu'on a souvent signalées comme fâcheuses pour le cours public : indignité manifeste d'un grand nombre d'auditeurs, tenues inconvenantes, paupières closes au premier son de la voix, physionomies sans lumière, rires sots, étonnements d'ignorants, etc., etc. Les missionnaires qui prêchent devant des païens ont ces spectacles devant les yeux, et, de plus, ils encourent, s'ils déplaisent, le martyre. Puisque l'on compare le professorat public à un sacerdoce, le professeur doit payer l'honneur de cette comparaison par quelques incommodités. Ne voyons donc dans ces auditoires que la bonne partie du public, pour laquelle il y a plaisir à parler, et à laquelle il faudra toujours faire place dans nos amphithéâtres.

Cette bonne partie du public est très peu nombreuse. Si elle compte, pour toute la France, plus de deux mille personnes, je suis bien trompé. On dira que c'est beaucoup que de donner à deux mille personnes dans un pays la haute culture intellectuelle; sans doute, si ces deux mille personnes sont des esprits actifs et capables de propagande; mais le sont-elles? Il faut, pour le croire, n'avoir pas la moindre connaissance des auditoires de Faculté en province ou à Paris. Les hommes, les femmes, les jeunes filles qu'on y voit y viennent pour leur compte personnel. Ces personnes ne reçoivent d'ailleurs, — ceci est de grande importance pour notre thèse, — que des fragments, souvent très courts, de culture intellectuelle, en écoutant une série de leçons sur tel ou tel sujet déterminé de littérature, de philosophie ou d'histoire. Si bien que, lorsqu'on attribue de ce chef à l'ancien système d'enseignement de grands services rendus, on tombe à coup sûr dans l'exagération.

Ces services, quels qu'ils soient, se payent cher. Quiconque parle devant le public fait des sacrifices au public. Je ne parle pas seulement de la dépense de forces qui est énorme, et qui épuise les plus vaillants. Il y a des sacrifices plus funestes que celui de la santé du corps. S'il est un professeur qui, faisant une de ces grandes leçons, où

1.

il doit, en une heure, composer tout un sujet selon
les règles de la rhétorique (je dis le mot sans
aucune intention maligne), n'a jamais fait la moindre
concession à l'art au détriment de l'exacte vérité,
ne s'est pas rendu coupable de quelque arrangement,
n'a point glissé sur quelque difficulté, insisté sur
quelque détail à effet, je le tiens pour un héros.
J'accorde qu'il se rencontre des héros, à condition
que l'on convienne qu'ils sont rares. Or c'est un
grave inconvénient de l'enseignement devant le
public anonyme qu'il exige de pareils sacrifices ;
il y a en cela seul de quoi compenser les avantages qu'on a tout à l'heure célébrés.

Ajoutez que cette prédication intellectuelle
exige de certaines qualités qui ne sont pas les qualités essentielles du professeur. Quiconque n'a pas
en lui au moins des parties de l'orateur, ne réus-
sira pas dans un cours public, et il aura le choix
entre les deux termes de cette alternative : ou
bien tâcher de paraître ce qu'il n'est pas et forcer
son talent, ou bien se résigner à la réputation
qu'il ne mérite pas d'un mauvais professeur.

Mais voici où nous allons trouver l'irrémédiable
condamnation de l'ancien usage. Un auditoire
anonyme ne fait pas corps. Il n'est pas une personne morale. Il ne manifeste pas de besoins
déterminés. Aussi une faculté ne communique-
t-elle avec lui que par une affiche, où chaque pro-

fesseur met ce qu'il veut. Au vrai, une Faculté qui n'a qu'un public ne forme pas un corps de professeurs ; elle n'a point une méthode et un système d'enseignement. Et nous arrivons à la grande question : y a-t-il un système d'enseignement supérieur de la philosophie, des lettres, de la philologie, de l'histoire ?

Oui certes, et l'enseignement supérieur de toutes ces disciplines qui composent une Faculté des lettres, peut être coordonné en une belle harmonie. La philosophie, les lettres, la philologie, l'histoire offrent à l'étude des monuments de l'esprit humain admirables et variés, construits selon de certaines lois dont il faut pénétrer le secret. Cette étude exige l'acquisition de connaissances étendues et l'apprentissage de certains moyens de travail : or l'enseignement transmet bien mieux que le livre les connaissances acquises, et le maniement des outils de travail ne peut s'apprendre que dans des ateliers. Avec qui voudrait prétendre que l'on a fait assez pour cet enseignement supérieur des lettres, en l'organisant, par fragments toujours, dans des écoles closes où l'on n'entre que par la porte étroite de l'examen, il est inutile de continuer la discussion, car le désaccord est trop grave.

Le corps d'étudiants, substitué au public anonyme, rend donc à une Faculté ce premier service

de la contraindre à former elle-même un corps, ce
qui accroît grandement sa force et son autorité ; il
rend, en outre, un grand service à chaque professeur en particulier, car un professeur, s'il ne parle
qu'au public, risque fort d'enfermer son esprit dans
quelques sujets et de l'y rétrécir. Il est trop évidemment le personnage principal ; il n'est pas invité à
sortir de lui-même, comme il le serait s'il lui fallait
étudier les besoins multiples d'intelligences à lui
confiées. C'est bien de dominer le sujet d'une
leçon, le sujet de tout un cours, mais dominer
un groupe de jeunes intelligences, acquérir et
entretenir en soi les qualités intellectuelles et morales, je dirai hardiment la science et la vertu
nécessaires pour devenir et demeurer un véritable maître, c'est mieux. Un professeur qui a
des élèves est obligé de toujours apprendre, et
c'est là sa récompense, sans parler du plaisir ex-
quis que l'on trouve dans une intimité, qui permet au maître de connaître à fond un esprit, et
lui inspire la volonté de le servir en lui communiquant non seulement ses connaissances, son expérience, sa méthode, mais la passion de connaître et
l'aspiration infatigable vers la vérité.

II

Quels seront les élèves de ces Facultés ? — Au premier rang, ceux-là doivent profiter de l'enseignement supérieur des lettres qui enseigneront les lettres soit dans les lycées et collèges, soit dans les Facultés.

C'est chose à peine concevable que l'on ait compris la nécessité d'une éducation spéciale pour les futurs professeurs, puisqu'il existe des écoles normales, et que, d'autre part, on ait si longtemps abandonné au hasard la formation intellectuelle de l'immense majorité des professeurs de l'enseignement secondaire classique. Durant beaucoup d'années, l'École normale supérieure de la rue d'Ulm a été le seul endroit où l'on se préparât au professorat. Une quinzaine de professeurs en sortaient, bon an mal an, pour le recrutement d'un corps qui compte plus de 3,000 personnes. Et ceux-là seuls qui ont inspecté des classes de collège ou examiné des professeurs de collège, savent l'état intellectuel de jeunes gens, qui, recrutés parmi les bacheliers, et non les meilleurs, entrés le plus souvent dans la carrière sans vocation déterminée, enseignent ou la philosophie, ou l'his-

toire, ou les lettres, ou la grammaire, selon les
besoins du service et les termes de leur nomination. Ces bacheliers forment encore aujourd'hui
le plus grand nombre des professeurs de l'enseignement secondaire. Les plus laborieux arrivent au grade de licencié, qui leur peut ouvrir
les portes d'un lycée, car la majorité des professeurs des lycées n'a pas d'autre grade que la
licence, et la licence, si elle est un certificat de
culture générale, n'est point la véritable preuve
d'une aptitude complète au professorat : cette
preuve, c'est l'agrégation.

Représentons-nous les bienfaits que l'on pourrait attendre d'une éducation meilleure de tout le
corps enseignant : les plus petits collèges ranimés,
les parents autorisés à garder leurs enfants près
d'eux, les lycées devenus de vraies maisons d'élite,
dont l'entrée ne pourrait être obtenue que par
l'agrégation, et, comme couronnement, le corps
professoral animé d'un même esprit puisé dans
une éducation commune, ayant conscience de sa
solidarité et un sentiment raisonné de son rôle
et de ses devoirs : n'est-ce pas un bel objet d'ambition à se proposer que d'accomplir ce progrès?
Il faut bien comprendre la particulière importance de l'enseignement secondaire dans notre
pays, au moment où nous sommes de notre
histoire. Il s'adresse à une classe d'élèves qui

auront à porter sur leurs épaules un très lourd fardeau. Cette classe moyenne, qui détient encore la direction des affaires nationales et qui se partage le service de l'État, a autant de défauts que de qualités ; si elle ne devient point meilleure, nous n'avons plus qu'à fermer les yeux et à nous abandonner aux hasards de l'avenir.

Ainsi, c'est un devoir envers la nation que d'appeler à participer aux bienfaits de l'enseignement supérieur des lettres les futurs professeurs de l'enseignement secondaire. C'est pourquoi les pouvoirs publics ont donné aux Facultés leurs boursiers de licence et d'agrégation. Il viendra un jour où tous les professeurs des lycées et des collèges auront reçu l'éducation supérieure, où l'on n'entrera plus dans l'Université, comme on entre dans l'administration des contributions indirectes, sans préparation aucune, et parce que le professorat est le premier gagne-pain que l'on ait trouvé sous la main. Ce grand progrès se fera lentement et non sans difficultés. Aujourd'hui, c'est-à-dire au début même de l'œuvre, on rencontre des embarras. Les nouveaux licenciés, sortis en grand nombre des Facultés, ne trouvent pas aisément place dans le corps universitaire, encombré de tant de bacheliers, jeunes ou vieux, que l'on ne peut rejeter du jour au lendemain. Surtout, n'allons point nous arrêter devant cet obstacle. Il faudra peut-être limiter pour un temps le nombre des boursiers, en calculant chaque année le nombre probable des vacances dans l'enseignement secondaire ; mais il faut faire pénétrer de plus en plus dans le corps enseignant l'idée que la banale, vulgaire et insuffisante épreuve du baccalauréat ne suffira point à quiconque demande à l'État qu'on lui confie charge d'âmes.

A côté de ces élèves, qui forment déjà le noyau du personnel des étudiants en lettres, il reste une large place pour tous les jeunes gens de bonne volonté, et il faut dire, en y insistant, que les Facultés ne doivent point devenir des séminaires uniquement occupés de la préparation au professorat.

C'est chose connue qu'un grand nombre de jeunes gens ne savent que faire au sortir du lycée. Pendant longtemps, tant que les Facultés des lettres ne donnaient pas autre chose qu'une collection de cours publics, il ne semblait pas que ce fût « faire quelque chose » que de suivre ces cours. On n'acquérait point, par là, une qualité. L'aspect de ces auditoires où les têtes blanchissantes ou blanchies étaient les plus nombreuses donnait l'idée que cet enseignement s'adressait à des retraités, non à des apprentis. « Il va toujours faire son droit, disait le père de famille en parlant de son fils, et nous verrons

après ! » Et c'est ainsi que beaucoup de jeunes
gens ont « fait leur droit », faute de pouvoir faire
autre chose, sans se destiner pour cela aux carrières juridiques, et alors que l'enseignement des
facultés des sciences ou des lettres leur aurait été
bien plus profitable. Chacun de nous connaît
nombre de cultivateurs, d'industriels, de commerçants, d'oisifs, qui ont encombré dans leur
jeunesse, sinon les salles des cours, au moins les
registres d'inscription des Facultés de droit, et
dont la place était dans les laboratoires ou dans
les auditoires de la Sorbonne. Ils y auraient reçu
et des notions plus utiles à leur vie, et cette culture générale, qui est trop rare dans notre pays.
Il faut s'attendre à voir durer encore quelque
. temps cette coutume singulière. On n'apercevra,
on ne comprendra clairement que dans quelques
années le rôle nouveau des Facultés des lettres.
Il appartiendra surtout aux professeurs qu'elles
auront formés, et qui resteront, si elles le veulent
bien, en relations avec elles, d'avertir les meilleurs élèves des lycées et des collèges, que tout
n'est point fini pour l'éducation de l'esprit, et qu'il
y a en France un certain nombre de Facultés où
l'on fait autre chose que des cours publics et des
examens de baccalauréat.

Les Facultés des lettres n'auront-elles pour
élèves que ceux qui ne sont point les élèves

d'autres Facultés ? Si elles prétendent avec raison distribuer la culture générale, cette culture générale n'est-elle pas nécessaire à tous les jeunes gens qui se destinent aux professions publiques ou aux carrières libérales, parmi lesquelles il faut compter la politique ? Assurément, elle leur est nécessaire, et nous ne souffrons que trop du préjugé enraciné qui les en dispense. Lorsqu'à chaque session de baccalauréat, nous avons prononcé, en congédiant un candidat heureux, la parole sacramentelle : M. X. est admis, ce n'est point sans éprouver la crainte que M. X. ne se croie au bout de ses peines. Il y a une misère intellectuelle particulière au plus grand nombre des bacheliers, et qui peut se comparer à la misère en habit noir. Elle se déguise sous une apparence où il y a des trous. Et il n'est pas étonnant que les professeurs des Facultés de droit se plaignent du dénûment où ils trouvent leurs élèves : incertitude dans les connaissances essentielles, ignorance de l'histoire, défaut d'activité personnelle, incapacité de l'initiative. C'est pourquoi souvent les professeurs de droit montrent aux jeunes étudiants le chemin des Facultés des lettres et leur recommandent l'étude de la philosophie et celle de l'histoire. Malheureusement, les études juridiques sont longues ; elles sont difficiles ; les Facultés de droit, justement parce qu'elles se plaignent de la faiblesse de leurs élèves, craignent de ne pouvoir accomplir leur mission propre, si ces jeunes gens sont partagés, à parts égales, entre deux Facultés. Jusqu'ici on n'a pu s'entendre sur la mesure de l'éducation littéraire supérieure qu'il conviendrait d'imposer aux étudiants en droit. Exiger d'eux la licence ès lettres a paru chose impossible. On s'entendra peut-être, le jour où l'on voudra bien renoncer à cette idée malheureuse que des études ne peuvent être constatées que par des examens officiels, solennels et uniformes. Il serait plus facile, sans doute, de demander, non pas à tous les étudiants en droit, mais à ceux qui pousseront leurs études jusqu'au doctorat, la preuve qu'ils ont suivi pendant deux années à la Faculté des lettres un cours d'histoire et un cours de philosophie, et de se contenter, pour cette preuve, d'un certificat du professeur dont ces jeunes gens se seront faits les élèves? On verrait ainsi, sans que les études juridiques eussent à souffrir, au contraire pour le plus grand profit de ces études, s'accroître dans les Facultés des lettres le nombre des étudiants en droit; il s'en trouve déjà, au moins à Paris, qui comptent parmi les meilleurs de nos élèves.

Futurs professeurs, étudiants sans souci de carrière, étudiants en droit, voilà évidemment le personnel désigné des étudiants en lettres ; mais il n'y a point limite à un auditoire de faculté des lettres, et la constitution d'un corps d'étudiants n'a pas pour conséquence obligée l'exclusion du public. Un jour ou l'autre, elle amènera une épuration de ce public, et elle fera reconnaître la nécessité d'une discipline des amphithéâtres ; mais ce sera toujours le privilège des facultés des lettres d'attirer à elles tous ceux qui recherchent la culture de l'esprit. Aussi ne faut-il point souhaiter que ces facultés modifiées prennent des formes rigides et s'y emprisonnent. La Faculté de Paris s'est gardée soigneusement de tomber dans cet excès. Elle a parmi ses élèves de futurs professeurs auxquels elle donne, de la façon la plus complète, l'éducation professionnelle et l'éducation scientifique. Elle a des étudiants qui lui demandent le complément de leur éducation intellectuelle et qui le trouvent sans peine dans cet imposant ensemble de ses cours et de ses conférences. Elle a des auditeurs de tout âge qui se pressent dans ses cours demeurés publics. Elle laisse à chacun de ses membres la liberté de choisir dans la tâche commune ce qui convient le mieux à son esprit et à la mesure de ses forces. C'est pour cela qu'elle voit tous les jours s'accroître son influence, son autorité et la place qu'elle tient dans le système de notre éducation nationale.

Pour que ce progrès continue, il est désirable que l'enseignement déjà si riche de nos Facultés des lettres s'enrichisse encore, et qu'elles fassent une part plus grande aux choses modernes. Il est très regrettable que la géographie s'y trouve si peu représentée, et que les littératures étrangères n'y soient pas mises au même rang que les lettres anciennes. Ce n'est point assez d'une chaire de littérature étrangère et d'une chaire de géographie dans une faculté. La géographie, largement enseignée, c'est l'enquête sur la terre, sur le sol, sur l'habitant, sur les aptitudes humaines, sur le travail, sur la proportion des forces dont dispose chaque race et chaque nation ; elle contient l'histoire de la découverte du monde par l'homme et de la conquête de la nature par l'esprit. Son domaine n'a d'autre limite que l'activité humaine. L'enseignement des littératures étrangères est une enquête d'une autre sorte, mais non moins indispensable. Il faut estimer à son prix l'admirable travail qui nous fait retrouver dans l'étude des lettres anciennes les civilisations d'autrefois, mais ne pas dédaigner d'appliquer le même travail aux lettres modernes pour y saisir l'esprit des civilisations d'aujourd'hui. Il n'y aura point d'enseignement des lettres vraiment complet, tant que nous ne nous donnerons pas autant de peine pour pénétrer les secrets du génie anglais et allemand, slave, espagnol ou italien que nous le faisons pour retrouver le génie grec ou le génie latin. Et comme cet enseignement serait bien à sa place à côté de celui des lettres anciennes et des lettres françaises ! Quelle lumière sortirait de ces études sur la filiation des différents génies, qui se succèdent dans l'histoire, sur les caractères de ceux qui occupent en même temps la scène historique !

Puisque nous parlons ici des étudiants des facultés, n'est-ce pas le moyen d'attirer auprès d'elles tous les esprits sérieux de la jeunesse que de leur offrir ce viril aliment de la vie moderne ? Tel étudiant en droit ou en médecine, passe, aujourd'hui, sans s'arrêter devant les portes d'une faculté des lettres, qui entrerait, et s'asseoierait et reviendrait, s'il savait y trouver de quoi élargir son intelligence d'homme du xixe siècle. N'oublions pas, nous qui vivons par nos études dans le passé, et qui, trouvant là une source de jouissances délicates, sommes tentés d'y demeurer, que la majorité des hommes vit dans le présent et a le souci de l'avenir. Ne nous excluons ni du présent, ni de l'avenir. —

III

Il est difficile de définir d'un mot un enseignement si varié, qui a l'ambition de satisfaire à tant

de besoins. C'est tantôt une haute vulgarisation,
c'est-à-dire le résumé fait par un maître des connaissances acquises et des jugements portés sur
telle ou telle grande question de philosophie, d'histoire, de littérature ; tantôt un exercice professionnel, dont l'objet est de préparer de futurs universitaires à la tâche difficile de former des esprits et
de les munir de connaissances ; tantôt l'apprentissage des moyens de travail, tantôt la recherche
scientifique proprement dite ; mais, dans toutes
ces opérations, l'enseignement supérieur doit être
conduit par cette idée qu'il a pour office de faire
des esprits libres.

Qu'on n'objecte pas à ceux qui se réjouissent de
voir aux pieds de leurs chaires des élèves véritables qu'ils mettent l'enseignement supérieur sous
le joug des examens. Ils savent fort bien ce que
vaut un examen. Ils ont été les premiers, et j'ajoute
qu'ils sont les plus autorisés, à réclamer contre
l'omnipotence de cet être de raison, souvent dif-
forme et toujours content de lui. Ils ont obtenu
qu'on lui imposât des modifications importantes.
Ils espèrent le réduire un jour à n'être plus qu'un
certificat d'études intelligentes, rationnellement
conduites. En attendant, il n'est pas un seul d'entre eux qui soit assez modeste pour se plier aux
lois d'un programme, et, s'ils aident leurs élèves
dans la préparation aux grades qui leur sont néces-

saires, c'est justement pour leur assurer autant
qu'ils peuvent cette liberté d'esprit sans laquelle il
n'y a point de véritables études supérieures.

En dernière analyse, celui-là aura été un véritable étudiant qui se sera mis en état de ne point
toujours *jurare in verba magistri*, qui aura, au
cours de ses études, par le moyen de ces études
mêmes, et par le progrès naturel de son esprit,
acquis cette activité intellectuelle par laquelle il
deviendra nne personne, ou si l'on veut une unité
qui se placera devant les zéros. Il ne faut pas
dédaigner le zéro : je me rappelle, pour ma part,
que, tout enfant, j'admirais la puissance étrange
de ce signe qui multiplie l'unité ; mais tous les
zéros du monde, sans l'unité, donnent au total
zéro. Faisons des unités ; nous en avons grand
besoin. Affranchissons des esprits : il est temps
que nous renouvellions le fonds de nos idées en
toutes choses. La pénurie d'idées est un mal dont on
meurt, comme on meurt de la pénurie d'hommes, et
c'est un des graves soucis de ceux qui suivent avec
attention notre histoire contemporaine que cette
incapacité à produire autre chose que des mots et
des formules, cette hardiesse dans ces mots et
dans ces formules, et cette timidité à l'égard des
choses. Il y aura bientôt un siècle que la surface
de notre pays est agitée par des révolutions, que
les programmes luttent contre les programmes,

et que les uns après les autres se trouvent être des mensonges, non parce que ceux qui les ont faits ont voulu mentir, mais parce qu'ils ont été impuissants à se dégager du fardeau des opinions acquises et des coutumes établies. Il y aurait à oser plus d'une nouveauté, petite et grande; mais si nous avons un parti de destructeurs, où donc sont les novateurs?

Nous voilà bien loin, ce semble, de l'enseignement supérieur et de ses méthodes, pas si loin cependant, et bien que nous ne voulions pas attribuer à l'école, si haute qu'elle soit, la puissance de transformer le monde, il est certain que, si elle mettait en circulation chaque année, parmi les hommes qui se destinent à la politique, des esprits préparés à l'étude des questions et capables de les dominer, nous arriverions peut-être à mieux faire qu'à nous épuiser sur place.

IV

Mettons que nous venons de dire des utopies. On ne niera pas du moins que l'organisation des facultés, composées d'un corps de maîtres et d'un corps d'étudiants travaillant ensemble, aura pour effet d'accroître la production scientifique de la France. Cet effet est déjà visible : il se marquera de plus en plus. Pour ne parler que de l'histoire, il est d'un heureux augure que des revues provinciales soient nées, où se trouvent des travaux de valeur ; que les thèses doctorales deviennent plus nombreuses et qu'il ne s'en rencontre plus où il n'y ait un sérieux effort et des qualités de méthode ; que l'on se soit mis à travailler pour ce public d'étudiants, entre les mains duquel on va placer d'excellents instruments de travail, manuels scientifiques et recueils de bibliographie ; que des apprentis se forment ainsi en plusieurs ateliers et que l'on puisse prévoir le jour où de vaillants ouvriers, employés à telle ou telle partie de la tâche, exploreront et fouilleront notre histoire nationale. Ceux qui passent leur vie à étudier cette histoire savent les obscurités qu'on y a laissées, et qu'elles ne peuvent être dissipées que par un effort collectif de travailleurs entendus à la besogne.   —

Comparez ici encore une Faculté sans élèves à une Faculté de maîtres et d'étudiants. Vous pourrez avoir dans la première des maîtres éminents, — et des noms de professeurs illustres se présentent tout de suite à l'esprit. — Ils écriront un ou plusieurs beaux livres, qui feront honneur à la littérature nationale et à l'esprit français. Mais vous aurez aussi des maîtres d'esprit ordinaire, inca-

pables d'une grande œuvre, que cet exemple donné
par les grands professeurs désespérera et perdra ;
qui, voulant trop faire, ne feront rien, et dont
l'existence aura passé ainsi, inutile aux autres et à
eux-mêmes. D'ailleurs, maîtres illustres et maîtres
médiocres, quand ils descendront de la chaire,
ne laisseront personne derrière eux. Prenons un
exemple : n'est-il pas regrettable qu'il ne se soit
pas formé une école de travailleurs autour d'un
professeur, d'un historien comme Guizot? Sans
doute, tous tant que nous sommes, nous lui devons quelque chose, soit que nous l'ayons entendu,
soit que nous l'ayons lu ; mais comme il est
regrettable que Guizot n'ait pas eu autour de lui
un cortège de disciples pour les employer à préparer ou à contrôler telle ou telle partie de la
tâche, à fouiller tel détail de tel chapitre de son
histoire de la civilisation, et les préparer ainsi au
travail personnel, tout en les faisant collaborer
à son œuvre? Dans une Faculté ayant un corps
d'étudiants, les grands maîtres demeurent de
grands maîtres ; ils entreprennent, mais avec plus
d'aide et de sécurité, de grandes œuvres. Les
maîtres plus modestes trouvent l'emploi de leurs
forces moindres ; ils sont soutenus par cette collaboration de l'élève, enhardis par la conscience
même des services qu'ils peuvent lui rendre. Et
les uns et les autres lèguent une tradition à des

continuateurs. Pour laisser une trace profonde dans cette grande œuvre du travail scientifique tel que nous le comprenons aujourd'hui, il ne suffit pas de s'appeler A ou B, et que ce nom soit un grand nom : il faut s'appeler légion.

Au reste, les élèves d'une Faculté ainsi organisée par le travail ne sont pas contenus dans l'enceinte de cette faculté si vaste qu'elle soit. Là où l'enseignement supérieur est actif, ses disciples sont répandus dans toute la nation. Pour ne parler encore que de l'histoire, quiconque enseigne l'histoire, dans un collège ou dans une école, est le disciple de ceux qui travaillent au progrès de la science historique.

Dans un collège ou dans une école, ai-je dit : il faut, en effet, ne pas oublier l'école. Il ne s'agit pas de faire les superbes et les dédaigneux, et de s'estimer si haut placé dans sa chaire que l'on n'aperçoive point tout en bas de la hiérarchie le maître d'école avec les fils des paysans et des ouvriers, car ces fils de paysans et d'ouvriers, c'est la plus grande partie de la France. Il ne s'agit pas non plus de s'isoler dans sa dignité intellectuelle et morale, et de croire ou de faire semblant de croire que la force morale ne se transmet pas. De même que les sciences positives ont leurs applications dans l'industrie, les sciences morales ont leur application dans la vie nationale. On pardon-

nera à un professeur d'histoire cette conviction
qu'il est utile de verser jusqu'aux profondeurs intimes de la nation la connaissance élémentaire de
notre histoire, le sentiment de ce que nous avons
été, de ce que nous sommes dans le monde. Sans
doute, la transmission se fera souvent par des
maîtres insuffisants à des écoliers incapables ; beaucoup de temps sera perdu : des mots inutiles ou
inintelligibles seront jetés dans des mémoires qui
ne les garderont point ; mais c'est un mal que nous
pouvons atténuer, si nous ne dédaignons pas de
diriger, de conduire par la main les maîtres de ces
écoliers ; ce faisant, nous serons récompensés de
la peine, car il y a, dans ce monde aujourd'hui si
actif de l'école populaire, une grande vertu : on a
le courage d'y être bon Français et de le dire.
Vous n'y rencontrerez pas cette détestable crainte
du ridicule, qui nous fait hésiter devant les grands
mots qui expriment les grands sentiments. On pro-
noncera le mot patriotisme avec quelque emphase,
mais cela ne vaut-il pas mieux que de le dire tout
bas, avec une hésitation de la langue, comme si
on voulait se faire pardonner cette hardiesse à
offenser le bon goût ? Je dirai plus encore. J'ai
peur que ce ne soit pas seulement l'expression qui
manque au sentiment dans une certaine partie de
la nation, mais que le sentiment même n'y ait pas
cette vigueur qu'il lui faut pour posséder les âmes.

Les hommes qui ont la vie à la fois la plus occupée et la plus facile ne sont pas ceux qui ressentent le mieux certaines douleurs et sont le plus prêts à certains sacrifices. Les âmes et les vies plus simples sont plus sensibles. On trouvera dans les rangs élevés d'une société des âmes fières, que le sentiment même de leur dignité préservera contre les bassesses et conduira sans effort aux actions héroïques; mais il faut à la France la foule des héros inconnus; elle est dans les ateliers et derrière les charrues. Parlons-lui en soignant notre parole, et, comme la plus lourde part de devoirs pèse sur elle, donnons les raisons capables de lui faire comprendre ces devoirs et de les lui faire aimer.

Je dirai seulement à ceux qui trouveraient extraordinaire cette relation entre l'enseignement supérieur et l'école primaire, entre la science et le patriotisme : Regardez l'Allemagne. J'ajouterai : Il ne se passe pas de session de baccalauréat où des examinateurs ne soient emportés par l'indignation, en constatant que des jeunes gens ne savent point l'histoire de nos défaites de 1870, ne connaissent pas le tracé de notre frontière de l'Est, ont oublié Metz, ou bien donnent Nancy à l'Allemagne. On se demande dans quel milieu ils ont vécu. Ce sont, dira-t-on, des exceptions monstrueuses : je le souhaite. Il faut travailler à les

faire disparaître : sans doute, mais il faut peut-
être aussi chercher dans un autre milieu.

V

Telles sont les idées générales que l'on trouvera
répandues dans ce livre. Elles ne sont pas neuves,
mais elles ont besoin d'être dites et redites. Si l'on
me permet, en terminant cet avant-propos, de dire
en quelles circonstances les diverses parties du livre
ont été écrites, j'aurai l'occasion de payer ma dette
de reconnaissance envers la Faculté des lettres de
Paris. Voilà bientôt cinq ans qu'elle m'a fait l'honneur de m'appeler à elle. Si vivement que je sen-
tisse cet honneur, je n'ai point passé sans quelque
mélancolie les premiers mois d'enseignement :
c'était le second semestre de l'année 1879-1880.
Transporté tout à coup d'une conférence de l'École
normale, où le maître vit dans l'intimité de ses élèves, je me trouvai dépaysé dans ces grands amphithéâtres, et bien que je n'eusse aucune répugnance
pour la parole publique, et que je n'estimasse point
à bas prix le plaisir d'être maître d'un auditoire,
même anonyme, il me semblait qu'il manquerait
à ma vie un grand charme, si je n'avais autour de

moi un cortège d'intelligences jeunes, et s'il me fallait renoncer à inspirer ce sentiment si délicat d'affectueux respect que chacun de nous a ressenti pour ses maîtres. Je terminai ma première leçon en adressant un pressant appel à ceux qui voudraient, dans cet auditoire, se déclarer mes élèves. Mon dernier mot, après que j'eus marqué la place de l'enseignement historique dans la vie nationale, fut : « Je vous en prie, messieurs, travaillons ensemble! » Personne ne sortit de l'auditoire, ni ce jour-là, ni les jours suivants pour répondre à mon appel. Ce fut pour moi un véritable chagrin. La grande leçon me semblait encore supportable. Le public y est nombreux. On est soutenu par la présence d'un auditoire; on peut laisser glisser le regard sur les choses qui vous y déplaisent, s'attacher aux figures intelligentes, ou bien à la rigueur parler pour soi-même et y trouver son plaisir. Mais la petite leçon, qu'il était d'usage de faire à une heure matinale et sur un sujet plus technique, attirait une dizaine de personnes, disséminées dans cette salle qui en pouvait contenir trois cents. Pour moi, je ne pus me résoudre à faire qu'une seule de ces petites leçons dans des conditions pareilles. J'allai demander à mes élèves de l'école normale de ne pas m'abandonner dans le désert; je leur proposai de continuer avec eux mon enseignement une heure par semaine. Je

transportai la petite leçon au jeudi à cinq heures
pour qu'ils pussent venir, et dans le petit amphithéâtre Gerson, pour que nous fussions à peu
près chez nous. L'année se termina ainsi. A la
rentrée suivante, des mesures prises par le ministère de l'instruction publique, avec l'approbation
de la Faculté, commencèrent à produire leur effet.
Ces mesures salutaires sont la réforme de l'examen
de licence, qui a donné des étudiants tout jeunes
aux professeurs d'histoire, et la création des bourses
d'agrégation, qui leur a donné des élèves plus
mûrs. Depuis, les élèves sont devenus de plus en
plus nombreux. Tout un personnel intéressant par
la diversité des provenances et des aptitudes s'est
formé autour de nous.

Il a fallu le loger, lui donner les moyens de travail, organiser son éducation. La Faculté a fait
tout cela, chacun s'y prêtant, sacrifiant ses habitudes et ne marchandant ni sa peine ni son temps,
M. le doyen Himly s'enquérant et s'occupant de
toutes choses, dirigeant avec prudence cette œuvre
de transformation, et mon très cher et regretté
ami, Albert Dumont, prêtant à cette bonne volonté
le concours de la sienne, de son autorité, de son
expérience, et, au milieu du redoutable travail
que lui imposait la direction de tout l'enseignement supérieur, s'intéressant par-dessus tout aux
progrès de la Faculté des lettres de Paris.

Toutes ces idées que je viens d'exprimer, Albert Dumont les avait. Il aimait la science pour elle-même, mais aussi pour les bienfaits dont la culture scientifique comble un pays. Il savait qu'il travaillait pour le bien public. Il voulait faire et faisait une œuvre nationale. Cet homme d'un esprit si fin et si cultivé, avait le patriotisme simple des braves gens, et c'est pourquoi, le jour de ses funérailles, lorsque j'ai vu, au sortir de l'église, le drapeau s'incliner devant son cercueil, j'ai pensé que cette récompense, la plus haute que puisse recevoir un citoyen, Albert Dumont la méritait.

ERNEST LAVISSE.

Paris, 4 décembre 1884.

L'ENSEIGNEMENT HISTORIQUE

EN SORBONNE

ET

L'ÉDUCATION NATIONALE [1]

I

Il arrive quelquefois en France qu'un homme, parvenu à l'âge de la curiosité sérieuse, se prend du désir de connaître l'histoire de son pays. Il se met à lire une ou deux de nos histoires générales, et cette lecture lui donne des renseignements et des idées: le livre fermé, il les repasse dans sa mémoire et les examine; alors des doutes lui viennent : en beaucoup d'endroits il ne voit pas clair. Après avoir réfléchi, il dresse un catalogue de questions et se met en quête des réponses; mais son embarras est grand, car il ne sait où s'adresser. Quand on veut s'informer sur l'histoire de l'Allemagne, on trouve chez le premier libraire allemand venu un volume in-8º de 250 pages, contenant la bibliographie de l'histoire allemande : d'abord la liste des collections d'historiens et de documents; ensuite les titres des revues et des histoires générales et ceux des livres les meilleurs sur tous les sujets : religion, église,

1. Leçon d'ouverture au cours d'histoire du moyen âge, à la Faculté des lettres de Paris, en décembre 1881.
Extrait de la *Revue des Deux-Mondes*, livraison du 15 février 1882.

classes sociales, institutions et pouvoirs politiques, associations, villes, propriété, guerre, finances, commerce, industrie, agriculture, lettres et arts. Dans une troisième partie, des chapitres dont chacun correspond à une période de l'histoire, offrent à la fois la bibliographie des documents et celle des travaux historiques : d'une part, les matériaux; d'autre part, la mise en œuvre. La lecture de ce petit volume inspire le respect de la science historique. Cette œuvre immense, infiniment variée dans le détail, mais qui présente un ensemble ordonné, ne peut point ne pas atteindre son objet, qui est la découverte de la vérité; c'est la première pensée qui vienne à l'esprit. On s'aperçoit aussi qu'il existe en Allemagne une organisation du travail. On relève des noms de sociétés qui ont été fondées soit pour publier les documents, soit pour les critiquer, soit pour en tirer l'histoire d'une institution, d'une ville, d'une province, d'un État, d'une période. On découvre une filiation entre des œuvres d'hommes qui ont été instruits au même atelier. Des associations de maîtres et d'élèves, d'historiens proprement dits et de juristes, de philologues, de philosophes, de théologiens, d'artistes, tous pénétrés et guidés par l'esprit historique, se sont prêté un appui mutuel, et sont arrivées par la persévérance et l'union dans l'effort à éclairer les questions difficiles et à résoudre les problèmes solubles.

Un pareil livre n'existe pas en France [1]. On est réduit à s'informer comme on peut, presque au hasard et au jour le jour, dans des bulletins bibliographiques

---

1. Cette lacune va être comblée. M. Monod va publier à la librairie Hachette le catalogue que nous réclamions. C'est un service qu'il ajoutera à ceux qu'il a rendus déjà aux sciences historiques.

et dans des catalogues de bibliothèques ou de librairies. Si le personnage que nous avons supposé tout à l'heure veut s'adresser à des personnes, à défaut de guides écrits, il les verra isolées les unes des autres, enfermées dans leurs cabinets, accablées sous le poids de telle ou telle tâche, et disposées à trouver déraisonnable la curiosité du visiteur. « Vous voulez savoir, lui dira-t-on, quelle était à l'origine l'organisation de la société française; comment les droits de l'État sont tombés dans l'appropriation privée et comment ils ont fait retour à l'État; ce qu'était alors un juge; au nom de qui et selon quelle loi il jugeait; comment gouvernaient les premiers Capétiens; ce que signifient leurs ordonnances; lesquelles étaient pour le domaine, lesquelles pour le royaume; jusqu'à quel point elles ont été obéies; quels étaient les moyens de contrainte et le châtiment de la désobéissance; mais vous n'êtes point difficile, vraiment! Moi à qui vous parlez, je voudrais le savoir aussi. Croyez-vous donc que j'aie pu apprendre à moi seul toute l'histoire du pouvoir royal, toute celle des provinces de France? Nous sommes quelques travailleurs, mais nous ne nous connaissons pas les uns les autres. Faute d'entente réciproque et d'informations, il nous arrive de refaire des recherches déjà faites, perdant ainsi le bénéfice de l'acquis. Nous sommes d'ailleurs trop peu nombreux. Pour venir m'interroger sur l'histoire de la France, attendez qu'elle soit faite. »

Ce dernier mot, qui a été dit en effet, et par quelqu'un qui saurait l'histoire de France si on pouvait la savoir, est exact rigoureusement. L'histoire de la France est à faire et ne sera faite que lorsque des escouades d'ouvriers munis de bons instruments auront défriché toutes les parties du champ. La besogne est

commencée, il est vrai ; nos grands érudits du XVIIe et
du XVIIIe siècles ont marqué les voies qu'il faut suivre
et dessiné les cadres dont il faut renouveler le con-
tenu ; mais les bras manquent à la tâche ; le nombre des
historiens est très petit, et l'intérêt pour l'ancienne histoire de notre pays presque nul. C'est là un très grand
mal, de grave conséquence, et dont il faut rechercher
les causes avant de parler des remèdes que l'on essaie
aujourd'hui.

La première cause du discrédit où est tombée notre
histoire est la destinée même de la France. La Révolution n'a laissé subsister chez nous aucun des monuments d'autrefois, j'entends ces monuments vivants qui
durent en d'autres pays : royauté, sacerdoce, classes
ou corporations, villes et pays privilégiés, dont les privilèges, contraires à la raison, sont fondés en histoire.
Il suffit d'un monument de pierre, église, manoir ou
maison de ville pour arrêter même le voyageur ignorant et provoquer ses questions : quels hommes ont
fait cela ? quand ? pourquoi ? Mais si le prêtre est dans
l'église et qu'il soit encore membre d'une corporation
à qui la perpétuité de l'usage donne des privilèges dans
l'État ; s'il reste au châtelain quelque ombre des droits
seigneuriaux d'autrefois ; si le lord-maire, siégeant dans
la maison commune, y garde la charte d'affranchissement, le passé persiste sous les yeux des vivants pour
entretenir la curiosité publique. Ces êtres historiques,
familles, classes, corporations, en ont la religion et le
défendent contre l'oubli : ils donnent à l'historien à la
fois le moyen de le remettre en lumière, et cet encouragement nécessaire qui est l'intérêt même qu'ils prennent
à ses travaux. Ces secours manquent en France à l'historien. Certes notre passé vit au fond de notre être pour
former notre tempérament national ; mais il n'a point

laissé de traces visibles. C'est affaire d'érudition de reconstituer l'ancienne société française, comme d'étudier les sociétés grecque ou romaine. Ajoutez que la Révolution, qui a tenté cette expérience héroïque de faire vivre tout un peuple selon les lois de la raison, nous a façonnés à ne comprendre et à n'aimer que le simple, l'axiome ou, comme on dit en politique, le principe avec ses conséquences logiquement déduites. Toute complication nous répugne. Il faut à des Français plus d'efforts qu'à d'autres hommes pour se reconnaître au milieu de ces vieux édifices de tous styles, où les annexes s'enchevêtrent autour du corps principal et brisent leurs lignes les unes contre les autres, parce qu'elles ont été bâties sans ordre préétabli, au cours de la longue vie d'un peuple.

Nous avons, il est vrai, une façon de nous intéresser à notre histoire : ce n'est pas la bonne. La Révolution a ses défenseurs et ses ennemis, et les uns et les autres demandent des armes à l'histoire. L'ancienne France est leur champ de bataille : ils l'étudient, mais comme deux armées un champ de bataille, pour y saisir les accidents de terrain favorables, sans nul souci des vertus du sol ni des moissons qu'il a portées. Nous · sommes des polémistes, et la vérité court risque de subir des attentats au cours des polémiques. Nous plaidons une cause perpétuellement: or quel avocat n'a jamais menti, au moins par omission de parties gênantes de la vérité ? Prenant pour point de départ l'heure où nous vivons et pour cortège les préjugés du parti politique où nous sommes enrôlés, nous allons demander au passé la preuve que nous pensons juste et que nous agissons bien. Pour citer un exemple, Augustin Thierry avait entrepris d'immenses recherches sur l'histoire du Tiers état. La sincérité de son esprit ne saurait être mise en doute. Il la prouve en déclarant dans la préface d'une édition de son *Essai sur le Tiers état*, parue après 1848, qu'il ne comprend plus la suite des événements depuis la révolution de Février, attendu que toute l'histoire de la France lui semblait aboutir par une sorte de voie providentielle au régime de la royauté de 1830. La tentation est très naturelle de croire que le moment de la durée indéfinie où notre vie s'écoule ne ressemble point aux autres, que nos ancêtres ont travaillé pour nous tout justement, et que les institutions de notre choix sont les meilleures; mais il y faut résister vigoureusement, si elle est capable de nous induire à croire que toute l'ancienne France ait été en gestation du règne de Louis-Philippe.

Entre ces partis qui se combattent et ces avocats qui se querellent, la neutralité tranquille, qui est l'état nécessaire de l'historien, est difficile à garder. Elle suppose le courage, qui n'est pas une vertu banale, car notre pays est un de ceux où l'on pèse le mieux les risques auxquels on s'expose en parlant sur l'histoire. L'habitude prise de la rajeunir, de l'accommoder aux idées et aux goûts de l'heure présente et de l'animer de nos passions, fait que l'on suppose toujours une intention à l'historien le plus désintéressé. Si l'on fait mine seulement d'essayer la critique des hommes ou des choses de la Révolution; si même, sans penser à mal, on se plaît à raconter telle période du XIIIᵉ siècle, où nos ancêtres ont vécu heureux sous un régime conforme à leurs idées et à leurs croyances, on passe clérical et réactionnaire. On est terroriste et jacobin si l'on reproche à la monarchie en décadence les fautes et les crimes par lesquels elle a détruit le persévérant amour des Français pour leurs rois. C'est donc une mauvaise condition que celle de l'historien en France. Il n'a pas de public pour entendre l'histoire impartiale du passé. Il n'est pas porté à l'étudier, comme l'historien anglais à suivre le développement de la vie nationale anglaise, souvent hâté par des crises terribles, mais jamais interrompu. L'Angleterre s'enorgueillit de s'appeler la vieille Angleterre; vieille France est presque une injure : cela marque la différence.

Pourtant cette disposition de l'esprit public n'est point l'obstacle principal à l'activité du travail historique dans notre pays. Il y a un apprentissage à la profession d'historien; sans doute, la règle principale de la méthode, — ce n'est point la plus facile, — est de n'être point sot, et la culture d'un esprit bien doué à sa naissance donne à l'historien ses qualités maîtresses : encore faut-il qu'il sache lire les documents, en vérifier l'authenticité, la date ; qu'il ait acquis de vastes connaissances générales. Où donc se fait en France l'apprentissage de l'historien? — Nulle part, si l'on met de côté pour un moment l'École normale, celles des Chartes et des Hautes études.

Dans les pays allemands et scandinaves, la plupart des historiens sont des professeurs d'histoire, qui ont fait des études dans les Universités : ils y enseignent et ils y travaillent; mais ceux qui professent dans les gymnases sont capables de faire des recherches personnelles et de fournir leur contingent à cette œuvre commune dont l'immensité nous confond, nous qui faisons et pouvons si peu de chose. Chez nous, en effet, il n'y a presque pas d'historiens parmi les professeurs d'histoire, par la raison que la grande majorité d'entre eux n'a pas reçu d'éducation historique. Aujourd'hui encore beaucoup de professeurs débutent avec le titre de bachelier; et, si modeste que soit son titre, le bachelier candidat à quelque chaire de collège est un maître

Jacques réputé propre à toutes besognes. Le ministre
ou le recteur fera de lui un historien, un grammairien
ou bien un philosophe, selon les besoins du service.
Le bachelier passera licencié s'il est ambitieux et laborieux; mais la licence, jusqu'à la réforme dont il sera
parlé tout à l'heure, était un examen tout littéraire; on
n'y tenait point compte de telle ou telle spécialité
d'études, et le licencié, comme le bachelier, attendait
sa vocation de l'autorité administrative. J'en ai vu un,
l'an dernier, qui, après avoir quitté l'Université pour
courir après la fortune qu'elle n'a pas coutume de donner, y voulait rentrer et se préparer à l'agrégation de
grammaire. On lui offrit une chaire d'histoire : « Je
ne sais pas, vint-il me dire, un mot d'histoire. » Je
l'engageai à se récuser, à patienter, mais sa famille
attendait du pain. Heureusement, on lui trouva une
classe de grammaire; il avait acheté déjà des manuels,
et se disposait à apprendre son histoire en chemin de
fer.

L'anecdote paraît invraisemblable, et l'on voudrait
croire que c'est là un accident; mais, l'an dernier, des
professeurs licenciés, délégués dans les lycées à Paris
pour y enseigner l'histoire dans les basses classes, ont
suivi des conférences préparatoires à l'agrégation faites
à la Faculté des lettres de Paris. Nous nous sommes
enquis de leur passé et nous avons gardé copie de cet
interrogatoire. Cinq avaient passé la trentaine. Voici
le *curriculum vitæ* de M. A. : trente-trois ans; a été
maître répétiteur à Valenciennes, Amiens, Paris, jusqu'à l'âge de vingt-huit ans; ensuite, professeur de
grammaire au collège d'Orange, pendant deux ans; a
demandé, sur le conseil du recteur d'Aix, une chaire
d'histoire, qu'on lui a donnée à Lunéville; s'est présenté deux fois à l'agrégation, sans avoir eu le moyen

de s'y préparer; a échoué. — M. B. a trente ans: il a débuté à dix-huit ans; successivement aspirant-répétiteur à Troyes, à Reims; maître auxiliaire à Nancy, où il a préparé sa licence ès lettres; devenu licencié, a été nommé professeur de seconde à Épinal; aurait bien voulu être professeur d'histoire; a, pendant quatre années, attendu une chaire d'histoire; enfin, professeur d'histoire à Commercy et à Compiègne; s'est préparé à l'agrégation, sans secours; a échoué. — M. C. a trente-deux ans; a débuté à vingt ans, est resté cinq ans maître d'études; il désirait enseigner la grammaire, mais on lui a donné une chaire d'histoire qu'il a gardée sept ans; s'est préparé à l'agrégation de grammaire, sans aucun secours; a échoué; s'est préparé à l'agrégation d'histoire, sans secours encore; a échoué. — M. D. a trente-quatre ans; il est resté maître d'études pendant quatre ans; licencié, il aurait voulu enseigner l'histoire; a été professeur de quatrième pendant quatre ans, à Guéret; puis de philosophie et de rhétorique à Saint-Flour, sur réquisition du recteur, qui avait besoin d'un philosophe; y est resté trois ans, la pénurie de philosophes persistant; a obtenu enfin la chaire d'histoire du collège de Saintes; s'est préparé à l'agrégation toujours sans secours ni succès. — M. E. a été cinq ans maître d'études, six ans maître élémentaire, sans oser demander une chaire d'histoire, parce que le professeur d'histoire, ne donnant pas de leçons particulières, est plus pauvre que ses collègues.

Ainsi, de ces cinq jeunes gens, un est devenu professeur d'histoire sur un conseil donné en passant par son recteur; un second est demeuré longtemps professeur de grammaire, quand il voulait être professeur d'histoire; un troisième a été professeur d'histoire, quand il voulait être professeur de grammaire; un quatrième a été, plusieurs années durant, philosophe malgré lui; le cinquième a craint de mourir de faim. Tous les cinq ont un grand mérite : entrés dans l'enseignement public par goût ou par nécessité, ils ne se sont pas endormis; ils ont conquis le grade de licencié ès lettres après beaucoup d'efforts; puis ils ont affronté le difficile concours de l'agrégation d'histoire, et les premiers échecs ne les ont pas découragés. Quand ils auront enfin touché le but, leurs cheveux grisonneront. Ils pourront être de bons professeurs; mais pour devenir des historiens, il leur reste trop à faire. Tous les cinq nous ont avoué qu'ils n'avaient fait aucun travail personnel; qu'ils s'étaient instruits dans des livres de seconde ou de troisième main; qu'ils avaient exercé leur critique à comparer des manuels les uns aux autres; qu'ils n'avaient jamais étudié un document; d'ailleurs les documents inédits de l'histoire ancienne et de l'histoire du moyen âge leur étaient inaccessibles, personne ne leur ayant parlé d'épigraphie, ni de paléographie, ni de diplomatique; personne ne leur ayant enseigné les règles de la critique des textes. Ce n'est point leur faute, évidemment, s'ils achèvent leur carrière sans avoir payé à la science le plus petit tribut personnel.

On a réservé tout à l'heure l'École normale, l'École des Chartes, et l'École des Hautes études. Toutes trois rendent de grands services, mais aucune d'elles ne forme un historien complet. La culture est trop générale à l'École normale, qui prépare surtout au professorat : elle est trop particulière à l'École des Chartes et à l'École des Hautes études, qui préparent surtout aux travaux d'érudition.

Un normalien reçoit de ses maîtres, il acquiert par lui-même et au contact de ses camarades, recrutés comme

lui dans l'élite des élèves de l'enseignement secondaire,
une éducation littéraire qui le rend propre à tout travail, en affinant l'instrument intellectuel; mais le futur
professeur d'histoire emploie une première année à se
préparer à la licence ès lettres; sur la seconde année,
qui est consacrée à l'étude des littératures, de la philosophie et de l'histoire, il prélève le plus de temps
possible pour ses études historiques; mais, au vrai, il
n'a qu'une année qui lui appartienne, la troisième. Ce
n'est pas assez. Il n'a point le temps d'acquérir les
vastes connaissances bibliographiques nécessaires, ni
de faire ce long et tranquille usage des documents qui
forme l'esprit à la critique et y enracine le goût et
l'habitude du travail personnel. N'est-il pas invraisemblable que l'on ne donne à l'École normale que depuis
quelques années des notions de paléographie, et qu'on
ait laissé partir tant de générations de professeurs incapables de mettre en œuvre les documents qui gardent,
sous la poussière des archives et des bibliothèques, de
précieuses parcelles de vérités historiques et parfois
des vérités entières? Sans doute, il faut admettre que
le professeur sorti de l'École normale continuera de
travailler, faire cas de sa valeur personnelle et beaucoup espérer de son initiative; mais ne comptions-nous
pas ainsi sur les qualités natives de nos soldats et de
nos officiers, sur leur habileté à s'accommoder aux
circonstances, et sur le talent, que nous disions tout
français, de se « débrouiller » ? Par l'expérience, il a
paru trop évident qu'il eût mieux valu que nos forteresses fussent préparées à la défense, nos corps d'armée à l'offensive, que nos officiers eussent des cartes
de nos frontières et sussent les lire. C'est une règle
absolue qu'en toutes sortes d'entreprises on doit laisser
au hasard la moindre part, et, quand une institution

entend former des professeurs d'histoire et des historiens, elle doit leur fournir les moyens de devenir ce
qu'elle veut qu'ils soient.

En somme, les élèves historiens ne sont prêts, au
sortir de l'École, ni pour l'enseignement de l'histoire
qu'ils ont apprise en grande hâte, ni pour les recherches sur les choses difficiles. C'est pour cela que beaucoup essaient de se soustraire au service immédiat
dans l'Université, et sollicitent un congé ou une mission
à l'étranger. Comme des places sont réservées à des
élèves sortants dans les écoles d'Athènes et de Rome,
ceux qui peuvent les prendre s'en saisissent, et les
voilà engagés, mais non par choix et réflexion, dans
les voies de l'histoire ancienne. Certes il ne faut pas se
plaindre que l'École normale convie ses élèves à l'étude
de l'antiquité classique, et qu'une partie du contingent
fourni par elle poursuive les tranchées ouvertes par
tant de maîtres illustres dans l'inépuisable carrière du
marbre antique; mais il est permis de regretter que,
dans une école qui est la pépinière de l'Université de
France, les meilleurs parmi les élèves, les vainqueurs
des concours d'agrégation, soient sollicités à déserter
l'étude de l'histoire de France [1].

L'École des Hautes études nous a donné des savants

---

1. Il n'y pas de doute que l'École normale se transformera
pour monter d'un degré. L'opinion la plus générale, parmi ceux
qui ont, comme moi, l'ambition de la voir grandir, paraît être
que le concours à l'entrée devrait être fait entre des candidats
déjà licenciés; que, la première année étant employée à l'achè-
vement de l'éducation littéraire générale, les deux autres devraient l'être à des études spéciales de lettres, d'histoire, de philosophie et de philologie. Viendraient ensuite le séjour aux
écoles d'Athènes et de Rome, et les missions à l'étranger, qui
pourront être très largement accordées, le jour où les Facultés
fourniront à l'enseignement secondaire un contingent nombreux
et solide.

et des critiques. Plus ancienne et déjà vénérable, l'École des Chartes a sauvé l'étude de l'histoire de France. Les chartistes ont publié des documents d'une importance capitale. Quelques-uns les ont commentés en étudiant, à ce propos, les plus difficiles questions de l'organisation sociale; d'autres ont écrit l'histoire de grands personnages et, par la même occasion, celle des mœurs et des coutumes à telle ou telle époque; d'autres enfin ont retrouvé les secrets de nos histoires provinciales. Quand on voudra se mettre à étudier sérieusement notre histoire, il faudra se mettre à l'école des chartistes. Mais j'exprimais le regret que les élèves des Hautes études et des Chartes reçussent une culture trop particulière. Il n'est pas bon d'enfermer un jeune homme, au sortir du collège, dans une partie de l'histoire, dans le moyen âge surtout; car l'étude de cette époque est pleine de séductions que le vulgaire n'y soupçonne point. Elle attire les esp its les plus divers : érudits qui aiment les problèmes difficiles, philosophes qui se plaisent à scruter la pensée humaine en un moment où elle est compliquée et confuse, artistes séduits par l'éclat de tant de couleurs et la variété de tant de lignes, politiques même qu'intéresse le spectacle d'une société produite par le chaos, et qui a fini par trouver ses règles et les mettre en codes. Mais cette étude si séduisante est pleine de dangers. Si l'on n'a pas l'esprit assez cultivé pour mettre cette époque à sa place dans l'histoire générale, on est exposé à tomber dans le préjugé en faveur du moyen âge, si répandu parmi les chartistes. On court risque aussi de se perdre dans des détails ou de se confiner dans des recoins; car les recoins sont nombreux, les détails infinis, et l'effet accoutumé d'un apprentissage où l'étude des moyens techniques d'investigation tient une large place, est d'ôter à l'esprit le sentiment des proportions. On arrive à grossir ce qui est petit, à estimer comme une découverte quelque nouveauté misérable, à tenir pour médiocre ce qui est connu, à laisser les grands chemins pour les sentiers, les sentiers pour les impasses et Charles Martel pour Childebrand. Il ne faut point manier pour le seul plaisir de les manier les instruments de la découverte historique. Si l'on a porté le microscope sur un grain de poussière, il faut l'y laisser le temps de constater que c'est bien un grain de poussière, pas une minute de plus.

Il y a donc de graves défauts dans ces écoles où se forment les professeurs d'histoire et les historiens. Ajoutez-y celui-ci, qu'elles ont très peu d'élèves. Chaque année, l'École normale donne quatre ou cinq professeurs, l'École des Chartes une quinzaine d'archivistes, l'École des Hautes études quatre ou cinq jeunes gens capables d'entreprendre des travaux d'érudition; et, parmi les professeurs, plusieurs se contenteront d'être des professeurs; parmi les archivistes, plusieurs se contenteront d'être des gardiens d'archives. Ces trois écoles réunies ne donnent pas assurément une demi-douzaine d'historiens par année. Comment s'étonner que l'obscurité dure sur tant de points de notre histoire nationale?

II

Telle est la double cause, politique et administrative, de cet abandon où nous laissons l'histoire de France : nous ne sommes point en un bon état d'esprit pour l'étudier, et il y a de graves défauts dans notre organisation scolaire. Le temps seul change un état d'esprit, mais on peut trouver un remède aux vices d'une organisation. Ce remède est trouvé : on commence à l'appliquer en Sorbonne et dans la plupart des Facultés des lettres.

Pendant que des jeunes gens abandonnés cherchaient des maîtres, les maîtres des Facultés cherchaient des élèves. Les Facultés de droit et de médecine ont toujours eu leur clientèle assurée d'étudiants qui se destinent aux fonctions et professions juridiques ou à la profession médicale ; mais la seule fonction à laquelle puissent préparer les Facultés des sciences et des lettres, est le professorat, et, comme la grande majorité des professeurs se recrutait et se formait à la grâce de Dieu, pendant que la très petite minorité entrait à l'École normale, ces facultés avaient des auditeurs, mais pas d'élèves. On leur a donné leurs élèves naturels, les futurs professeurs ; ainsi a commencé une réforme de l'enseignement supérieur, qui permet aujourd'hui les plus belles espérances.

Pour faire l'histoire de cette réforme, il faudrait remonter au ministère de M. Duruy, bien entendu ; car M. Duruy a mis en route toutes les réformes de l'enseignement public. Pour donner des élèves aux professeurs de sciences et de lettres, il s'adressa aux jeunes gens sur lesquels il avait autorité, aux maîtres d'études, aux professeurs bacheliers qui voulaient devenir licenciés. Il nomma, dans les lycées des chefs-lieux académiques où siégeaient les Facultés, des maîtres auxiliaires, à qui la maison donnait le vivre et le couvert. Il engagea les jeunes professeurs dans chaque ressort académique à se rendre au chef-lieu, le jeudi, pour y suivre des conférences. Il négocia avec les Compagnies de chemin de fer afin d'obtenir le parcours à prix réduits pour ces pèlerins universitaires, et il suivit avec une sollicitude constante le progrès de ces petites écoles

normales secondaires, qui naissaient et croissaient ;
mais par tous ces moyens, les Facultés les plus favo-
risées n'obtenaient qu'une vingtaine d'élèves. M. Duruy
aurait voulu faire davantage. Dans le rapport à l'empereur qui précède la *Statistique de l'enseignement
supérieur*, publiée en 1867, il parle de la nécessité de
donner aux Facultés des élèves boursiers ; d'y multiplier les moyens de travail, et de doter largement
laboratoires et bibliothèques ; mais le budget d'alors
n'était pas généreux envers l'instruction publique :
le malheur ne nous avait point encore appris qu'une
économie faite sur l'école coûte cher. Aujourd'hui le
budget n'a pour nous que des largesses [1] ; il nous
comble, dès que nous avons désiré ; il va même au-
devant de nos désirs. Un des meilleurs emplois de cette
générosité patriotique a été l'institution de bourses nombreuses, — bourses de licence, créées par M. Waddington, et bourses d'agrégation, créées par M. Ferry,
— qui permettent à des jeunes gens de se préparer
auprès des Facultés aux grades et aux fonctions universitaires. Les boursiers ont été à peine réunis auprès
des maîtres que des étudiants libres sont arrivés. Il y
a aujourd'hui près de quatre cents étudiants à la Faculté des sciences ; il y en a plus de trois cent cinquante à la Faculté des lettres, et le progrès a été si
rapide pendant ces dernières années qu'il est difficile
de dire où il s'arrêtera. On en jugera par l'extraordinaire accroissement qui s'est produit d'une année à
l'autre dans le nombre des étudiants en histoire.

Le 28 octobre 1880, des professeurs de la Faculté des
lettres se réunissaient dans le cabinet de M. Gréard,
vice-recteur de l'Académie de Paris, avec des maîtres

---

1. Ceci a été écrit en 1882.

de conférences de l'École des Hautes études, et il se partageaient l'étude des auteurs et des questions marquées au programme de l'agrégation d'histoire et de géographie [1]. C'était une heureuse innovation que de grouper ainsi des hommes séparés par un cadre administratif, mais unis par la communauté de la vocation, et tous désireux de fonder en Sorbonne une École historique. Huit jours après, le comité d'histoire, composé des professeurs d'histoire, présidé par M. Wallon, alors doyen de la Faculté, faisait comparaître devant lui les candidats à l'agrégation : c'étaient deux boursiers d'agrégation et une douzaine de professeurs licenciés, délégués pour l'enseignement historique dans les lycées de Paris. Le 22 novembre, dans une troisième séance, les professeurs et maîtres de conférences rédigeaient une affiche portant en tête : « Agrégation d'histoire et de géographie. Conférences et exercices préparatoires. » Chacun avait choisi son auteur et sa question ; chacun s'était engagé à diriger des exercices pratiques, et à donner aux candidats les indications utiles à leurs études. On avait décidé que ces conférences seraient ouvertes seulement aux boursiers de la Faculté, aux élèves des écoles normale et des Hautes études et aux étudiants régulièrement inscrits sur un registre ouvert au secrétariat de la Faculté; que l'entrée des salles serait défendue contre le public par un appariteur spécial : que des livres seraient achetés au moyen d'un crédit à solliciter du ministère. Dans une dernière réunion, tenue le 4 janvier 1881, la liste des livres à acquérir fut arrêtée. Déjà les conférences étaient ouvertes et le petit séminaire d'histoire en activité. Tout ce qui avait été demandé avait été accordé.

1. Cette importante séance était présidée par M. Albert Dumont, directeur de l'Enseignement supérieur.

Cette première année d'enseignement intime de l'histoire s'est bien passée. Des élèves de l'École normale et quelques étudiants libres s'étaient joints aux boursiers et aux délégués : nous avions vingt-cinq élèves auxquels les conférences ont rendu de grands services. Mais ces conférences n'étaient qu'un essai d'organisation de l'enseignement historique en Sorbonne, car nous pensions qu'il n'est point de la dignité d'une Faculté de préparer des étudiants pour un concours, si relevé qu'il soit. D'ailleurs les jeunes gens que nous avions devant nous étaient pressés de terminer leurs études tardives, et quiconque prépare un examen à courte échéance n'écoute ni son maître, ni lui-même : il entend à l'avance les questions de l'examinateur. En aidant nos élèves, nous ne faisions que réparer ce passé où on les avait laissés errer sans guides, nous ne préparions pas l'avenir ; mais il était permis d'espérer que l'année suivante amènerait à la Faculté des étudiants plus jeunes et qu'elle garderait assez longtemps pour leur donner l'éducation historique. Cette espérance n'a pas été trompée. Les étudiants ont amené des étudiants, le travail des travailleurs, et la réforme de la licence ès lettres est venue fort à propos seconder nos efforts. Cet examen reste un examen littéraire, mais il n'a plus l'inflexible uniformité d'autrefois : il tient compte des vocations particulières. Le futur historien y trouve des épreuves littéraires sérieuses, une composition en français, une autre en latin, et des explications d'auteurs grecs, français, latins; mais certaines épreuves de la licence ès lettres pure lui sont épargnées; il les remplace par des épreuves historiques. Le premier examen de la licence ainsi modifié ne devait se faire qu'au mois de juillet 1882; mais la seule annonce de cette réforme a eu pour effet de nous amener plus d'une centaine d'étu-

diants en lettres et histoire. C'est la première fois qu'en
France tant de jeunes gens se trouvent réunis pour
étudier l'histoire.

Dès le début de l'année scolaire, le comité d'histoire
s'est réuni, sous la présidence de son directeur,
M. Himly, aujourd'hui doyen de la Faculté des lettres.
Cette première séance a été employée à rédiger l'affiche et à répartir entre les professeurs les matières du
concours d'agrégation. Mais nous avions désormais
mieux à faire que de préparer des candidats à l'agrégation; le moment était venu d'organiser une École
historique. Il fut décidé que l'affiche annoncerait un
ensemble de cours et de conférences faits à la Faculté
et à l'École des Hautes études, et propres à servir, par
la variété des sujets et des méthodes, à l'éducation
d'un historien. Ces cours sont très nombreux et le
nombre s'en accroit chaque année : dès la fin de la
dernière année scolaire, un cours de philologie et
d'histoire grecque [1]; au commencement de celle-ci, un
cours de paléographie et de diplomatique du moyen
âge et un cours d'histoire contemporaine ont été ins-
titués. Peu à peu, les vides se comblent, les *desiderata*
sont satisfaits. Il est donné aujourd'hui à la Sorbonne
vingt-cinq leçons d'histoire et de géographie par
semaine. Il s'agit maintenant de diriger les étudiants,
de mettre de l'ordre dans leur travail et de déterminer
un système d'éducation où chacun d'eux prendra ce
qui convient à ses forces, à ses goûts et à sa vocation.

---

1. Cette conférence a été instituée par M. Charles Graux, que
la mort vient de nous enlever. Nul n'était plus capable d'enseigner à la fois la philologie et l'histoire que ce jeune homme,
qui, étant un philologue de premier ordre, allait mettre sa
science au service de l'histoire. Je me fais un devoir de rendre
une fois de plus hommage à sa mémoire.

C'est une garantie de succès que le comité d'histoire voie bien toutes les difficultés de l'œuvre entreprise.

L'éducation la plus parfaite serait celle qui formerait un historien sans programme ni souci des futures exigences d'un métier. Un jeune homme arrive à la Faculté : son goût et le libre choix de sa volonté le prédisposent aux études historiques. Aucune contrainte ne lui est imposée. Il demande à l'enseignement des lettres et des sciences d'achever la culture de son esprit, et en même temps il apprend à connaître l'immensité du domaine historique. Les professeurs et les livres lui donnent les notions actuellement acquises sur les périodes principales de l'histoire. Son intelligence déjà sérieuse et réfléchie se pénètre d'idées générales dont il vérifiera lui-même un jour la valeur, mais qui seront ses guides provisoires. Cette partie de son éducation terminée, l'étudiant apprend ce qu'il faut savoir pour arriver par soi-même à la connaissance de la vérité. Il manie le microscope, mais sans courir le danger de perdre son temps à considérer des objets inutiles, car il sait la valeur et la proportion des choses. Supposez maintenant que cet étudiant devenu un homme soit libre encore dans la vie : sa curiosité se porte sur les points discernés et choisis par lui; il apprend ce qu'il veut savoir, et il n'est jamais tenu à dire que ce qu'il sait. Voilà un historien privilégié.

Il viendra un jour à la Faculté des étudiants de cette sorte; il en vient même déjà; mais le groupe principal de nos élèves se composera toujours de candidats aux grades et aux fonctions universitaires. Or les professeurs de la Sorbonne, à qui l'État donne des boursiers de licence et d'agrégation, ont le devoir de former de bons maîtres pour les lycées et les collèges, et, dans ces maîtres, ils veulent en même temps préparer l'his-

torien. L'éducation professionnelle ne nuira-t-elle pas à
l'instruction scientifique, ou l'instruction scientifique à
l'éducation professionnelle? Peut-on préparer à la fois
à l'enseignement, qui est une affirmation, et à la pratique de la méthode historique, qui est une recherche?
Ne court-on pas le risque que ces étudiants deviennent
des savants incompréhensibles pour leurs élèves ou
bien des professeurs qui, accoutumés à jurer *in verba
magistri*, n'auront point l'activité des intelligences
affranchies par l'usage personnel de la liberté? Oui,
sans doute, et, pour éviter l'un et l'autre termes de l'alternative, pour concilier les deux propositions de l'an-
tinomie, il faut prendre ses précautions. On les prendra.
Il suffit de préparer les futurs professeurs à la licence
et à l'agrégation, en ayant toujours devant les yeux
l'étudiant idéal dont je parlais tout à l'heure.

Nos étudiants ne se présenteront à l'examen de
licence qu'après deux années d'études faites à la Faculté. Les professeurs d'histoire se garderont de les
accaparer pendant ce *biennium*. Ces jeunes gens pour-
suivront leur éducation littéraire; ils s'exerceront dans
l'art de composer et d'écrire, à cet âge où le style se
fait avec la personne; ils apprendront par l'étude des
grandes littératures quel secours l'histoire de la vie
intellectuelle d'un peuple apporte à qui en veut connaître l'histoire politique et sociale; ils comprendront,
en suivant la conférence de philologie et d'histoire
grecques, que la philologie est l'indispensable science
auxiliaire de l'histoire ancienne, puisque cette histoire
nous est révélée par des textes dont la critique et l'interprétation réclament un philologue. Nous nous con-
tenterons de traiter avec eux les principales questions
de l'histoire générale; mais déjà nous les munirons de
connaissances bibliographiques, de notions sommaires.

mais précises de paléographie, de diplomatique et de chronologie. Ce sont encore là des sciences auxiliaires ; mais la modestie de l'épithète ne doit pas tromper sur l'importance de la chose : ces sciences ne sont pas l'histoire, pas plus que l'outil n'est l'œuvre ; mais elles sont nécessaires à l'historien comme à l'ouvrier l'outil. Ainsi, pendant ces deux premières années, un commencement d'instruction pratique viendra s'ajouter à l'enseignement général.

Quand les étudiants seront licenciés, ils se prépareront pendant deux années au concours d'agrégation. En étudiant les auteurs dont on leur demandera, au concours, l'explication et le commentaire, ils s'exerceront à lire un écrivain ou un document, à définir les termes historiques, lesquels, désignant les institutions et les usages, ont une histoire, et, si je puis dire, une géographie ; car ils ne signifient pas la même chose à des moments et dans des lieux différents ; et l'on commet de graves erreurs pour ne pas les traiter comme des personnes, qu'il faut placer dans le milieu historique et géographique où elles ont vécu. Enfin, la préparation des questions historiques indiquées au programme sous le nom de thèses obligera l'étudiant à écrire sous l'œil du maître quelques chapitres d'histoire. Il n'y a pas de doute que ces jeunes gens seront mieux préparés que leurs devanciers au travail historique. Pour se former au professorat, ils auront, pendant toute la durée de leurs études, des exercices hebdomadaires où ils apprendront comment il faut enseigner, avec quelle simplicité, avec quelle clarté, avec quelle méthode, en laissant de côté l'appareil des recherches et de l'érudition.

Je n'ai parlé que des étudiants proprement dits de la Faculté ; mais les élèves de l'École normale et de l'École

des Chartes sont aussi les bienvenus aux conférences
d'histoire. Ils y choisissent ce qu'il leur plaît d'y
prendre. La Sorbonne est un terrain commun pour
des jeunes gens qui ont profit à se rencontrer; car le
goût français des instituts isolés et clos de muraille est
aussi un obstacle au progrès des études. Les uns ignorent ce qui se passe chez les autres : on ne se connaît
pas, on ne s'aime pas. On est réparti en petites corporations dont chacune garde soigneusement ses défauts.
L'élève de l'École des Hautes études aurait cru autrefois
déchoir de sa qualité de futur savant en allant écouter
les cours de la Faculté. L'élève de la Faculté trouvait
barbares et pédantesques les leçons de l'Ecole des
Hautes études. Pour le normalien, le chartiste était un
ouvrier incapable de passer architecte; le chartiste
tenait le normalien pour un constructeur de façades où
tout était en apparence. Il est bon qu'ils vivent les
uns à côté des autres, sous la direction de maîtres
sortis les uns de l'Ecole normale, les autres de l'Ecole
des Chartes, appartenant les uns à la Faculté, les autres
à l'Ecole des Hautes études, et qu'ils s'entendent pour
trouver et appliquer ensemble le meilleur système
d'éducation historique.

Ce n'était donc pas sans raison qu'on disait tout à
l'heure que de grandes espérances sont permises. Cette
jeunesse rajeunit la Sorbonne. Elle a pour domicile
provisoire, rue Gerson, un baraquement en planches,
où se trouve une salle de conférences pour l'histoire,
une autre pour la grammaire et les lettres. Ce n'est
plus la salle des cours publics, banale, avec ses bancs
sans tables et sans dossiers, disposés en gradins et
salis par les pieds du passant inconnu. C'est une vraie
salle de cours, avec tables et encriers, tableaux et
cartes sur les murs. Jadis le professeur qui se rendait

en Sorbonne pour faire ce qu'on appelait la petite
leçon se demandait en chemin s'il ne trouverait pas la
salle vide; car il n'avait point à compter avec le public
de la grande leçon, écarté par l'heure matinale et par
la nature même du sujet traité. Assis à sa place habituelle, il apercevait, dans un amphithéâtre qui peut
contenir quelques centaines de personnes, de rares auditeurs appuyés aux murs et séparés par de longues
rangées de bancs inoccupés. Il parlait sans regarder
dans ce vide, la tête vers ses notes, vers son livre,
vers sa montre, qui ne marquait pas assez vite la fin
de ce monologue dans le désert. Aujourd'hui, la présence d'étudiants que l'on connaît, qui parlent et à qui
l'on parle, comme il convient entre personnes vivantes,
a changé cet ennui en un plaisir. Auprès des salles de
conférences, les étudiants ont des salles d'études où
sont réunis déjà les livres, documents, dictionnaires
et atlas les plus nécessaires à leur travail. Ils y peuvent
demeurer jusqu'au soir. C'est assez pour leur donner
l'idée que la Faculté des lettres est leur domicile intellectuel. Enfin les professeurs ont un cabinet. Ceux qui
connaissent le local accolé à l'amphithéâtre de la
Faculté dans la Sorbonne, réduit misérable où le professeur s'arrête pour suspendre son pardessus à un
mur blanchi, avant de se rendre à sa chaire par un
corridor noir qui sert de bûcher, s'étonneront d'apprendre que le cabinet des baraquements a deux
fenêtres, une cheminée, quatre fauteuils, autant de
chaises, une pendule, une grande table, une bibliothèque. Cela donne au professeur aussi l'idée qu'il est
chez lui. Il y vient, il y reste volontiers : les étudiants
frappent à sa porte pour se faire connaître de lui et
recevoir ses conseils.

L'enseignement public est toujours donné à tout

venant dans les amphithéâtres, et la grande leçon n'est
pas supprimée. Il faut qu'elle dure, car elle rend service à tout le monde. Peut-être la présence des étudiants
au cours public changera-t-elle par l'effet du bon
exemple les habitudes et la tenue d'une partie du
public; car un professeur assis en sa chaire de Sorbonne voit des choses singulières pendant qu'il parle.
Il ne peut se plaindre que l'on dorme : dormir est le
droit des personnes âgées qui écoutent; mais lire son
journal, circuler comme si l'on était chez soi; arriver
à tout moment de la leçon, même à la fin, comme si
l'on était un amateur spécial et un collectionneur de
péroraisons; paraître sur les hauts degrés de l'amphithéâtre et rester ou partir, suivant que le visage du
professeur plaît ou déplaît; amener un chien avec soi;
quitter sa place et gagner la porte, quand on flaire la
fin, pour n'être point pressé à la sortie, comme on fait
au théâtre cinq minutes avant la chute du rideau : cela
passe la permission, et il serait temps de protéger
contre ces inconvenances le professeur et la partie
sérieuse et permanente de l'auditoire. Mais les abus et
les ridicules ne prouvent rien contre le cours public. Il
est une école intellectuelle, largement ouverte, qui entretient dans la société française le goût des choses de
l'esprit. Il est utile, nécessaire même au professeur et
à l'étudiant, car le professeur a dans le cours privé le
sans-façon de l'intimité; il travaille avec ses élèves en
tenue d'ouvrier. Le cours public l'oblige à se contraindre,
à exposer, non ses recherches, mais le résultat de ses
recherches, à éliminer le détail qui ne vaut que par la
contribution apportée à l'ensemble; à montrer aux
étudiants qu'après avoir, dans un long travail préparatoire, réuni des matériaux dont on a éprouvé la valeur,
il faut les disposer avec art et les dresser en édifice.

III

Il est peut-être téméraire de rêver de l'avenir d'une institution naissante; mais cela est permis, quand l'institution a été longtemps désirée et répond à des besoins durables. Représentons-nous donc l'avenir, un avenir lointain, car les effets de causes intellectuelles se produisent lentement.

On peut être assuré que le plus grand nombre de ces nouveaux travailleurs se porteront sur l'histoire de France. Il ne sera point impossible de coordonner leurs efforts; car la Faculté de Paris, où se passent presque toutes les épreuves doctorales, approuve ou rejette les sujets de thèse qu'on lui propose, et il arrive souvent que les professeurs indiquent ces sujets. Ils savent quelles choses on ignore et dont la connaissance importe; ils ont qualité pour désigner à leurs élèves tel ou tel objet de recherches. Cette organisation du travail se fera sans contrarier les goûts ni gêner la liberté de personne. Les uns, se plaisant aux grandes questions générales, étudieront une période de l'histoire de la royauté française; des juristes, les difficiles questions de l'état des choses et des personnes aux différents moments de notre histoire. Rennes, Toulouse, Montpellier, Dijon, Lyon, Bordeaux, toutes nos vieilles capitales où siègent aujourd'hui nos facultés, rajeuniront et compléteront nos annales provinciales; nous aurons des histoires d'institutions, de personnages, de villes; et ainsi, par l'usage des documents connus et des travaux déjà faits, mais aussi par la mise en œuvre de documents nouveaux, ce qui méritera de revivre revivra; ce qui n'est pas impénétrable sera pénétré. Chacun de nous sera fortifié en pensant qu'il fait partie d'une légion. Les revues spéciales de critique et d'information, déjà fondées, nous mettront au courant de ce qui se passe partout, des œuvres faites et même de celles qui se préparent. On s'ingéniera certainement à multiplier les moyens de travail. Il faut, par exemple, résumer les connaissances acquises sur l'histoire du moyen âge, en dresser l'inventaire et marquer le point où l'on est arrivé : ce sera l'œuvre de dictionnaires historiques pour lesquels les collaborateurs ne manqueront plus. Il faut résumer l'histoire du droit en France, droit civil, droit politique, droit ecclésiastique dans des manuels qui soient la classification bien faite, avec citations abondantes, des documents sur la matière. Il faut entreprendre la composition d'annuaires, dressés règne par règne, où chaque fait soit mis à sa date, avec l'indication des textes qui nous l'ont révélé. Il faut remettre en circulation les produits admirables de la vieille érudition française, découper dans les in-folio des trois derniers siècles, soit des documents essentiels, soit des dissertations modèles, et les mettre en un format commode à la portée de toutes les bourses et de toutes les mains. A mesure que s'accomplira cet immense travail, des historiens qui ont l'aptitude aux vues d'ensemble et ce talent particulier de résumer les choses acquises, entreprendront de rédiger par périodes l'histoire de la France.

Pendant ce temps, les professeurs d'histoire ne se formeront plus au hasard. Dans nos collèges, nul n'enseignera sans être pourvu du diplôme de licencié. Nos lycées n'auront plus que des professeurs agrégés. Les plus vaillants et les plus instruits mettront en usage les moyens de travail qui leur auront été donnés et subiront les épreuves du doctorat pour recruter les facultés. L'enseignement à tous ses degrés sera meilleur, et les maîtres, mieux instruits, aidés par de meilleurs livres, feront pénétrer dans toute la nation la connaissance de notre histoire.

La pensée maîtresse et directrice de ce grand travail qui s'accomplira, si nous le voulons bien, doit être, en effet, d'apprendre aux Français leur histoire. Ils l'ignorent plus qu'aucun autre peuple civilisé n'ignore la sienne. On en a dit la cause : pour juger des effets, il faut faire la curieuse et triste expérience de chercher dans l'esprit de jeunes hommes sortis de l'école primaire ou de l'école secondaire les souvenirs que l'enseignement historique y a laissés. L'élève de l'école primaire apprend des noms — c'est-à-dire des mots — et des dates, c'est-à-dire des chiffres, reliés par des phrases et des formules; mais on ne sait pas mieux son histoire pour avoir rangé dans sa tête un magasin de faits et de dates, que sa langue pour appliquer imperturbablement en tout cas difficile la règle des participes ou toute autre invention des grammairiens. L'élève de l'enseignement secondaire donne au baccalauréat la mesure de sa force. Si l'on écarte, d'une part, la catégorie misérable et nombreuse des candidats spécialement dressés pour l'examen, nourris, comme certains volatiles, par des procédés artificiels, indifférents à tout ce qui n'est pas du programme, ignorants jusqu'au scandale, capables même de ne pas dire l'ordre où se sont succédé nos dynasties nationales, et, d'autre part, les rares jeunes gens qui, doués d'une aptitude particulière et, bien instruits par de bons maîtres, satisfont l'examinateur en montrant qu'ils comprennent l'histoire, il reste une moyenne de candidats honnêtes. Ceux-ci savent plus d'une chose qu'ignore l'élève de l'école primaire : des détails sur quelques

hommes et sur quelques événements, des faits de l'histoire étrangère; mais il ne faut pas leur demander de
pénétrer au-dessous de la surface : la banale surface
est tout ce qu'ils connaissent. Ils diront tous les termes
du problème de la succession d'Espagne, par exemple;
mais si l'on cherche leur sentiment sur le droit de ce
prince à disposer de ses peuples par testament, de cet
autre à revendiquer les mêmes peuples du chef de sa
femme, de sa mère ou de sa grand'mère, — sans que les
peuples s'indignent ou même s'étonnent, — le candidat
n'a pas de sentiment sur ce point. Il ne sait pas l'ordre
chronologique des idées générales qui ont formé l'opinion de l'humanité sur elle-même et celle des nations sur
leurs propres droits et ceux de leurs chefs : cela pourtant, c'est de l'histoire. Ils énuméreront les manufac-
tures fondées par Colbert, mais ne répondront jamais
à une question, même facile, sur les lois et coutumes du
travail en France, au temps où Colbert en était le grand
ordonnateur. Pourtant les lois du travail, cette source
de la richesse et aussi du progrès de l'esprit, cette cause
effective des transformations sociales et politiques,
c'est encore de l'histoire apparemment. Et toujours le
candidat demeure muet quand on l'interroge sur les
vrais faits de la véritable histoire. Il n'est pas arrivé
une seule fois qu'on m'ait répondu à cette question :
« Qu'est-ce que les états généraux, et que signifie le
mot *état?* » On dirait que l'ancienne société française
soit morte depuis des siècles, et qu'on n'y puisse rien
trouver qui mérite une étude.

Que se passe-t-il donc, après quelques années écou-
lées, dans ces têtes mal instruites ? Les vagues souvenirs deviennent plus vagues; les rares traits connus
des figures historiques s'effacent; les compartiments
du cadre chronologique cèdent : Clovis, Charlemagne,

saint Louis, Henri IV tombent de leur place, comme des portraits suspendus par un clou fragile à un mur de plâtre; ils errent dans ces mémoires confuses où le brouillard s'épaissit en ténèbres, et ces écoliers sont des Français en vertu du hasard qui les a fait naître en France, mais ils vivront comme des étrangers parmi les monuments de leurs ancêtres.

Bien autre sera le résultat, lorsque tous les professeurs d'histoire auront reçu l'éducation historique et, s'adressant à la raison autant qu'à la mémoire des élèves, les introduiront dans l'intimité de l'histoire. Il ne s'agit pas d'initier des enfants à l'érudition, ni de leur prêcher une philosophie de l'histoire en substituant aux faits des sentences qui seraient à peine intelligibles à des hommes, et à des hommes intelligents. Il s'agit de choisir les faits, de laisser tomber les menus et les inutiles, de jeter toute la lumière sur ceux dont la connaissance importe et d'en dérouler la série, de façon que l'écolier sache comment a vécu la France. On dit que l'histoire des mœurs et des institutions ne peut être enseignée à des écoliers. Non, elle ne peut être enseignée par termes abstraits, par des phrases et des théories; mais à tous les moments de la vie française se trouvent des faits, même des anecdotes qui expliquent les choses, et il y a une pédagogie de l'enseignement historique : c'est non point une science rébarbative, c'est l'art de placer l'écolier au point exact d'où il verra bien et comprendra vite. Il serait ridicule de dépouiller devant un enfant des chartes et des cartulaires pour y chercher la condition des terres et des personnes; mais il est possible de décrire simplement cette condition en se servant des mots connus et des notions élémentaires que possède tout enfant sur la société où il vit. Autant il est dangereux à l'historien, autant il est nécessaire au professeur de choisir son point de départ dans le présent pour expliquer le passé. Les mots *aujourd'hui, autrefois*, doivent revenir sans cesse pour faire pénétrer dans les jeunes têtes la notion du temps et du développement historique. Cet art difficile, bien des maîtres le devinent et le pratiquent, et je demande aux lecteurs la permission de leur conter une visite que j'ai faite dans la plus petite classe d'une école primaire de Paris.

J'arrivai au moment où un jeune maître commençait une leçon sur la féodalité. Il n'entendait pas son métier, car il parlait de l'hérédité des offices et des bénéfices, qui laissaient absolument indifférents les enfants de huit ans auxquels il s'adressait. Entre le directeur de l'école[1]; il interrompt, et, s'adressant à toute la classe : « Qui est-ce qui a déjà vu ici un châ_ teau du temps de la féodalité? » Personne ne répond. Le maître, s'adressant alors à un de ces jeunes habitants du faubourg Saint-Antoine : « Tu n'as donc jamais été à Vincennes? — Si, monsieur. — Eh bien! tu as vu un château du temps de la féodalité. » Voilà le point de départ trouvé dans le présent. « Comment est-il ce château? » Plusieurs enfants répondent à la fois. Le maître en prend un, le conduit au tableau, obtient un dessin informe qu'il rectifie. Il marque des échancrures dans la muraille. « Qu'est-ce que c'est que cela? » Personne ne le savait. Il définit le créneau. « A quoi cela servait-il? » Il fait deviner que cela servait à la défense. « Avec quoi se battait-on? avec des fusils? » La majorité : « Non, monsieur. — Avec quoi? » Un jeune savant crie du bout de la classe : « Avec des arcs. — Qu'est-ce qu'un arc? » Dix voix répondent :

---

1. M. Berthereau, directeur de l'école communale de la rue Keller.

Monsieur, « c'est une arbalète. » Le maître sourit et explique la différence. Puis il dit comme il était difficile de prendre avec des arcs et même avec les machines du temps un château, dont les murailles étaient hautes et larges, et continuant : « Quand vous serez ouvriers, bons ouvriers, que vous voyagerez pour votre travail ou pour votre plaisir, vous rencontrerez des ruines de châteaux. » Il nomme Montlhéry et autres ruines dans le voisinage de Paris. « Dans chacun d'eux il y avait un seigneur. Que faisaient tous ces seigneurs ? » Toute la classe répond : « Ils se battaient. » Alors le maître dépeint devant ces enfants, dont pas un ne perd une de ses paroles, la guerre féodale, mettant les chevaliers en selle et les couvrant de leurs armures. « Mais on ne prend pas un château avec des cuirasses et des lances. Alors la guerre ne finissait pas. Et qui est-ce qui souffrait surtout de la guerre ? Ceux qui n'avaient pas de châteaux, les paysans qui, dans ce temps-là, travaillaient pour le seigneur. C'est la chaumière des paysans du seigneur voisin qu'on brûlait. « Ah! tu me brûles mes chaumières, disait le seigneur attaqué ; je vais te brûler les tiennes. » Il le faisait, et il brûlait, non seulement les chaumières, mais encore les récoltes. Et qu'arrive-t-il quand on brûle les récoltes ? Il y a la famine. Est-ce qu'on peut vivre sans manger ? » Toute la classe : « Non, monsieur. — Alors, il a bien fallu trouver un remède. » Le voilà qui parle de la trêve de Dieu ; puis il commente : « C'est une singulière loi, par exemple. Comment! on dit à des brigands : « Restez tranquilles du samedi soir au mercredi matin, mais « le reste du temps, ne vous gênez pas, battez-vous, brû« lez, pillez, tuez! » Ils étaient donc fous, ces gens-là ? » Une voix : « Bien sûr. — Mais non, ils n'étaient pas fous. Écoutez-moi bien. Il y a ici des paresseux. Je fais

ce que je puis pour qu'ils travaillent toute la semaine ;
mais je serais à moitié content de les voir travailler
jusqu'au mercredi. L'Église aurait bien voulu qu'on ne
se battît pas du tout : mais, comme elle ne pouvait l'obtenir, elle a essayé de faire rester les seigneurs tranquilles une moitié de la semaine. C'était toujours cela
de gagné. Mais l'Église n'a pas réussi. Il fallait la force
contre la force, et c'est le roi qui a mis tous ces gens
à la raison. » Alors le maître explique que les seigneurs
n'étaient pas égaux les uns aux autres, qu'il y avait
au-dessus du maître de tel château un seigneur plus
puissant et plus élevé, habitant dans un autre château.
Il donne une idée presque juste de l'échelle féodale, et,
tout en haut, il place le roi. « Quand des gens se
battent entre eux, qu'est-ce qui les arrête ? » Réponse :
« Les sergents de ville. — Eh bien ! le roi était un sergent
de ville. Qu'est-ce qu'on fait de ceux qui ont battu et
tué quelqu'un ? » Réponse : « On les juge. — Eh bien !
le roi était un juge. — Est-ce qu'on peut se passer de
gendarmes et de juges ? — Non, monsieur. — Eh bien !
les anciens rois ont été aussi utiles à la France que les
gendarmes et les juges. Ils ont fait du mal dans la
suite, mais ils ont commencé par faire du bien. Qu'est-
ce que je dis : aussi utiles ? Bien plus : car il y avait
alors plus de brigands qu'aujourd'hui. C'étaient des
gens féroces que ces seigneurs, n'est-ce pas ? » La
classe : « Oui, monsieur. — Et le peuple, mes enfants,
valait-il mieux ? » Réponse unanime, d'un ton convaincu : « Oui, monsieur. — Eh bien ! non, mes enfants. Quand ils étaient lâchés, les gens du peuple
étaient des gens terribles. Ils pillaient, brûlaient, tuaient,
eux aussi ; ils tuaient les femmes et les enfants. Pensez
qu'ils ne savaient pas ce qui était bien, ni ce qui était
mal. On ne leur apprenait pas à lire. »

Sur ce mot qui n'est qu'à moitié juste, finit une leçon qui avait duré à peine une demi-heure. Formons des maîtres comme celui-là. Mettons dans leurs mains des livres où ils trouvent, simplement exposés, les principaux faits de l'histoire de la civilisation. Ne deviendront-ils pas capables d'enseigner aux enfants l'histoire de la France?

Oui certes, cette histoire peut être enseignée. On peut tirer de Grégoire de Tours mille traits pour peindre le roi mérovingien. On peut, après avoir exposé le désordre où tombe la Gaule franque, à l'époque de la décadence carolingienne, montrer comment se sont formés ces groupes qui subissent ou choisissent un maître tout près d'eux et se taillent des patries de quelques lieues carrées dans la grande qu'ils ne connaissent plus ; introduire dans ce chaos le roi capétien à son début : dire comment il vivait ; le conduire de château en château, de monastère en monastère ; décrire sa cour primitive ; son conseil, les cérémonies et les fêtes, dire l'idée qu'il avait et celle qu'il donnait de lui ; opposer au roi ses grands vassaux, à sa cour celle d'un Robert de Normandie, d'un Eudes de Champagne, d'un Raymond de Toulouse, d'un Guillaume d'Aquitaine ; entourer ceux-ci de leurs vassaux ; redresser le relief de l'ancienne France ; retrouver au-dessous des maîtres du monde la masse de ceux qui peinent, la cabane du paysan ou l'atelier de l'artisan ; raconter leur vie que nous connaissons, leurs misères, leurs plaisirs et la grande lutte pour la liberté ; suivre le progrès sans trêve, dans la mauvaise comme dans la bonne fortune, du pouvoir royal ; faire saisir les modes de ce progrès ; dire comment le roi devint le juge de tous, après que Philippe-Auguste eut jugé Jean sans Terre, saint Louis cassé en appel un jugement de son

frère le comte d'Anjou; Philippe IV et Charles V con-
fisqué l'Aquitaine par arrêt; Charles VII et Louis XI
frappé les brigands et châtié les rebelles; comment le
roi devint le maître d'une armée à lui appartenant,
quand il jugea insuffisant le service de cette armée
féodale où le devoir de chacun des vassaux était réglé
par un contrat particulier, car nombre d'entre eux devaient au roi leur suzerain un jour de service, et encore
dans les limites mêmes de leurs fiefs, de façon qu'ils
pussent rentrer à la nuit tombante et coucher dans leur
lit: ce que fut au début l'armée royale où des chevaliers déclassés se rencontraient avec des soldats d'aventures, brigands comme eux, continuant, après la paix
faite, le métier de la guerre contre le paysan, le bourgeois ou le prêtre; pourquoi il fallut tirer de ces bandes
un corps d'élite, que l'on disciplina et qui devint l'armée permanente; comment le roi, obligé de payer ses
soldats et ses serviteurs, devenus plus nombreux à
mesure qu'il devenait plus puissant, ajouta les finances
publiques à ses revenus de propriétaire et ouvrit à ses
collecteurs les domaines de ses hauts barons, en même
temps qu'il y introduisait les sergents de ses justices;
comment enfin la royauté trouva au jour précis, pour
ces fonctions nouvelles, des organes nouveaux, les
cours et conseils de justice, de finances et de politique,
gardiens du trésor sans cesse accru des traditions
monarchiques, et qui défendirent l'intégrité des attributions royales envers et contre tous, même contre le
roi. C'est ainsi que la monarchie fit l'unité de la France,
et, renversant les hautes barrières intérieures, étendit
les regards des Français jusqu'à la frontière, au moment même où ce long contact avec l'étranger, qui fut
la guerre de Cent ans, révélait la patrie.

Ne faut-il pas apprendre à de jeunes Français l'his-

toire de cette formation de la France ? Ne peut-on leur
montrer aussi que la monarchie est devenue absolue
en faisant l'unité, et que les trois ordres de la nation
ont été vaincus les uns après les autres, pour s'être
haïs les uns les autres, et pour avoir combattu tantôt
église et tiers état contre noblesse, tantôt noblesse et
tiers état contre clergé, tantôt noblesse et clergé contre
tiers état, toujours sous le commandement du roi, de
sorte que chacun d'eux a imité le cheval qui voulait se
venger du cerf et s'est asservi par sa victoire ? Ces origines expliquées, reste à suivre la marche fatale d'un
pouvoir sans ennemis et sans obstacles, qui perd toute
mesure, s'arrête au milieu de son œuvre pour en jouir;
laisse aux privilégiés leurs privilèges, après avoir détruit l'autorité politique qui en était la raison d'être; se
fait un cortège des adversaires d'autrefois; exploite
avec eux le royaume à outrance; prodigue l'argent et
le sang des sujets; laisse tomber à dessein l'obscurité
sur les vieilles lois et les vieilles coutumes, et, ne sachant plus d'où il est venu ni où il va, ne trouve rien
à répondre quand la raison publique éveillée lui demande des comptes que la force révolutionnaire finit
par lui arracher.

Encore une fois, il faudrait sous les mots montrer
les faits et mettre en actions l'histoire comme on fait
pour la morale, afin d'en graver les préceptes dans le
cœur des enfants. On enseignerait par la même méthode l'histoire des guerres et des relations extérieures,
laissant tomber quantité de menus faits et de noms de
batailles, mais peignant la guerre avec ses aspects multiples : sauvage et brutale au temps mérovingien; sauvage, mais grande et civilisatrice au temps carolingien; devenue le droit de chacun au temps féodal pour
n'être plus ensuite qu'un droit du roi. On décrirait

quelques combats bien choisis; on mettrait aux prises
les casques et les turbans, les chevaliers de France et
les milices de Flandre et d'Angleterre; on culbuterait
les escadrons féodaux dans le fossé de Courtrai pour
leur donner leur revanche à Mons-en-Puelle. On ferait
comprendre la puissance de ce grand personnage historique, le canon. On raconterait l'histoire du métier
militaire, jusqu'au jour où il y a eu un devoir militaire
et où la guerre, de monarchique qu'elle était, est devenue nationale et plus terrible, puisqu'elle peut aujour-
d'hui décider même de la vie d'un peuple. L'histoire
militaire est l'occasion naturelle de faire connaître
l'étranger, et de découvrir ainsi aux yeux de l'élève le
monde extérieur, de dire l'essentiel sur la vie de chacun des grands peuples et d'expliquer pourquoi, en se
mesurant avec nous, à telle ou telle date, ils ont été
victorieux ou vaincus: car il y a des raisons à toutes
les victoires et à toutes les défaites.

On dira que le champ est immense, et que des enfants sont bien petits pour y suivre le maître; mais
on a pour soi le temps et le progrès de la raison enfantine. Je parlais tout à l'heure d'une petite classe primaire, du premier degré de l'enseignement historique.
Quand on a ainsi confié à la mémoire de tout jeunes
enfants quelques notions justes et pittoresques sur les
périodes diverses de l'histoire, il est aisé de les reprendre dans la suite et d'y ajouter, chaque année
apportant son contingent d'idées et de faits nouveaux.
Cela est plus aisé encore aux maîtres des collèges qui
gardent les enfants jusqu'à ce qu'ils soient devenus
des jeunes gens dont l'esprit est mûr pour l'intelligence
des choses difficiles.

Il faut se hâter de régénérer l'enseignement historique par l'étude approfondie de l'histoire : c'est une

œuvre de nécessité publique. Je me garde d'enfler ici la voix et de me porter garant que la connaissance de l'histoire répandue dans la nation serait un remède à tous les maux possibles. On a dit, — un philosophe évidemment, — que le monde serait heureux s'il était gouverné par des philosophes : je ne demande point qu'il soit gouverné par des historiens. Il y a entre la politique et l'histoire des différences essentielles, en ce pays surtout où ne subsiste aucune force historique léguée par le passé et dont il faille étudier la puissance pour la ménager. La politique peut se passer d'être un érudit en histoire : il suffit qu'il connaisse les idées, les passions et les intérêts, qui sont les mobiles des opinions et des actes dans la France contemporaine. Même, j'imagine qu'un véritable historien serait un homme d'État médiocre, parce que le respect des ruines l'empêcherait de se résigner aux sacrifices nécessaires. Il ne faudrait pas confier l'assainissement de Paris à la Société de l'histoire de Paris et de l'Ile de France, car des archéologues sont capables de respecter la fièvre, si elle habite un vieux palais. Mais si l'histoire ne donne aucune notion précise qui puisse être employée dans telle ou telle partie du gouvernement, n'explique-t-elle point les qualités comme les défauts du tempérament que nos destinées nous ont faits et qu'il faut ménager sous peine de mort? N'avertit-elle point les gouvernements, monarchies, aristocraties, démocraties, des dangers qui leur sont propres, et ne leur montre-t-elle pas la pente où ils ont coutume de rouler vers l'abîme? Ne nous instruit-elle pas à la modération, à la patience. en développant devant nous la longue successsion des temps où chaque jour a trouvé sa peine. où les jours qui ont anticipé sur la peine des autres ont été marqués par de si effroyables tempêtes? N'expose-t-elle point les relations des peuples les uns avec les autres, marquant dans le monde la place de chacun et la sphère de son action? Mais passons. Ce qui ne peut être contesté, c'est que l'histoire doit être la grande inspiratrice de l'éducation nationale.

Je parlais d'intérêts, de passions et d'idées : idées et passions agitent la tête du petit nombre ; le grand nombre des hommes n'a souci que des intérêts. Il n'est pas sage d'exiger d'eux tant de devoirs sans même essayer de les leur faire aimer. Qui donc enseigne en France ce qu'est la patrie française? Ce n'est pas la famille, où il n'y a plus d'autorité, plus de discipline, plus d'enseignement moral ; ni la société, où l'on ne parle des devoirs civiques que pour les railler. C'est donc à l'école de dire aux Français ce qu'est la France : qu'elle le dise avec autorité, avec persuasion, avec amour. Elle mesurera son enseignement au temps et aux forces des écoliers. Pourtant elle repoussera les conseils de ceux qui disent : « Négligez les vieilleries. Que nous importent Mérovingiens, Carolingiens, Capétiens mêmes? Nous datons d'un siècle à peine. Commencez à notre date. » Belle méthode, pour former des esprits solides et calmes, que de les emprisonner dans un siècle de luttes ardentes, où tout besoin veut être assouvi et toute haine satisfaite sur l'heure ! Méthode prudente, que de donner la Révolution pour un point de départ et non pour une conclusion, que d'exposer à l'admiration des enfants l'unique spectacle de révoltes, même légitimes, et de les induire à croire qu'un bon Français doit prendre les Tuileries une fois au moins dans sa vie, deux fois s'il est possible, si bien que, les Tuileries détruites, il ait envie quelque jour de prendre d'assaut, pour ne pas démériter, l'Élysée ou le Palais-Bourbon ! Ne pas enseigner le passé ! mais il y a dans le passé une poésie dont nous avons besoin pour vivre. L'homme du peuple en France, le paysan surtout, est l'homme le plus prosaïque du monde. Il n'a point la foi du protestant de Poméranie, de Hesse ou de Wurtemberg, qui contient en elle la poésie des souvenirs bibliques et ce sentiment élevé que donne le contact avec le divin. Il oublie nos légendes et nos vieux contes, et remplace par les refrains orduriers ou grotesques venus de Paris les airs mélancoliques où l'écho du passé se prolongeait. Nos poètes n'écrivent pas pour lui, et nous n'avons point de poésie populaire pour éveiller un idéal dans son âme. Rien ne chante en lui. C'est un muet occupé de la matière, en quête perpétuelle des moyens de se soustraire à des devoirs qu'il ne comprend pas, et pour qui tout sacrifice est une corvée, une usurpation, un vol. Il faut verser dans cette âme la poésie de l'histoire. Contons-lui les Gaulois et les druides, Roland et Godefroi de Bouillon, Jeanne d'Arc et le grand Ferré, Bayard et tous ces héros de l'ancienne France avant de lui parler des héros de la France nouvelle ; puis montrons-lui cette force des choses qui a conduit notre pays de l'état où la France appartenait au roi à celui où elle appartient aux Français pourvus des mêmes droits, chargés des mêmes devoirs : tout cela, sans déclamation, sans haine, en faisant pénétrer dans son esprit cette idée juste que les choses d'autrefois ont eu leur raison d'être, qu'il y a des légitimités successives au cours de la vie d'un peuple et qu'on peut aimer toute la France sans manquer à ses obligations envers la République.

Il n'y a pas d'autres moyens de peupler de sentiments nobles ces âmes inhabitées, et la fin dernière de notre travail sera de mettre dans le cœur des écoliers de toutes les écoles un sentiment plus fort que cette

vanité frivole et fragile, insupportable dans la prospérité, mais qui, s'effondrant dans les calamités nationales, fait place au désespoir, au dénigrement, à l'admiration de l'étranger et au mépris de soi-même. On
dira qu'il est dangereux d'assigner une fin à un travail
intellectuel qui doit toujours être désintéressé ; mais,
dans les pays où la science est le plus honorée, elle est
employée à l'éducation nationale. Ce sont les Universités
allemandes et les savants allemands qui ont formé
l'esprit public en Allemagne. Quelle devise ont donc
gravée au frontispice de leur œuvre ces hommes d'État
et ces savants qui se sont entendus pour croire qu'il
fallait relever l'Allemagne humiliée en répandant la
connaissance et l'amour de la patrie, puisés aux sources
mêmes de l'histoire d'Allemagne ? C'est la devise :
Sanctus amor patriæ dat animum : elle est à la première
page des in-folio des *Monumenta Germaniæ,* entourée
d'une couronne de feuilles de chêne. La même inspiration patriotique se retrouve dans toutes les œuvres de
l'érudition allemande. En 1843, trois historiens éminents, MM. Ranke, Waitz et Giesebrecht fondent une
revue. Des historiens français ne se seraient pas avisés
qu'en l'année 1843 tombait le millième anniversaire du
traité de Verdun, à partir duquel commence l'histoire
distincte de la France et de l'Allemagne, auparavant
réunies sous les lois des Mérovingiens et des Carolingiens. Les trois Allemands s'en sont souvenus. « Dans
cette année où l'on célèbre, disent-ils, le millième anniversaire de l'indépendance de notre patrie, la pensée
nous est venue tout naturellement de poser le fonde-
ment d'une unité intérieure de l'esprit allemand et de
cultiver d'un commun accord une science qui, plus que
toute autre, est apparentée à la politique, dont elle est
la mère et l'institutrice. » Remarquez ces mots : *tout*

naturellement, étranges pour nous, qui ne sommes pas habitués à contempler à notre aise l'immense horizon du passé, et ces autres : *union intérieure*, à méditer par nous qui nous contentons si aisément de l'union apparente et superficielle des esprits. Les mêmes écrivains, à la fin du premier volume de leur revue, révèlent encore l'objet de leur œuvre par ces lamentations mêmes que l'état de leur patrie leur inspire : « L'Allemagne ressemble non à un individu de sang et de chair, de tête et de cœur, mais aux *disjecti membra poetæ*. » Ces savants avouent donc hautement l'intention de servir la patrie allemande. Eux et leurs élèves n'en passent pas moins leur vie à chercher la solution de tous les problèmes historiques, sans se préoccuper d'une application immédiate des vérités qu'ils découvrent. Ils savent seulement que leur travail ne sera point perdu ; qu'il est possible, grâce à eux, d'apprendre l'histoire de l'Allemagne à tous ses enfants, et de faire pénétrer dans leurs esprits le sentiment et l'idée de la solidarité qui unit le présent au passé, les vivants aux ancêtres, afin que chacun d'eux, sentant sa valeur accrue et sa responsabilité agrandie, conçoive au lieu de la vanité, qui est un danger, cet orgueil national qui est l'assiette solide du patriotisme. Sans doute ils sont exposés au péril d'exagérer les vertus allemandes, et ils n'y échappent point. En outre, l'érudition germanique a la passion vilaine d'exciter l'Allemand à la haine de l'étranger ; elle excelle à ramasser dans l'histoire la plus reculée tout ce qui peut être employé à salir le nom et l'honneur de la France ; mais de pareils excès ne sont point obligatoires, et, de ce qu'ils sont commis, il ne faut pas conclure que l'historien doive s'exiler de sa patrie et, pour être vrai, se faire cosmopolite. Chaque grand peuple a joué un rôle déterminé, acquis un génie propre, rendu des services constatés à la communauté humaine. L'historien chez chacun de ces peuples a le devoir de mettre en pleine lumière le rôle de son pays et de chercher jusque dans le détail des questions les plus obscures les manifestations diverses du génie national. Il est donc légitime de convier à l'avance la future légion des historiens à interroger tous les témoins connus ou inconnus de notre passé, à discuter et à bien comprendre leurs témoignages, pour qu'il soit possible de donner aux enfants de la France cette *pietas erga patriam* qui suppose la connaissance de la patrie.

COURS PUBLICS ET COURS FERMÉS

A LA

FACULTÉ DES LETTRES DE PARIS [1]

L'affiche de la Faculté des lettres de Paris porte. après les titres d'un certain nombre de cours, la mention : *cours fermés*. Ces cours sont réservés aux étudiants inscrits : les autres demeurent ouverts au public.

Autour de ces mots *cours fermés* et *cours publics* s'agite une grande querelle qui, après avoir sourdement grondé, vient enfin d'éclater en public. Des revues et des journaux ont exprimé l'opinion que l'enseignement supérieur, en réservant ses cours à des étudiants, inaugure sa décadence. Il a été permis de négliger ces propos, tant qu'ils ont été répandus par des écrivains incompétents et mal informés; mais il faut prendre en grande considération les critiques faites par des professeurs à qui personne ne peut contester ni le dévouement à leurs fonctions, ni la compétence en matière de théories sur l'enseignement, ni la connaissance des faits. Quand un professeur comme M. Crouslé exprime les appréhensions que lui inspire ce qu'on appelle la réforme de l'enseignement supérieur [2], c'est un devoir pour ceux

1. Extrait de la *Revue internationale de l'enseignement*, numéro du 15 avril 1884.

2. Voir la *Revue générale* du 15 mars 1884. Voir aussi, sur la même question, un discours de M. Stapfer. de la Faculté de Bordeaux, et un article de M. A. Benoist, de la Faculté de Toulouse, dans la *Revue internationale de l'enseignement*, numéros des 15 février et 15 mars 1884.

qui se réjouissent là où il s'afflige. de discuter soigneusement ses opinions.

Cours fermés et cours publics représentent, aux yeux de M. Crouslé, deux systèmes différents et même opposés; il ne définit point le système des cours fermés. mais il laisse voir les appréhensions qu'il lui inspire en décrivant les défauts des étudiants qui suivent ces cours.

M. Crouslé distingue deux catégories d'étudiants. Les uns se contentent d'acquérir du savoir, en écoutant, en se laissant instruire; leur mémoire se garnit, pendant que leur esprit demeure inerte. Capables de débiter les choses qu'on leur a mises dans la tête, ils sont impuissants à faire acte de discernement, incapables d'activité personnelle. Ils se piquent d'avoir adopté les méthodes de la science, alors qu'ils ne font que répéter ce qu'ils ont entendu sortir de la bouche de leurs maîtres. Ils sont « les perroquets de la science ». Les autres. mieux doués, capables d'entreprendre par eux-mêmes des recherches, ont enfermé leur esprit dans une science très limitée, n'estiment que les faits, se défient des idées, et n'attachent aucune importance à l'art de l'exposition, qu'ils méprisent par « peur de sortir de la science pour tomber dans la rhétorique, dont ils ont une sainte horreur ». Leur ambition est de refaire l'édifice de la science. ou plutôt d'apporter des matériaux qui serviront à la reconstruction. Semblables au Renaud de Montauban de Rabelais, ils disent : « Je serviray les massons. je feray bouillir pour les massons. » Du moins s'en trouve-t-il parmi eux quelques-uns qui, animés d'une passion sincère pour la science, enflammés par l'espérance de l'accroître, « charment, étonnent et déjà intimident ceux qui sont chargés de les instruire ». Ceux-là réussiront et deviendront rapidement des maîtres. Mais ils sont une exception, et il

faut bien prendre garde que la masse des naturels
bornés et intolérants qui prétendent tout réduire à leur
mesure, n'envahisse tout et ne fasse partout la loi.
Leur esprit est devenu, dans les études de pur savoir,
paresseux et impuissant; le jour où on leur confiera
l'éducation des générations nouvelles, ils se croiront
uniquement obligés de remplir de faits la tête des écoliers; ils réduiront ceux-ci à l'état passif et détruiront
l'intelligence au profit de la mémoire; incapables de
s'adresser aux facultés vives et aux instincts passionnés
de la première jeunesse, ils répandront, avec leur enseignement scientifique, la torpeur dans les classes des
lycées, et feront si bien que l'Université, fatiguant et
dégoûtant les écoliers, perdra la direction des esprits.

Voilà le cours fermé jugé par ses résultats.

Dans le cours public, M. Crouslé distingue encore
deux catégories de personnes : « une classe d'auditeurs
exigeante, autant que dépourvue de lumières, sujette
aux engouements et aux rancunes, souvent intolérante,
et qui peut-être s'intéresse surtout à ce qui n'est pas
de l'enseignement ». C'est, dit-il, la mauvaise partie
du public. L'autre partie se compose de ces « auditeurs
de toute condition, de tout âge, de tout degré d'instruction », de cette clientèle variée « où l'élégance
mondaine coudoie la pauvreté négligée, où des vieillards décorés et retirés de l'activité se mêlent à une
jeunesse qui a besoin de se montrer sérieuse pour ne
pas paraître trop séduisante ». Tout ce monde « qui
va et vient sans cesse d'un cours à un autre, d'une
maison d'étude à une autre » n'est pas mis en mouvement par la seule vanité, par « le désir de pouvoir
parler d'un sujet ou d'une personne dont on parle ».
Il est avide de s'instruire. Et que lui offre le cours
public? M. Crouslé nie que l'on y donne un enseigne-

5.

ment oratoire, si, par enseignement oratoire, on entend « une manière de parler creuse et ambitieuse, un ton de voix retentissant, des phrases amples et cadencées, nourries de lieux communs qui provoquent l'applaudissement des badauds et ne laissent dans l'esprit aucune notion précise »; l'on enseigne au cours public « des vérités de fait ou de sentiment, dans un langage ferme et choisi, qui peut s'élever avec le sujet, qui grandit et s'amplifie à mesure que les horizons s'étendent, s'assouplit, se varie et va jusqu'à s'enflammer par l'effet du zèle qu'inspire au maître une belle doctrine à défendre, à propager, à faire passer toute vibrante dans la conscience et le cœur de ses disciples. » C'est l'enseignement public qui intéresse ses disciples à la philosophie, à l'éloquence, à la poésie, aux grandes vues de l'histoire. C'est lui qui gardera dans l'étude des lettres « les méditations originales sur la destinée de l'homme, sur la vie, sur la société, sur les caractères » au lieu de se borner à « l'analyse des livres, au commentaire des livres, à l'histoire des livres ». C'est à lui d'émettre « des idées personnelles et des sentiments, de s'échauffer sur le sujet qu'on traite, d'admirer le beau, de combattre les erreurs de goût ou de doctrine morale... C'est un genre d'utilité spécial à cet enseignement de répandre la lumière dans tout esprit qui en est avide, de faire des conquêtes sur l'ignorance envieillie, sur les préjugés du monde, sur la frivolité des personnes oisives. » C'est là sa raison d'être spéciale, « car le législateur qui a rendu publics les cours des Facultés... a entendu que des professeurs salariés par l'État missent leur savoir et leur talent à la disposition de toute personne qui trouverait son intérêt ou son plaisir à écouter de bonnes ou de belles leçons sur tous les grands objets des sciences ou des lettres. Le professeur est dans sa

chaire. Vient l'entendre qui veut : il est, toutes différences gardées, comme le prédicateur dans la sienne. »
L'enseignement public ainsi compris « convie la nation
entière et les étrangers mêmes à l'étude libre, ample,
approfondie, variée aussi et noblement passionnée des
sciences et des lettres, étude sans cesse renouvelée et
rajeunie par les mouvements de l'esprit public et l'activité du monde savant ».

Ce parallèle entre le cours public et le cours fermé
montre bien la gravité de la querelle impliquée dans
ces deux mots. Si le parallèle est exact, on fait ou
l'on croit faire de la science au cours fermé; on fait
au cours public de l'éloquence, mais dans le bon sens
du mot.

Avant de voir si cette distinction entre les deux
sortes de cours se trouve réellement dans la pratique,
on serait tenté d'examiner en elle-même cette querelle
entre la science et l'éloquence, de chercher si elle ne
dépasse pas de beaucoup les limites d'une question
pédagogique, si le discrédit de l'éloquence n'a pas certaines causes générales et très puissantes, dont l'effet
ne sera suspendu par aucune lamentation, et si les générations nouvelles que l'on accuse, — comme on les
accuse toujours, — n'ont pas, outre le droit absolu
d'être comme elles veulent, de sérieuses raisons d'être
comme elles sont. On pourrait instituer entre les maçons et les architectes un débat où les maçons met-
traient les rieurs de leur côté et les architectes dans
l'embarras ; mais la discussion serait un peu longue et
elle mérite un autre lieu qu'une parenthèse. Donc,
passons, et voyons ce qu'est, dans la réalité des choses,
le cours fermé.

Nous convenons qu'une explication est nécessaire.
Il règne dans tous ces termes que l'on rencontre aujour-

d'hui sur l'affiche de la Faculté, une confusion qui peut produire le trouble dans les idées. Représentez-vous, par exemple, l'étonnement d'une personne qui, ayant lu sur l'affiche, au-dessous de la rubrique *cours libre*, le titre du cours de M. Seignobos, se présente à la porte de la salle où elle apprend que, non seulement le cours est fermé, mais qu'il est un cours payant. Il lui faut quelque réflexion pour comprendre que le cours est appelé libre parce que le professeur est libre de le faire, mais que ce cours libre est précisément le plus fermé au public qu'il y ait dans toute la Faculté. Quant au mot cours fermé, on n'en peut donner que la définition littérale : cours où l'on n'est admis qu'après inscription réglementaire; et si l'on veut expliquer ce qui s'y fait, il faut procéder, non par définition, mais par énumération. Il y a des cours fermés où l'on fait de véritables exercices scolaires: on y corrige des thèmes et des dissertations; c'est là que les maîtres de conférences et des professeurs réparent avec un zèle très louable les défauts, qu'ils ne sentent que trop vivement, de l'éducation littéraire de leurs élèves. Il y a des cours fermés où l'étudiant, qui est un futur professeur, s'exerce à faire une leçon et s'entend critiquer par ses camarades et par le maître. La leçon a toujours pour sujet quelque question générale de critique, d'histoire littéraire ou politique. Les étudiants y doivent faire preuve de discernement, en choisissant, au milieu des faits, les principaux, et les principales parmi les idées; de méthode, en les disposant, suivant un dessein arrêté; de goût, en bien parlant. Voilà des cours fermés où la science n'a rien à voir : ils sont bien plutôt des cours préparatoires à « l'éloquence ».

Il y a des cours fermés où le maître explique avec ses élèves un texte; d'autres où il étudie avec eux les

questions d'histoire, de philosophie ou de littérature ;
d'autres où il les exerce à la pratique des sciences
auxiliaires, comme la paléographie et la diplomatique ;
d'autres où il les instruit dans les parties les plus difficiles de la philologie. Ce sont ces diverses sortes de
cours fermés qui sont l'objet de vives critiques. Est-il donc
nécessaire d'en montrer l'utilité, la nécessité ? L'enseignement de la philologie, les exercices dans les sciences
auxiliaires sont indispensables au futur professeur ; car
il faut que le professeur sache la raison profonde des
choses qu'il enseigne, alors même qu'il ne doit pas la
dire à ses élèves, et il importe à sa dignité qu'il ne soit
pas rivé pour jamais à la condition d'être passif, re-
cevant toujours d'autrui (autrui c'est trop souvent
l'étranger) les textes qu'il explique et les documents
qu'il emploie ; qu'il puisse travailler de ses mains à
cette œuvre toujours inachevée de l'étude des documents, ou tout au moins juger avec une autorité assurée
les matériaux qu'on lui met dans les mains. On peut
être à la fois un professeur savant et un professeur
simple, modeste, appropriant son enseignement à l'âge,
à l'intelligence, aux forces de ses élèves. Et si l'on craint
que l'enseignement scientifique qu'on donne à l'étudiant
ne prépare en lui un détestable et ennuyeux professeur,
ce qu'il faut à tout prix éviter, il suffit de multiplier
les exercices d'apprentissage du professorat. Mais si
l'on venait à parler de supprimer ces cours scientifiques,
tous ceux-là protesteraient, et avec la plus grande
énergie, qui, élevés sous le pur régime de l'éloquence,
ont été condamnés à l'incapacité de travail, à moins
qu'ils n'aient fait par eux-mêmes péniblement, imparfaitement, et passé l'âge de l'école, l'apprentissage que
l'école leur devait offrir ; tous ceux-là protesteraient
qui, ayant le souci de la dignité intellectuelle de la

France, convaincus qu'il ne manque aux Français aucune des qualités qui font les savants, et que certaines aptitudes du génie national communiquent à la science une beauté et une dignité particulières, s'affligent d'être les tributaires en tant de choses de la science étrangère, et accusent les défauts de notre vieille organisation. Mais M. Crouslé a voulu critiquer ici l'abus, qui est en effet à redouter, non pas l'usage. Poursuivons donc l'énumération des cours fermés.

Il y a des cours fermés où le professeur expose dans une série de leçons l'histoire d'une littérature, des institutions d'un État, ou bien une grande question littéraire ou historique. Alors, il compose des leçons; il essaye de « parler un langage ferme et choisi »; il s'émeut, quand le sujet comporte l'émotion; « il émet des idées personnelles et des sentiments, admire le beau, intéresse ceux qui l'écoutent à la philosophie, à l'éloquence, à la poésie, aux grandes vues de l'histoire. » Et pourquoi donc ne ferait-il pas cela? Parce que la porte ne s'ouvre pas à tout moment pour laisser entrer et sortir les passants? Parce qu'il a devant lui, non ce qu'on appelle le grand public, mais des étudiants? Mais il semble au contraire qu'un maître, parlant devant ses élèves dont beaucoup seront professeurs à leur tour, doit ressentir plus de fierté, plus d'émotion et le poids d'une responsabilité plus grande que lorsqu'il s'adresse à des inconnus.

Les adversaires de la nouvelle méthode d'enseignement s'imaginent qu'on en peut prendre à son aise avec les étudiants. M. Crouslé prête ce discours imaginaire à un professeur ouvrant un cours privé : « Messieurs, vous êtes dorénavant obligés d'assister au cours : par conséquent le professeur n'a plus à chercher les moyens de vous y retenir. On lui demande d'augmenter le nombre de ses leçons, en le dispensant du soin de les préparer. L'administration supérieure a mûrement décidé que la quantité importe plus que la qualité. Je me présenterai donc devant vous avec toutes les notes amassées dans mon portefeuille, je vous les étalerai : cela prendra du temps; je ferai autant d'heures de cours que l'on voudra; il ne m'en coûtera guère et tout le monde sera satisfait. Pour vous, Messieurs, n'oubliez pas que l'assiduité est obligatoire. » Le morceau est joli; mais à la Faculté des lettres de Paris il n'y a pas d'assiduité obligatoire: les étudiants font absolument ce qu'ils veulent : public à la fois respectueux et difficile, ils useraient de leur liberté en ne suivant pas des cours faits sans gêne. Il faut donc aussi « faire effort pour les retenir », quand on ne veut point parler devant des banquettes.

L'énumération qui vient d'être faite prouve qu'il n'y a pas à la Faculté un genre, celui du cours fermé, à opposer au genre du cours public. Le cours fermé, c'est toutes sortes de choses : enseignement technique, exercices professionnels, exercices scientifiques, série coordonnée de leçons magistrales. L'éloquence, pour reprendre ce mot, n'en est pas plus bannie que la science n'est exclue des cours publics qui sont professés à la Sorbonne. Il suffit de lire la liste de ces cours pour voir qu'il en est dont le sujet est plus scientifique même que celui de certains cours fermés. Il suffit de lire les noms de ceux qui les professent pour être assuré qu'ils traitent avec une conscience parfaite chacune de leurs leçons, qu'ils ne donnent rien à la fantaisie, et que, s'ils plaisent, c'est en instruisant.

Pour conclure, la querelle du cours fermé et du cours public est une querelle de mots. Entre tel cours public et tel cours fermé, la seule différence est que le premier s'ouvre à tout venant, le second aux seuls étudiants inscrits. Si l'on veut trouver dans l'enseignement actuel de la Faculté deux genres différents, il faut opposer au cours, fermé ou non, où le maître parle seul, la conférence où il y a collaboration entre le maître et les élèves.

Dès lors, dira-t-on, pourquoi ne pas faire cette distinction si simple? On réserverait les conférences aux étudiants; on ouvrirait tous les cours au public. Ici se présente la question de l'admission du public aux cours d'enseignement supérieur. M. Crouslé y attache une grande importance. Pour lui, le public rend service au professeur : il l'oblige à être intéressant; le public, d'ailleurs, dans un État démocratique, c'est le souverain; si nous nous dérobons à l'œil du prince, nous passerons pour morts; si les Facultés deviennent indifférentes au public, elles seront supprimées par un réformateur quelconque.

C'est aller bien vite et bien loin. Parlons un peu du public. Je crois très bien connaître « les mœurs et les visages du quartier de la Sorbonne et du Collège de France ». J'ai suivi des yeux « les courants qui partent d'heure en heure dans telle ou telle direction ». J'ai même suivi des oreilles, si je puis dire, certains groupes et j'ai entendu dire le plus naturellement du monde de grosses sottises sur l'enseignement des maîtres les plus illustres. Je connais en un mot ce personnel, bien moins nombreux qu'on n'imagine. Il ne m'a jamais fait penser au « souverain », et je n'en aurais jamais dégagé l'idée de la « nation ». Certainement, il s'y trouve des personnes sérieuses, distinguées, respectables, qu'il faut accueillir et même attirer; mais comme cette « mauvaise partie » du public est scandaleuse ! Il y a là des retraités de professions non libérales, des vieillards sourds, des ignorants et des ignorantes manifestes, des maniaques des deux sexes, tout cela soumis aux influences atmosphériques, se raréfiant ou se condensant dans l'amphithéâtre suivant que le soleil chauffe ou que souffle la bise, se croyant chez soi d'ailleurs, estimant que le chauffage et la parole du professeur en Sorbonne sont la propriété imprescriptible des passants, payant son écot par ces applaudissements stupides et inconvenants dont un de nos maîtres a dit qu'ils sont le *memento quia pulvis es* du professeur. Cela entre ou sort à son gré, dérangeant auditeurs et maître. Tel professeur, à qui cette mauvaise partie du public cause un dégoût insurmontable, condamné pourtant au cours public, cherche les heures matinales et les endroits écartés, comme il y en a heureusement en Sorbonne, pour se soustraire à ce contact! Me sera-t-il permis de dire qu'en plusieurs années d'enseignement public, trois personnes en tout se sont détachées de cet auditoire pour s'adresser à moi; une m'a demandé, sans que j'aie jamais pu savoir pourquoi, au sortir d'une leçon sur l'Ordre teutonique, si les femmes pratiquaient la médecine au moyen âge; une autre m'a recommandé un candidat au baccalauréat; un troisième m'a demandé de l'argent : les deux derniers se sont prévalus de leur assiduité à mon cours [1].

---

1. Je ne fais pas difficulté de reconnaître que les griefs contre les cours publics doivent être plus ou moins vivement ressentis, selon la nature de l'enseignement. Un professeur de littérature trouvera plus de personnes capables de le suivre avec intérêt qu'un professeur d'histoire. Il y a plus ; un professeur d'histoire, selon le sujet qu'il a choisi, pourra être tenté de fermer sa porte au public ou de l'ouvrir. Il n'y a donc pas de règle absolue ; mais il y a, en cette matière, un principe indiscutable : le professeur ne doit rien sacrifier de son enseignement ; s'il fait, par exemple, un cours où il doit multiplier les indications bibliogra-

S'il fallait choisir entre ce public et les étudiants, des professeurs, dont le nombre s'accroît chaque année. n'hésiteraient pas une minute et choisiraient les étudiants : d'autant plus que ceux-ci ne sont pas seulement des candidats au professorat. Sans doute, ces candidats sont très nombreux à la Sorbonne et ils composent dans les Facultés de province à peu près tout le personnel des étudiants; mais, d'abord, on reconnaît que les Facultés rendent un grand service à l'Université. par conséquent au pays. en se chargeant d'instruire et de préparer tout à la fois à l'enseignement et au travail scientifique ces jeunes gens qui. hors de l'École normale. n'avaient jadis d'autre guide que le hasard. Élever tout le personnel des futurs maîtres des collèges et des lycées, parmi lesquels se recrute l'enseignement supérieur. c'est une tâche qui n'est pas à dédaigner, et le « souverain » qui aime les choses utiles. nous en sait gré. Ensuite, il n'est pas exact que nous n'ayons dans nos cours fermés que des candidats au professorat. Pour ne parler que des cours d'histoire. on y trouve aussi de futurs archivistes, élèves de l'École des Chartes; des élèves de la Faculté de droit.

---

phiques et les citations grecques ou latines, sous peine de faire perdre aux étudiants le fruit de son propre travail, il doit écarter les amateurs. On dira qu'il les écartera, par la façon même dont il enseignera, mais il faudrait pour cela qu'il ne vînt pas à chaque leçon quelque nouveau groupes d'amateurs, sur lesquels il faille pratiquer ce procédé de l'expulsion indirecte. Or, on n'est jamais assuré qu'on ne voie pas entrer, par exemple, une Anglaise ou une Américaine, qui, venue pour entendre parler français. et, munie d'un petit dictionnaire, chercher les mots qu'elle ne comprend pas. J'en ai vu une chercher pendant un quart d'heure le mot *grief* que j'avais prononcé. On dira encore que ce sont de petites misères qu'il faut savoir supporter; mais c'est affaire de tempérament, et l'on doit laisser chaque professeur agir selon son tempérament et l'idée qu'il se fait du professorat.

futurs avocats, diplomates ou hommes politiques ; on
y trouve des jeunes gens du monde, sans intention
déterminée, et quelques-uns de ces volontaires sont
parmi les meilleurs de nos étudiants. Ils ne sont pas
très nombreux ; mais la même cause qui les a amenés
en amènera d'autres en plus grand nombre, et cette
cause, c'est le cours fermé, où l'on trouve un professeur
qui vous parle et à qui l'on parle, et non pas un prédicateur qui enseigne une foule anonyme. Distinguer les
étudiants du public était la seule façon de les attirer et
de les retenir. Et comme le pays attend plus de services
d'étudiants jeunes que de vieillards « même décorés » ;
comme le vœu le plus patriotique qu'on puisse former
est de voir l'élite de chaque génération venir demander
aux Facultés, avec le complément de la culture générale,
une bonne méthode de travail intellectuel, de réflexion
et de critique, si le grand public était un obstacle il
faudrait sacrifier le grand public.

Ce sacrifice n'est pas nécessaire ; l'option ne s'impose
pas entre le public et les étudiants. Même ceux qui ont
le moins de tendresse pour le public reconnaissent qu'il
serait mauvais et injuste de refuser à ces esprits qui
« sont en quête de connaissances et d'idées nouvelles »,
l'enseignement qu'ils viennent chercher au pied de nos
chaires. Que l'on établisse dans les cours quelques
bonnes règles très simples de police. Que le professeur
fasse fermer sa porte dès qu'il est en chaire ; qu'il écarte
ainsi les flâneurs et fasse sentir à tous qu'on lui doit
des égards et le respect : alors les étudiants et le public
vivront en bonne harmonie, et se fondront dans un
auditoire qui satisfera les plus difficiles. Quant aux
conférences où la présence du public ne se compren-
drait même pas, elles continueraient à être réservées
aux étudiants.

Tout sera pour le mieux, si l'on sait ainsi faire coexister les choses nouvelles avec les choses anciennes. Seulement, il en faut prendre son parti résolument, ne pas dire en un endroit que c'est un progrès « d'enrichir l'enseignement secondaire de professeurs instruits », en un autre, que c'est l'affaire de l'École normale de préparer ces professeurs. Il ne faudrait pas appeler « obscurité d'un enseignement technique » l'enseignement destiné à ces futurs professeurs. Il ne faudrait pas dire que rien n'est plus facile que « de remplacer les Facultés pour la préparation des candidats aux examens », comme si notre enseignement, même quand il s'adresse aux candidats à ces examens, ne s'élevait pas fort au-dessus du souci de cette préparation. Il ne faudrait pas donner à entendre que c'est seulement pour intéresser des auditeurs libres « qu'il faut un grand travail de préparation et certains mérites de parole », que l'administration supérieure nous dispense d'avoir du talent (dans nos cours fermés évidemment), et que nous devons, pour nous conformer aux instructions reçues d'en haut, « nous rendre ennuyeux dans nos cours. »

Nous sommes d'autant plus à l'aise pour soutenir cette opinion sur la nécessité de l'accord des choses anciennes et des choses nouvelles, que nous voyons cet accord pratiqué par la Faculté des lettres de Paris. La Faculté n'a point changé ses habitudes anciennes; elle a procédé par addition, sans se croire obligée à rien supprimer. Elle n'avait autrefois que des auditeurs ou du moins elle ne reconnaissait pas d'existence légale à ses élèves perdus dans la foule; elle a aujourd'hui des élèves organisés en un corps régulier. Elle remplit ses devoirs envers le public et envers ses élèves. Elle ne croit pas déchoir en préparant ceux-ci au grade de licencié, qu'elle décerne elle-même, et aux concours d'agrégation dans les différents jurys desquels elle est représentée. Même les professeurs à qui incombe plus particulièrement la tâche de la préparation aux examens se gardent bien de s'y enfermer : ils donnent aux étudiants qui se destinent à la licence la culture générale ; ils préparent au travail scientifique les étudiants candidats à l'agrégation. La Faculté entend être et demeurer un corps savant ; préoccupée de combler les lacunes de son enseignement, hospitalière pour les personnes, libérale pour les idées, elle s'enrichit tous les jours d'enseignements nouveaux donnés sous les formes les plus diverses, et, dans quelques années sans doute, elle n'aura rien à envier aux Facultés étrangères que, depuis si longtemps, on nous donne pour modèles.

LES ÉTUDIANTS

FACULTÉ DES LETTRES DE PARIS[1]

C'est un personnel intéressant au plus haut degré
que celui des étudiants ès lettres. Il est tout nouveau et
n'a pas encore pris un caractère déterminé : il est intéressant et dans le *devenir*. On y trouve des adolescents,
des jeunes gens (ceux-ci en majorité), des hommes
mûrs. Ils jouissent du bien par excellence, condition
indispensable de succès des études, la liberté. Ils vont
et viennent comme il leur plaît. Un assez grand nombre
de leurs listes de cours (on leur demande ces listes
pour se rendre compte de leur travail) témoignent
de leur activité et de leur curiosité : ils suivent des
leçons à la Faculté de droit, à l'École des Hautes études,
à l'École des Chartes, au Collège de France, et il y a
pour nous certitude que les meilleurs reçoivent une
éducation supérieure complète. Ils sont, en grande majorité, très laborieux ; et, pour toutes ces raisons, l'expérience qui se fait par eux de la liberté est concluante en
faveur de la liberté.

Le quartier général des étudiants est rue Gerson. Il
y a là, pour employer un mot à la mode, un groupe
scolaire. Au centre s'élève un triste bâtiment à fronton
classique, composé d'un rez-de-chaussée et d'un premier étage, qui sont deux grandes salles longues. Ces
salles, employées à toutes sortes de services, concours
général, examens du baccalauréat, du certificat de

1. Extrait de la *Revue internationale de l'enseignement*, numéro
du 15 avril 1884.

grammaire à l'usage des candidats aux professions vétérinaire et pharmaceutique, cours du soir de l'Association philotechnique, servent aussi aux conférences de la Faculté.

D'un côté de ce bâtiment, la touchant presque, est le baraquement Gerson, où vivent fraternellement la philologie et l'histoire. Il se compose de deux cabinets de professeur, de deux salles de conférences, pouvant contenir chacune cinquante élèves, de deux bibliothèques salles d'études, déjà très abondamment pourvues d'excellents instruments de travail : collections de documents, dictionnaires, atlas, manuels scientifiques, etc. Le tout est sous la garde de M. Uri, ancien étudiant boursier, agrégé de grammaire, chargé de la discipline, laquelle consiste tout simplement à assurer le silence dans la salle d'études. Les livres sont à la disposition des élèves, qui les prennent sur les rayons et sont seulement priés de les remettre en place. Ils sont invités à collaborer eux-mêmes à la formation de la bibliothèque, en demandant sur un registre *ad hoc* l'acquisition des livres qui leur paraissent nécessaires.

Le baraquement est très étroit, mais il est propre, commode, presque aussi confortable qu'une maison d'école de chef-lieu de canton. C'est un progrès sur l'état antérieur, et un acheminement vers les belles installations que l'on nous promet pour l'avenir.

De l'autre côté du bâtiment central se dresse un autre grand bâtiment où l'on trouve le petit amphithéâtre Gerson, souvent employé pour les cours fermés, le grand amphithéâtre Gerson qui sert aux cours publics, mais aussi aux cours fermés qui attirent le plus grand nombre d'étudiants — car il n'est pas inutile de dire que plusieurs cours fermés ont un public plus nombreux que la majorité des cours publics ; — enfin une salle qui a servi autrefois de laboratoire, et dont on a récemment masqué la cheminée béante ; on y a mis des rayons, une table, et ce réduit, où vingt personnes ne sont pas à l'aise (une partie de la place étant occupée par les armoires de l'archéologie), est le domicile de la philosophie et des langues et littératures étrangères. La surveillance est exercée par M. Picavet, ancien boursier de la Faculté, agrégé de philosophie.

Pour remédier à l'insuffisance des locaux, on va, en attendant la reconstruction de la Sorbonne, aménager trois salles dans un bâtiment situé au fond de la cour d'une de ces maisons de la rue Saint-Jacques vouées à la démolition. Une de ces salles, située au rez-de-chaussée, contiendra un auditoire de cent personnes. Les deux salles plus petites seront trouvées au premier étage. On y montera par un escalier en colimaçon dont la rampe en bois sculpté est destinée au Musée Carnavalet. Cette nouvelle installation permettra de dégager un peu le baraquement Gerson, où se font 38 cours par semaine, et de loger plus décemment, soit la philosophie, soit les langues vivantes [1].

Le plus grand défaut des installations actuelles, c'est qu'il est très difficile aux étudiants de vivre autrement que par petits groupes. Ils se voient seulement dans les salles d'études, où ils ne peuvent s'entretenir ensemble ; puis dans l'étroit couloir entre le bâtiment central de la rue Gerson et les deux annexes, ou bien sur l'escalier et à la porte de l'édifice, qui sont souvent encombrés de jeunes gens.

Eux-mêmes sont très préoccupés de cette incommodité. Les différents groupes tendent à se rapprocher les

---

1. Ces salles ont été inaugurées, au mois de juin 1884, pour le service des conférences. Elles ont été ensuite envahies par l'inévitable baccalauréat.

uns des autres, et les élèves de la Faculté font, en ce moment même, une très intéressante tentative pour se donner une organisation corporative.

L'affiche suivante, rédigée par trois étudiants, a été apposée au baraquement Gerson :

Mon cher camarade,

Les anciens élèves de la Faculté des lettres de Paris ont manifesté à plusieurs reprises le désir de voir se former une association qui leur permît de conserver entre eux les anciennes relations d'amitié et d'en créer de nouvelles avec ceux qui leur ont succédé sur les bancs de la Sorbonne. Les réformes de ces dernières années, en réunissant auprès des Facultés un public spécial d'étudiants, le nombre déjà considérable de professeurs qui ont reçu l'enseignement de la Sorbonne, établissent suffisamment la nécessité d'une telle association. Les élèves actuels viennent de la constituer et nous chargent de vous demander votre adhésion. L'objet en est le même que celui des groupements analogues formés par les anciens élèves des grandes écoles d'enseignement supérieur : établir à Paris un centre d'informations où les professeurs de province puissent adresser et recueillir des renseignements, entretenir des relations cordiales par un banquet annuel et par de fréquentes réunions dans un local commun où puissent se rendre nos amis de passage à Paris; organiser autant que possible cette vie corporative qui fait la force des Universités étrangères : tels sont les projets que nous désirons exécuter.

Les conditions exigées des membres de la Société sont : — 1° une scolarité d'un semestre à la Faculté des lettres de Paris; — 2° le versement préalable de la somme de cinq francs, montant de la cotisation annuelle.

Cette somme devra être envoyée par mandat-poste à M. Rébouis, bibliothécaire à la Sorbonne.

Pour le Comité d'organisation :

BERTHELOT, RAYEUR, SALONE.

Paris, 18 janvier 1884.

Les étudiants, convoqués ainsi par trois de leurs camarades, se sont réunis avec l'autorisation du ministre,

dans le grand amphithéâtre Gerson, le jeudi 7 février ;
ils ont discuté le principe même de l'association et l'ont
admis. Ils se sont ensuite réunis par sections (philosophie, lettres, grammaire, histoire, langues vivantes),
et chacune des sections a élu trois délégués, chargés de
rédiger un projet de statuts. Ces statuts ont été votés
dans une seconde assemblée, autorisée par le recteur.
Les étudiants sont aujourd'hui en instance pour obtenir
de l'autorité compétente l'autorisation légale.

C'est ainsi que, peu à peu, par la force des choses,
il se forme parmi ces jeunes gens un esprit commun,
qui est un très bon esprit. En même temps qu'ils son-
gent à établir entre eux des relations régulières, on
voit bien qu'ils désirent multiplier les relations avec les
professeurs. Ici, il y a encore un peu de gêne et d'embarras, car on ne rompt pas du jour au lendemain avec
d'anciennes habitudes, nées au cours public, où le professeur seul est une personne, l'auditoire étant une foule
anonyme : mais les relations personnelles sont nées
entre maître et élèves dans les conférences. Plusieurs
professeurs ont indiqué les jours et heures où ils reçoivent à leur domicile les étudiants. Le doyen et les directeurs d'études les reçoivent à la Faculté. D'un autre
côté, pour l'histoire, la philologie et les lettres, les étudiants délèguent plusieurs de leurs camarades, qui sont
comme des chefs de section élus, chargés, toutes les
fois qu'il y a lieu, de parler au nom de leurs camarades.
Grâce à cette bonne entente et à une série de petites
innovations, peu importantes, mais significatives, ces
jeunes gens se sentent à la Sorbonne de plus en plus
chez eux : des places leur sont réservées aux soutenances de thèses ; des bancs leur sont gardés dans plusieurs cours publics. Leur attitude contraste singulièrement avec celle des amateurs, et l'on voit les per-

sonnes sérieuses de l'auditoire chercher à se rapprocher d'eux, et à se confondre avec eux.

Ce corps d'étudiants en lettres se connaissant les uns les autres, donnera peut-être aux anciens corps d'étudiants l'idée que ce serait une fort belle chose à voir qu'une jeunesse des écoles unie par le sentiment des devoirs qu'ont envers leur pays ceux qui jouissent du bienfait de la haute éducation. En tout cas, un grand nombre de nos élèves entreront au service de l'Université ; ils se souviendront des Facultés où ils ont fait leurs études. Les meilleurs demeureront en relations avec leurs maîtres. Ils leur demanderont des conseils pour leur enseignement et pour leurs travaux. Un courant de vie intellectuelle se formera entre les Facultés et les lycées. Autrefois les deux personnels enseignants ne se connaissaient pas l'un l'autre. Les élèves de l'École normale ayant fait à peu près toutes leurs études à l'École, les autres jeunes gens qui se destinaient au professorat les ayant faites tout seuls, les membres de l'enseignement secondaire n'avaient rien de commun avec les Facultés. Aussi était-ce chose habituelle dans les lycées que de médire de l'oisiveté brillante des Facultés. Le temps de ces médisances est passé : celui de l'accord viendra, pour le plus grand profit des deux ordres d'enseignement, car les professeurs des lycées et des collèges sauront fort bien dire aux meilleurs élèves qu'il existe en France, à côté des Facultés de droit et de médecine, des Facultés de culture générale, qui sont les Facultés des sciences et des lettres. Ils contribueront ainsi, beaucoup plus efficacement que le grand public, à apprendre à qui de droit l'existence, l'utilité, la nécessité de l'enseignement supérieur.

L'ENSEIGNEMENT ET LES EXAMENS [1]

Prétendre que les Facultés des sciences et celles des lettres ont pour tâche principale la préparation à des examens, c'est vouloir substituer à la culture scientifique un dressage : voilà le sérieux grief que de bons esprits opposent aux partisans des nouveautés introduites dans nos Facultés.

Les partisans de ces nouveautés se défendent en disant qu'une préparation à des examens tels que la licence et l'agrégation, n'est point une basse besogne. Préparer des jeunes gens à la licence, c'est leur communiquer ces connaissances, à la fois générales et précises, qui éclairent tout un esprit et le rendent capable de se consacrer sans danger pour lui à tel ordre particulier d'études. Préparer des jeunes gens à l'agrégation, c'est les guider dans l'ordre particulier d'études qu'ils ont choisi et les rendre capables de s'y distinguer.

Ces raisons sont bonnes à coup sûr, mais elles laissent subsister le grief : licences et agrégations ont leurs programmes, qui obligent les professeurs à étudier cette année tel auteur et telle question, l'année d'après tel autre auteur et telle autre question. La liberté du professeur est donc atteinte; or cette liberté est la condition du travail scientifique, obligation professionnelle d'un professeur de Faculté.

1. Extrait de l'*Université* du 12 août 1884.

Les partisans des nouveautés ajoutent qu'ayant résolu d'appeler des élèves sur des bancs où se succédaient jadis des amateurs de diverses sortes, ils n'en pouvaient trouver d'autres que ceux qu'ils ont cherchés, c'est-à-dire des candidats aux grades. En quoi ils ont raison. Ils disent encore qu'ils ont vu, dès l'origine, les inconvénients et les dangers du système, mais qu'ils sont convaincus qu'une modification du régime des examens suivra la réforme de l'enseignement supérieur; qu'on trouvera la conciliation entre le travail scientifique et la préparation aux examens; qu'ainsi tombera le seul grief sérieux que leur opposent leurs adversaires. Ils ont encore raison, et si la satisfaction qu'ils réclament ne leur a pas été encore accordée, c'est qu'il faut surmonter quelques obstacles redoutables.

Le premier, c'est l'idée singulière que nous nous faisons en France de l'examen. Nous le considérons comme une puissance indépendante, comme une chose en soi, pour parler la langue des philosophes.

Voyez le baccalauréat. Sans doute la liberté de l'enseignement et la nécessité de prendre des précautions pour la protéger, est une cause de grandes difficultés, mais sont-elles si fortes qu'on ne puisse pas même essayer un remède à des abus qui sont presque des injustices? Dans cette épreuve qui clôt les études secondaires, l'élève cherche en vain parmi ses juges ceux qui ont été les témoins de son travail. Ce travail de huit années ne lui compte pour rien, car le baccalauréat réside hors du collège, dans les salles des Facultés, et quiconque se présente devant lui est, de par la loi, un inconnu. Le sort du candidat se joue dans les quelques heures où il fait des compositions écrites, qui peuvent être aujourd'hui malaisées et demain très faciles, puis dans les quelques minutes d'examen oral où le professeur le presse de questions. Le hasard a son rôle dans une épreuve qui peut décider du sort de toute une vie, et il n'est point de session où le baccalauréat ne commette de grossières méprises. Aussi familles et élèves subissent-ils la tyrannie de cette puissance redoutable : les familles lui offrent leurs supplications et leurs larmes dans ces lettres et ces visites dont les juges sont accablés ; les élèves lui sacrifient la sincérité même de leurs études, en se livrant tout entiers à cette préparation dont l'objet est d'apprendre, non pour savoir, mais pour répondre ; et, comme cette besogne ne peut satisfaire un esprit même médiocre. on se console de la contrainte subie en se promettant une revanche. Cette revanche, c'est l'oubli profond où on laisse tomber, au lendemain de l'épreuve, tout ce qui a servi pour l'épreuve, non seulement le manuel d'histoire, mais l'histoire ; non seulement le manuel de littérature, mais Homère, mais Virgile, mais Corneille, mais Bossuet et toute la culture classique.

Du baccalauréat, passons à la licence. On a récemment modifié la licence ès lettres, avec l'intention d'en faire une sorte de certificat d'études supérieures. que les élèves pussent prendre après une année ou deux d'études. Mais les Facultés elles-mêmes s'habituent malaisément à considérer la licence comme la constatation d'études faites chez elles. Elles ne rapprochent pas assez l'examen de leur enseignement. Elles traitent leurs propres élèves, quand ils se présentent devant elles, comme des inconnus ; au jour solennel de l'examen, l'étudiant s'évanouit dans le candidat.

Le mal est plus grand à l'agrégation. Il peut se faire, comme on le voit à Paris, qu'une dizaine de professeurs de la Faculté des lettres et de l'École des

Hautes études, ayant vécu pendant trois, quatre et même cinq années avec un étudiant, le connaissant à fond, s'accordant dans leur jugement sur lui, n'aient pas même le droit de lui délivrer un certificat officiel et soient réduits à lui souhaiter bonne chance quand ils le livrent au hasard du concours, à moins qu'ils ne le voient tomber malade d'épuisement : l'élève est alors châtié de l'excès de son travail par la perte d'une année. Étudiants et professeurs ont également à se plaindre de ce système. L'autorité administrative dresse, sans consulter les professeurs, les programmes de la licence et de l'agrégation ; après quoi, elle leur envoie des boursiers qu'ils doivent instruire selon ces programmes. Les professeurs ne s'appartiennent plus à eux-mêmes et leurs élèves ne leur appartiennent pas. Comme il y a une distinction entre le professeur et le juge, comment l'élève ne se préoccuperait-il pas du juge plus que du professeur, de l'examen plus que de l'enseignement ? Un candidat à l'agrégation de philosophie ou un candidat à l'agrégation d'histoire et de géographie, à qui le programme impose des connaissances historiques ou philosophiques universelles, plus la préparation d'un certain nombre d'auteurs et de thèses, n'est plus le disciple de ses maîtres ; ce n'est plus un apprenti : c'est le serf d'un programme. Étudiant et professeur font ensemble une médiocre besogne. Le dévouement du professeur français à ses élèves est tel qu'il s'intéresse non seulement à leurs études, mais au succès officiel de ces études, constaté par un diplôme. Tout pénétré de ce que j'appellerai, malgré la singularité du terme, un sentiment paternel de confraternité, se souvenant des pénibles efforts que lui ont coûtés jadis des épreuves qu'il a maudites, il s'associe au labeur de ceux qui les vont subir. De même que les étudiants préparent en hâte les diverses épreuves, dans une confusion qui s'accroît à l'approche du concours, en hâte aussi, le professeur fait faire aux étudiants des leçons, des explications, des travaux. Et voici qui devient tout à fait étrange : les professeurs des Facultés acceptent une discipline pour ainsi dire extérieure. Ils sont représentés dans les jurys d'agrégation, mais ils n'y ont pas la majorité. Les présidents de ces jurys peuvent ne pas appartenir au corps des Facultés; ils peuvent ne pas savoir ce qui se passe dans les Facultés; ils peuvent le savoir et ne pas l'approuver; pourtant ce sont ces présidents qui, par l'organe du directeur de l'enseignement secondaire, publient chaque année, comme jadis le préteur son édit, le programme qui deviendra la règle de l'enseignement supérieur. Si l'on ajoute qu'en certaines Facultés de province, deux et même trois professeurs dépensent ainsi leurs efforts et leur temps à préparer pour l'agrégation deux ou trois candidats (quelquefois même un candidat), on aura exactement dépeint le régime bizarre où notre conception de l'examen met les Facultés à l'heure actuelle.

Ces abus étaient autrefois des usages légitimes. Autrefois, quiconque se préparait à la licence et à l'agrégation, s'il n'était pas élève de l'École normale, s'y préparait tout seul. Il était, dès lors, naturel que les examens réglassent le travail du candidat, et que celui-ci, de qui personne ne pouvait répondre, fût traité en inconnu. Cette conception de l'examen, que nous déplorons, s'accordait à merveille avec la conception que l'on avait de l'enseignement supérieur.

Mais pourquoi le jour où le régime de l'enseignement supérieur a été modifié, n'a-t-on pas modifié le régime des examens? Ici nous rencontrons le second

obstacle qu'il faut surmonter avant d'obtenir le progrès
désiré. L'administration de l'instruction publique, très
puissante en France, comme toutes les administrations,
et de qui l'on attend, comme de toutes les administrations, l'initiative en toutes choses, est fort incohérente.
Les trois directions entre lesquelles elle est divisée
travaillent pour le mieux et elles ont toutes les trois,
depuis quelques années, accompli des réformes considérables, mais chacune agit de son côté, souverai-
nement. Un seul personnage domine et a qualité pour
établir l'harmonie entre toutes les parties de nos
institutions scolaires, c'est le ministre; mais nos ministres sont souvent des étrangers que la politique
apporte et emporte, et qui n'ont pas toujours le
temps d'achever leur apprentissage. Notre Conseil supérieur discute des ordres du jour tels qu'ils lui sont
présentés : les objets les plus divers s'y rencontrent.
et aucune théorie générale n'a lieu de s'y produire. La
loi ne reconnaît pas au Conseil le droit d'avoir des
idées. et, jusqu'à présent, il s'est montré fidèle obser-
vateur de la loi. Pour ces raisons, chacun demeure
chez soi, n'ayant cure de son voisin; des institutions
nouvelles se trouvent menacées dans leur existence,
parce qu'on ne sait ni ne veut leur faire place. Pour
revenir à notre sujet même. la plupart des jurys d'agrégation continuent d'observer tranquillement et en conscience une consigne donnée il y a longtemps.

On voit que nous ne cherchons point à diminuer la
puissance des obstacles. Mais quelle espérance avons-
nous de les vaincre?

Nous espérons en la force des choses.

Les professeurs des Facultés sentent trop vivement
les abus pour ne point s'en plaindre haut; ils rendent
trop de services pour n'être pas entendus. Comment

le Ministre de l'instruction publique et le directeur
de l'enseignement secondaire ne prendraient-ils pas
en grande considération les représentations qui leur
seraient faites, par des membres de cette Faculté de
Paris qui a, parmi ses étudiants, plus de cent candidats à l'agrégation? Cette Faculté a donné, l'an dernier,
trente agrégés à l'enseignement secondaire : les services rendus ne créent-ils pas des droits [1] ?

Le moment est donc venu de faire entendre nos vœux.

Si l'on voulait aller tout de suite à l'extrême, il faudrait demander que les examens, dépourvus de toute solennité, devinssent de simples certificats d'études ; que
quatre ou cinq professeurs de Faculté, requis par un
étudiant de décider s'il est digne du grade de licencié,
pussent se réunir, échanger les notes prises sur son
travail et prononcer après une dernière épreuve [2] :
qu'autant de professeurs, requis de même par un étudiant, de le déclarer digne du titre d'agrégé, procé-
dassent de la même façon, mais en se montrant plus
exigeants et sur la durée des études et sur les preuves
d'aptitude professionnelle et scientifique. Cela sera le
dernier terme du progrès. Avant de l'atteindre, il
faudra faire plus d'une étape.

N'est-il pas possible aujourd'hui de laisser à chaque
Faculté le soin de régler, sinon tout l'examen de la

1. 30 agrégés en 1882-3 ; 36 en 1883-4.
2. ... « Verrons-nous le jour où quatre ou cinq professeurs
de Faculté compétents, pourront, s'étant réunis, rédiger léga-
lement le procès-verbal suivant : « Nous, professeurs, attendu
que M... a suivi assidûment pendant deux années nos cours
sur telle et telle matière, qu'il justifie, par tel travail personnel
qu'il nous a présenté, du profit qu'il a tiré de notre enseignement,
nous étant d'ailleurs assurés qu'il possède les connaissances
générales qu'exige le grade qu'il sollicite, le déclarons licencié... »
(Petit de Julleville, dans la *Revue internationale de l'Enseignement*, année 1884, n° 5, p. 546.)

licence, au moins le programme des auteurs à expliquer devant elle? La liberté du professeur serait respectée ; il désignerait les auteurs qu'il étudie lui-même. Or les études ne peuvent que gagner à ce respect de la liberté du professeur. On fait bien la besogne qu'on a choisie.

Pour l'agrégation, le problème est plus difficile. L'agrégation n'est pas un examen : c'est un concours devant un jury, et les étudiants de toutes les Facultés y doivent être soumis aux mêmes épreuves. Le choix des auteurs à expliquer doit donc être laissé à l'autorité administrative. Il serait bon seulement qu'elle en arrêtât assez tôt le programme pour qu'il put être soumis à la discussion des professeurs compétents. Mais d'autres réformes s'imposent, surtout pour les agrégations de philosophie et d'histoire. Pour bien préciser, je parlerai de l'agrégation d'histoire.

L'agrégation d'histoire et de géographie est écrasante. Elle impose au candidat, même quand il est licencié en histoire et qu'il a fait preuves de connaissances générales, la préparation d'un programme de géographie universelle, physique et politique, et d'histoire universelle.

Elle exige qu'il fasse son apprentissage professionnel, qu'il apprenne à composer et à dire une leçon, à corriger une copie ; car parmi les épreuves de l'examen oral, il y a des leçons et la correction d'une copie.

Elle exige qu'il prépare un certain nombre d'auteurs avec assez de soin pour qu'il puisse fournir un commentaire sur tel passage désigné.

Elle exige qu'il étudie deux ou trois grands sujets d'histoire sur les documents, sujets si vastes qu'on pourrait faire de chacun un gros livre après un travail d'une ou de plusieurs années.

La conception générale, ou, si l'on veut, l'intention
de ce concours, est excellente. L'Université veut que ses
professeurs d'histoire et de géographie sachent l'histoire
et la géographie : en conséquence le programme demande
aux candidats des connaissances universelles. L'Université veut que ses professeurs sachent enseigner : le
programme inscrit des épreuves pédagogiques. L'Université veut que ses professeurs soient non seulement
instruits et capables d'enseigner, mais savants et capables de travailler : de là ces épreuves scientifiques,
l'explication et la leçon de thèse. La théorie est donc
irréprochable; mais la pratique?

La pratique est mauvaise. Les étudiants savent que
les quatre compositions écrites d'histoire ancienne,
d'histoire du moyen âge, d'histoire moderne, de géographie, sont éliminatoires. Ils portent donc leur principal effort sur cette besogne immense, indéfinie,
impossible : apprendre l'histoire universelle et la géographie universelle. Plus ils approchent du concours,
plus s'accroît leur terreur. Dans les derniers mois,
cela devient de l'affolement. L'étudiant garde devant
les yeux ce programme sans limites. Par dizaines il
compte les questions sur lesquelles il serait muet.
N'essayez pas de lui dire qu'il n'a point à redouter
de question trop particulière : toutes les questions lui
paraissent possibles. Il court affairé à travers le temps
et l'espace. Il apprend des généalogies et des listes de
dates interminables : il surcharge sa mémoire, fatigue
et déforme son esprit. Saura-t-il à la fin toute son histoire et toute sa géographie? Mais cela est impossible.
Les compositions écrites sont très faibles au concours
d'agrégation, et des candidats, qui réussissent, composent moins bien ce jour-là qu'ils n'ont fait jadis au
concours général des lycées.

Comment un candidat si occupé donnerait-il aux épreuves pédagogiques toute l'attention qu'elles méritent? Ses professeurs lui font faire des leçons sur toutes les parties de l'histoire : aura-t-il soin de les approprier à l'auditoire de telle classe devant laquelle la leçon devrait être professée? Mais rien ne l'y invite, pas même le concours d'agrégation, car lorsqu'il fera, après vingt-quatre heures de préparation, une leçon d'histoire, ou une leçon de géographie, il ne parlera pas comme il ferait dans une classe d'enfants, devant ces juges parmi lesquels il y a des inspecteurs généraux et des membres de l'Institut. Au régiment, on apprend au simple soldat à commander, en le mettant devant un peloton de soldats : j'imagine qu'il commanderait mal un peloton de généraux de division. La leçon qui sera faite devant le jury pourra donc être très bonne en elle-même, et détestable si on la transporte devant un auditoire d'enfants. Et si le candidat parlait devant le jury comme il ferait devant des élèves de quatrième ou de troisième, l'épreuve aurait un caractère de puérilité qui étonnerait fort les juges. L'étudiant fait donc à la Faculté ses leçons sans aucune préoccupation pédagogique, et, quand il se trouve pour la première fois devant de véritables élèves, il n'a jamais réfléchi sur la façon de leur parler.

Le candidat à l'agrégation préparera-t-il à tête reposée l'explication de ses auteurs et de ses thèses, en homme qui veut faire son apprentissage d'historien, tirer d'un texte tous les renseignements qu'il contient, ce qui est l'objet de la préparation des auteurs, et tirer d'une série de documents étudiés mot par mot un chapitre d'histoire, ce qui est l'objet de la préparation des thèses? Mais il faudrait qu'il eût la tête libre et l'esprit en repos. En réalité cette besogne, qui devrait être pleine d'attraits pour des étudiants, ne fait que les surcharger. Ils se la partagent entre eux et demandent à leurs maîtres de les aider. Ceux-ci ne manquent point de s'y prêter. Tantôt ils répartissent des sujets de travaux pour les critiquer et les corriger; quelquefois ils font tout un cours sur une question, et la thèse est alors écrite sous la dictée du maître. Le maître abdique ainsi la liberté de son travail. Sans doute la peine qu'il se donne n'est pas perdue : les élèves, en le voyant faire, apprennent à travailler; mais leur apprentissage pourrait se faire beaucoup mieux et, en même temps, coûter moins cher à ceux qui le dirigent. En réalité l'élève qui, le jour de l'épreuve de la thèse, récitera au jury des notes qu'il n'a pas prises lui-même, n'est pas préparé au travail personnel.

En somme, l'agrégation impose aux étudiants et aux professeurs un travail immense, dont les résultats sont médiocres.

Heureusement, le remède n'est pas malaisé à trouver, pourvu que l'on veuille bien réformer le mécanisme du concours, ne point lui attribuer une sorte de vertu mystique et tenir compte au candidat de ses antécédents et de son travail.

Reprenons cette théorie de l'agrégation.

Vous voulez que le candidat fasse la preuve qu'il est capable d'enseigner; or nous savons qu'il n'apprend point à enseigner et que la leçon qu'il fait devant le jury n'est pas une épreuve suffisante. Il faut donc organiser dans les Facultés l'apprentissage du professorat : pour cela, réunir dans trois ou quatre Facultés les candidats à l'agrégation, et charger celui des maîtres qui aura l'apti-tude le mieux marquée pour cet office. de diriger cette préparation pédagogique. Il mettra les futurs professeurs en contact avec la vie réelle, soit en demandant au recteur d'envoyer à la Faculté de temps à autre une classe de lycée, afin que les étudiants fassent devant de vrais élèves de vraies leçons, soit en envoyant lui-même les étudiants au lycée. Le nombre des candidats à l'agrégation n'est pas très considérable. Chacun d'eux pourrait être attaché à un professeur de lycée : il ne gênerait point son tuteur; il assisterait, une fois par semaine, à une classe; de loin en loin il dirigerait un exercice, correction de copie ou explication; quatre ou cinq fois l'an, il ferait toute une classe. Il apprendrait ainsi qu'autre chose est la science, autre chose l'enseignement, et qu'il existe un art d'approprier les connaissances aux forces intellectuelles des enfants à qui on les doit communiquer. Il rapporterait à la Faculté les résultats de son expérience, et le maître, à propos des leçons qui continueraient d'être faites devant lui, introduirait ces discussions de méthode, dont nous ne sentons pas assez l'utilité. Les élèves des Facultés recevraient ainsi une éducation professionnelle qui n'a été donnée jusqu'à présent à aucun professeur de l'enseignement secondaire. Au concours d'agrégation, la Faculté produirait les notes obtenues par ses élèves dans ces exercices pédagogiques, et le jury en tiendrait compte, tout en donnant lui-même sa note pour l'épreuve de la leçon, qui serait maintenue.

Vous voulez que le candidat à l'agrégation fasse preuve de connaissances générales étendues ; mais vous ne pouvez prétendre que quelqu'un puisse jamais savoir l'histoire universelle et la géographie universelle, et vous savez qu'à le tenter, nos élèves surmènent leurs forces au point de les épuiser et de négliger tout le reste de leur éducation. Vous savez que parmi ces quatre questions données à l'examen écrit, si bien qu'elles

soient choisies [1], il en est qui peuvent surprendre
d'excellents candidats et les perdre : car ces compositions sont éliminatoires. Un pareil système est barbare.
Il faudrait ou bien ajouter aux épreuves éliminatoires
une interrogation qui permît au candidat surpris en un
point de montrer qu'il aurait excellé en un autre ; ou
bien limiter le champ des épreuves par un programme,
dressé tous les ans ou tous les deux ans, de grandes
questions prises dans toutes les périodes de l'histoire,
ou bien enfin permettre aux candidats l'usage d'un
dictionnaire, d'une chronologie, qui les rassure contre
les oublis, et leur permette de ne pas encombrer leur
mémoire.

Vous voulez enfin que le candidat à l'agrégation fasse
la preuve qu'il est capable d'un travail personnel ; or
vous savez qu'il n'apportera presque jamais au concours une preuve sincère, et qu'il lui est impossible
d'étudier toutes ses thèses. Ici encore, plusieurs
remèdes sont possibles : on peut aller jusqu'à supprimer du concours l'épreuve des thèses : les élèves
des Facultés seraient sur ce point justiciables de leurs
professeurs auxquels ils remettraient, à la fin de leur
scolarité, un mémoire analogue à celui que composent
les élèves de l'École des Chartes ou de l'École des Hautes
études. Ou bien, on permettrait au candidat de désigner lui-même trois sujets, un dans l'histoire ancienne,
un dans l'histoire du moyen âge, un dans l'histoire
moderne : le jury en choisirait un et notifierait son

1. Je me fais un devoir de rendre justice au président actuel
du jury d'agrégation d'histoire, M. Geffroy. Il corrige, autant
qu'il peut le faire, les abus du système actuel. Il est un juge
très éclairé. On peut dire qu'il met dans ses fonctions de l'humanité, s'appliquant à diminuer les charges que le concours
fait peser sur l'esprit de ceux qui le préparent. Mais les abus
de système sont plus forts que la bonne volonté d'un homme.

choix au candidat. Celui-ci, vingt-quatre heures après la notification, ferait sur ce sujet une exposition orale. Il y aurait ainsi un moment, au cours de ses longues études, où l'étudiant français ferait acte d'initiative et jouirait de quelque liberté.

Supposez que ces réformes sont accomplies, et le grand problème est résolu. Étudiants et professeurs sont affranchis. Les premiers respirent, allégés du poids qui fait plier aujourd'hui les meilleures volontés. Ils se préparent avec réflexion, avec méthode, et non sans plaisir, à leur profession. Ils s'instruisent pour s'instruire, s'exercent à l'usage de la liberté intellectuelle, étudient l'histoire pour devenir historiens. Les professeurs ne sont plus obligés à se détourner de leurs études pour obéir aux prescriptions d'un programme annuel qui les promène de sujets en sujets; leurs études personnelles se confondent avec leur enseignement: c'est en travaillant avec leurs élèves et en les associant à leur travail qu'ils leur apprennent à travailler. Les Facultés demeurent ce qu'elles doivent être, des Instituts scientifiques, et il leur est d'autant plus aisé d'accomplir leur mission qu'elles ont substitué un public de jeunes gens, capables de recevoir et de transmettre ce qu'ils ont reçu, au grand public improductif où quelques hommes sérieux se perdent dans la foule des oisifs.

ALLOCUTION

ADRESSÉE

AUX ÉTUDIANTS EN HISTOIRE DE LA FACULTÉ
DES LETTRES DE PARIS

LE JEUDI 31 OCTOBRE 1882

MESSIEURS.

Je vous ai convoqués aujourd'hui pour vous faire une sorte de discours d'ouverture, et j'ai écrit ce discours, contrairement aux habitudes de simplicité et d'intimité de notre enseignement, parce que je veux le publier, estimant qu'il est utile, dans les débuts des choses nouvelles, d'y intéresser les personnes qui ont qualité pour en connaître et en juger.

Vous êtes réunis depuis un mois déjà : vous avez pris votre inscription, et vous attendez avec impatience, je le sais, l'ouverture des cours ; votre impatience est partagée par nous. Nous sommes, vous et nous, persécutés par le baccalauréat. La question de la réforme du régime de cet examen est à l'étude. Elle est sérieuse, et, si on la réglait à la légère, on compromettrait deux choses précieuses, les bonnes études secondaires et la liberté de l'enseignement. En attendant, vos professeurs font un métier qui n'est pas le leur. Nous surveillons, pendant les compositions écrites, des centaines, je pourrais dire des milliers de candidats : surveiller, c'est défendre au voisin de se trop approcher de son voisin et de causer avec lui ; guetter les mouvements suspects et les mines inquiètes, fouiller du regard les serviettes et les poches où se cachent les matières de fraude. Nous corrigeons des compositions, ce qui consiste, dans plus de la moitié des cas, à compter des fautes d'orthographe, des contre-sens, des non-sens, des solécismes et des barbarismes; nous interrogeons les candidats admis à l'examen oral sur toutes sortes de choses, parmi lesquelles il en est que nous avons oubliées ou même que nous n'avons jamais bien sues [1]. Ajoutez la nécessité de défendre notre porte contre les solliciteurs qui viennent recommander à notre indulgence la timidité des candidats, et l'ennui de lire ces lettres de pères, de mères, d'amis, de députés qui disent toutes la même chose. Voilà ce que nous avons fait, en novembre, pendant que vous erriez autour de la Sorbonne, cherchant une affiche qui annonçât l'ouverture des cours. Voilà ce que nous recommencerons à faire en avril et en juillet. J'en ai, pour ma part, tant de mauvaise humeur que je ne puis m'empêcher de vous en faire la confidence.

Avant que nous nous remettions enfin au travail, j'ai quelques indications générales et quelques conseils à vous donner.

Étudiants de la Faculté des lettres de Paris, ayant l'histoire pour objet principal de vos études, que devez-vous apprendre?

D'abord, l'histoire générale. On n'est un historien qu'à condition d'avoir des lumières de toute l'histoire, et de connaître surtout celle des peuples de l'Occident, qui ont fondé les sociétés les plus intelligentes, les plus

1. Le professeur de la Faculté des lettres, délégué à la Faculté des sciences, interroge sur les auteurs latins, les auteurs français, sur une des quatre langues allemande, anglaise, italienne, espagnole, sur l'histoire, la géographie, la philosophie. Tout le monde ne sait pas tout cela.

laborieuses et les plus solides, et mérité de posséder le monde. Quiconque n'est pas en état de suivre l'histoire de la vie sociale et politique de ces peuples, en partant du régime patriarcal pour arriver, par la cité grecque, la cité romaine, l'empire et la féodalité, à l'état moderne ; quiconque n'a point appris comment chaque période reçoit de sa devancière et transmet à la suivante un certain legs, ne peut prétendre au titre d'historien. Il n'a pas le sentiment du développement et de la transformation ; or qu'est-ce que l'histoire, si ce n'est le tableau d'un développement et d'une transformation indéfinis ? Je ne dis là rien de nouveau ; mais les vieilles vérités sont toujours bonnes à dire. Elles ne sont si vieilles que parce qu'elles sont bien vraies. Celle-ci ne saurait être trop répétée. L'abus qu'on a fait en histoire de l'éloquence, des vues générales et des systèmes a été si vivement senti que nous sommes à présent menacés d'un abus contraire. Parce que certains de nos devanciers ont eu trop d'audace, nous serions condamnés à l'humilité perpétuelle ; leur éloquence et l'esprit de système auquel ils ont sacrifié la réalité historique devraient être expiés par l'abdication de notre jugement et par une pénitence sévère imposée à notre imagination. Je repousse pour ma part expiation et pénitence, et j'estime que le concours de toutes les facultés de l'esprit est nécessaire à qui veut faire œuvre d'historien.

L'acquisition de connaissances historiques générales est donc le premier de vos devoirs ; mais vous en avez d'autres. Après que vous aurez pendant longtemps profité du travail d'autrui et recueilli les opinions et les jugements des historiens sur les faits exposés par eux, il faudra qu'un jour vous exposiez des faits, et qu'à votre tour vous exprimiez des opinions et des jugements. Pour cela, vous devez apprendre à connaître et à étudier les documents.

La bibliographie vous donnera des listes de documents imprimés ou manuscrits ; la paléographie vous apprendra à lire les derniers. Il ne s'agit pas que vous deveniez, au cours de vos études, des bibliographes érudits, ni que vous encombriez votre mémoire de longues listes de noms et de titres ; mais ce sera beaucoup que d'acquérir les notions essentielles sur les grands ouvrages que tout historien doit savoir manier, sur les collections dont il doit se servir, sur les principales bibliothèques européennes, sur les catalogues imprimés ou inédits. Ce sera mieux encore de prendre le goût d'accroître ces sortes de connaissances et l'habitude de vous tenir au courant des publications nouvelles. Il ne s'agit pas non plus que vous deveniez des paléographes ; vous n'avez pas besoin d'apprendre les secrets de toutes les écritures ; mais vous devez être en état de lire la minuscule du moyen âge et les cursives postérieures, si vous ne voulez point être condamnés à l'impuissance totale devant des documents dont la connaissance peut vous être un jour indispensable.

Une fois mis en possession du moyen de connaître et de lire les documents, il faut apprendre par quels moyens simples et sûrs on arrive à en déterminer la valeur : c'est l'œuvre de la critique proprement dite. Il faut en tirer tous les renseignements historiques qu'ils contiennent, c'est-à-dire apprendre à interpréter les textes.

Bibliographie, paléographie, critique, interprétation ne sont que des moyens ; le but, c'est de se mettre en état de traiter un jour une question, c'est-à-dire de tirer des documents les solutions qui s'y trouvent, de les exposer en bon ordre et en bon langage.

C'est pour apprendre tout cela, Messieurs, que vous êtes étudiants de la Faculté des lettres. Comment l'apprendrez-vous? Qu'avez-vous à attendre de nous et de vous-mêmes?

Dans toutes les parties de la tâche, vous serez aidés par vos maîtres. Nous ne vous apprendrons pas à coup sûr l'histoire universelle; mais vous aurez sur deux parties de cette histoire, qui ne sont pas les plus faciles, sur l'antiquité et le moyen âge, des cours combinés de telle façon que les principales questions de ces deux périodes soient exposées devant vous en deux ou trois ans. Il vous restera beaucoup à faire, surtout beaucoup à lire. Je suis sûr que cette partie de vos études est celle qui vous plaira le plus. Quoi de plus séduisant, à l'âge où la mémoire n'est pas encore lassée, ni la curiosité déflorée par les désillusions, que de passer en revue les souvenirs recueillis pendant l'enfance, de raviver ceux qui s'éteignaient, d'y ajouter, d'entrer en connaissance avec les historiens éminents qui ont résumé l'histoire d'une grande période de l'humanité ou de la vie d'un peuple, d'acquérir par là des connaissances et des idées générales et de les faire pour ainsi dire siennes par la réflexion et le travail d'un esprit attentif et critique? Car vous n'êtes plus ici comme au collège des écoliers dociles: aux portes de la Sorbonne commence l'âge de votre virilité intellectuelle, qui se manifestera par l'effort pour comprendre, classer, résumer et juger.

Vous serez aidés plus directement dans votre apprentissage du métier d'historien par nos cours de paléographie et de diplomatique du moyen âge, de critique des sources, par nos explications de textes, par l'étude que nous dirigerons de certaines questions historiques, enfin par les cours mêmes que vos maîtres professeront sur tel ou tel point et sur telle ou telle période de l'histoire, et qui ne sont point autre chose que la mise en œuvre des documents étudiés par eux.

Ici encore, malgré l'aide que vous recevrez, vous aurez beaucoup à travailler. C'est chez nous résolution prise de ne pas vous épargner la peine, de ne pas nous substituer à vous, et de vous traiter en apprentis véritables, qui, pour devenir forgerons, doivent forger.

Il y a parmi vous plusieurs catégories d'étudiants, dont chacune apporte ici des intentions particulières. Je voudrais dire un mot pour chacune d'elles.

J'ai relevé sur notre registre d'inscriptions les noms de plusieurs étudiants en droit. Ils donnent un bon exemple, qui sera suivi par beaucoup, le jour où ce sera chose admise que les candidats aux fonctions législatives et judiciaires ou au professorat du droit ont besoin de savoir comment se sont formées les institutions, et de sortir de l'abstraction perpétuelle où les études juridiques les confinent, pour faire connaissance avec le monde des réalités.

Les élèves de l'École des Chartes, qui ont voulu être aussi élèves de la Faculté, n'ont autre chose à nous demander qu'une éducation historique générale, car l'École leur donne au complet l'éducation technique. Nous sommes heureux de les voir ici, eux qui doivent un jour, comme archivistes-paléographes, tenir entre leurs mains les documents encore inconnus de notre histoire nationale. La connaissance raisonnée de l'histoire générale de la France les guidera dans la série des documents à publier. Ils ne croiront pas que tout document soit utile, par cela seul qu'il est un document ; comme ils auront pu dresser une liste de questions non encore résolues, et qu'ils sauront pourquoi elles ne le sont pas, ils contribueront par leurs recherches à les éclairer et ne perdront pas leur temps et le nôtre en publications inutiles.

La plupart d'entre vous sont des candidats aux fonctions universitaires. Ils ont droit à notre attention et à notre sollicitude particulières.

Ils ne sauraient se dispenser d'aucun des devoirs que j'ai tout à l'heure énumérés. Je n'admets pas, pour ma part, que les épreuves d'apprentissage du métier d'historien, c'est-à-dire les exercices de paléographie, de critique, d'interprétation, leur soient nuisibles. Notre organisation universitaire est telle que les deux ordres d'enseignement, secondaire et supérieur, ne sont point séparés : je veux dire qu'il n'y a pas de barrière entre les deux personnels, et que l'enseignement supérieur se recrute en grande partie dans l'enseignement secondaire. La conséquence est que le professeur d'enseignement secondaire doit à l'avance recevoir l'éducation qui le rendra capable de devenir professeur d'enseignement supérieur ; car il ne faut pas espérer qu'une fois entré au lycée, tout occupé de sa tâche laborieuse et abandonné à ses propres forces, il puisse se mettre en état de subir avec honneur l'épreuve de ses thèses doctorales, et d'enseigner aux élèves des Facultés l'art et les méthodes du travail historique. Si l'on interdit aux futurs professeurs des lycées les épreuves d'érudition, on leur interdira du même coup l'avenir qui s'ouvre aujourd'hui devant eux ; on fera du personnel de l'enseignement secondaire une classe fermée par en haut ; on obligera l'enseignement supérieur à se recruter directement parmi les candidats à ses grades, auxquels il donnera une éducation spéciale.

On ne peut pas soutenir d'ailleurs qu'il ne soit très utile, même à l'étudiant qui restera toute sa vie professeur de lycée, de recevoir une éducation scientifique.

Il est vrai qu'il ne sera jamais chargé que d'un enseignement général; il devra donc presque toujours se référer à l'autorité d'autrui; mais il est incapable d'estimer à sa valeur cette autorité, de faire la critique d'un manuel et d'une histoire générale s'il ne sait point par son expérience propre et directe comment se fait l'histoire. J'ai peur aussi que, s'il n'a pas été soumis à la discipline du travail personnel dirigé, il ne montre pas dans son enseignement la netteté, la précision, l'ordre qui en doivent être les qualités essentielles; qu'il ne se plaise au chaos des noms de batailles, à la profusion des dates, aux définitions vagues. Je suis sûr enfin qu'il n'aura point ces habitudes de curiosité qui seules le feront se tenir au courant de cette investigation perpétuelle dont l'histoire est l'objet dans le monde entier, et qu'il courra risque de s'endormir sur des sommaires et des notes une fois pour toutes rédigés.

Il est vrai pourtant que nous devons prendre des précautions à l'égard de ceux d'entre vous qui sont destinés au professorat. Il ne faut pas qu'ils donnent, comme ils sont portés à le faire, la plus grande partie de leur temps aux épreuves d'érudition. Ils doivent multiplier les exercices professionnels proprement dits, et, à partir de cette année, quatre d'entre nous : M. Zeller, pour l'histoire romaine; moi, pour l'histoire du moyen âge; M. Pigeonneau, pour l'histoire moderne jusqu'au XVIIIe siècle; M. Rambaud, pour l'histoire des XVIIIe et XIXe siècles, nous ferons faire des leçons, dont les sujets seront pris dans les programmes de l'enseignement secondaire. Ce sera l'occasion de revoir avec vous l'histoire générale et surtout de vous montrer comment une leçon doit être faite à des élèves : combien de choses il faut savoir pour choisir en connaissance de cause le peu de choses qu'il faut dire ; avec quelle netteté il faut avoir compris soi-même pour se faire comprendre par des enfants.

Je n'ai point parlé jusqu'ici de l'enseignement de la géographie. Je n'ai point de compétence pour le faire; M. le doyen Himly dirigera cette année, comme l'année dernière, des exercices de leçons géographiques. Il vous apprendra, surtout par l'application, les règles de la méthode d'exposition. Je sais, pour connaître ses idées sur cette matière, qu'il vous prémunira contre l'invasion de la poésie, de la philosophie, de la statistique et de l'économie politique en géographie, et qu'il vous empêchera de perdre de vue que la géographie est la description de la terre. Vous apprendrez beaucoup en le regardant faire, je veux dire en suivant le cours public qu'il professe cette année sur le plus intéressant des sujets géographiques, sur la France. Ici, d'ailleurs, comme en histoire, nous vous laisserons à travailler et vous aurez à faire nombre de lectures, pour lesquelles nos conseils ne vous seront pas épargnés.

Messieurs, ces mots reviennent comme un refrain : vous aurez beaucoup à faire. Nous comptons sur un travail énergique et persévérant. Heureusement, vous avez du temps devant vous. Le cours normal des études historiques auprès de la Faculté est de quatre années. Ceux qui voudront ne pas trop se presser ne seront point trop excédés de travail, surtout s'ils savent bien distribuer leurs efforts.

Le cours normal de quatre années est coupé en deux parties par un examen. Je n'ai pas encore prononcé ce mot; c'est à dessein. L'examen n'est pas un but : le but, c'est l'éducation historique. Vous êtes avant tout des étudiants en histoire; puis, au cours et à la fin de vos études, vous vous présentez à des examens. L'examen, du reste, ne doit pas être traité en ennemi; lors-

qu'il est bien conçu et bien fait, lorsqu'il est une constatation d'études bien ordonnées, il rend aux étudiants
ce grand service de régler leur travail, d'y tracer des
routes et d'y mettre des étapes. Or l'examen de licence,
placé à la fin de votre seconde année, et l'agrégation
d'histoire, placée à la fin de la quatrième, sont ou
du moins pourraient être de véritables constatations
d'études.

Vous savez que le premier est un examen de savoir
général, et l'instruction ministérielle, que vous devez
tous avoir entre les mains, vous en expliquera les
conditions. D'où cette conclusion naturelle que vos
deux premières années doivent être employées à l'étude
de l'histoire générale, en même temps qu'aux études
littéraires dont il vous faudra justifier à l'examen. Les
étudiants de première ou de seconde année doivent
donc se garder de se précipiter dans tous les cours et
conférences d'histoire. D'abord ils ne nous appartiennent pas tout entiers, et il leur en cuirait d'oublier
qu'ils auront à faire une dissertation française et une
dissertation latine, et à expliquer des auteurs grecs et
latins. Il serait impossible à leur professeur d'histoire,
bien qu'il soit un peu leur avocat dans le jury d'examen, de les sauver d'une mauvaise dissertation ou
d'une mauvaise explication, et d'ailleurs il n'en aurait
aucune envie, car personne de nous n'est disposé à
encombrer l'enseignement historique de professeurs
sans culture littéraire. Je dirai donc aux étudiants de
première et de seconde année qu'ils doivent choisir entre
les cours ceux où sont traitées les questions les plus
étendues ou les plus importantes. J'estime pourtant
que c'est en première et en seconde année, ou bien en
seconde et en troisième, qu'il faut placer le cours bien-
nal de bibliographie, chronologie, paléographie et di-

plomatique qui est professé ici à l'intention spéciale
des étudiants de la Faculté. Ce cours élémentaire
n'exige pas de préparation de la part de l'étudiant. Il
est une simple initiation au maniement des instruments
nécessaires de l'investigation historique. Il faut le
suivre, si vous voulez un jour être capables de travailler par vous-mêmes, et le moment le plus opportun est
celui où vos forces ne sont pas requises par la préparation de l'épreuve plus difficile de l'agrégation.

En troisième et quatrième années se placent, à côté
de l'étude de l'histoire générale, qu'il ne faut pas
perdre de vue, les exercices de critique des sources
et d'interprétation des textes, et la mise en œuvre de
documents par la rédaction de travaux, qui doivent
être des chapitres d'histoire. Ici encore, il faut se
garder de vouloir trop faire. La critique des sources
peut s'apprendre par un seul exemple, pourvu qu'on y
apporte toute son attention. Il en est de même de toutes
les parties de l'éducation historique, et vous n'aurez
point à redouter l'accablement, si vous vous pénétrez
bien de cette règle de conduite que vous ne pouvez
prétendre à connaître, sans lacune, toute votre histoire générale, ni à devenir des paléographes consom-
més ou des critiques impeccables. Vous êtes ici, non
pour tout apprendre, mais pour apprendre à enseigner
et à travailler.

Je vais dans un moment vous donner lecture du programme de nos cours et conférences; mais il faut
encore ici quelques observations préliminaires.

Vous trouverez réunis dans ce programme les noms
de professeurs de cette Faculté, de professeurs du Collège de France et de maîtres de conférences à l'École
des Hautes études. Cette innovation remonte à trois
années déjà. Elle est très heureuse, car elle rapproche de

grandes institutions universitaires, sans qu'aucune d'elles y perde son caractère propre ni son indépendance. Elle fait collaborer des hommes dont chacun cultive avec honneur une partie de l'immense domaine où vous leur demandez de guider vos pas. Grâce à cet accord, l'affiche de nos cours est longue. Elle vous paraîtra même trop longue peut-être ; car elle annonce trente-six heures de cours par semaine. Prémunissez-vous contre tout excès de zèle. Aucun de vous n'aura certainement la pensée d'assister à trente-six heures de cours par semaine. Celui qui tenterait l'expérience n'aurait plus toute sa tête le 1er janvier ; mais beaucoup d'entre vous voudront, j'en suis sûr, entendre un trop grand nombre de leçons. Des trente-six heures, il faudrait, à mon avis, rabattre les deux tiers. Vous êtes donc obligés de faire un choix. Vous trouverez dans les conseils que je vous donnais tout à l'heure de quoi vous diriger. Vous vous rappellerez que vous avez plusieurs années devant vous, et que vous retrouverez l'an prochain tel professeur ou tel enseignement que vous négligerez cette année. Du reste, nous vous donnerons, s'il est besoin, des conseils plus précis ; mais, je vous en prie, tâchez de vous décider vous-mêmes. Consultez vos goûts, vos aptitudes, en même temps que vos besoins ; circulez librement, pendant les premières semaines, de cours en cours et de conférences en conférences ; choisissez après cela, très librement et en connaissance de cause. Vous aurez alors votre liste de cours réguliers ; vous pouvez toujours vous réserver le plaisir d'aller entendre, pendant une semaine où vous serez plus libres que de coutume, tel professeur dont vous ne serez pas l'élève habituel, ne fût-ce que pour étudier sa méthode et le caractère particulier de son enseignement.

Nous n'avons point, du reste, de règle absolue pour l'assiduité. Nous admettons très bien qu'un certain nombre d'entre vous ne suivent qu'un ou deux cours. Mais je m'adresse ici à ceux qui veulent recevoir une éducation historique complète, qui seront nos élèves véritablement, envers qui nous avons charge d'âmes et sur qui nous avons par conséquent autorité.

Ils trouveront dans notre régime l'alliance de l'autorité et de la liberté. Nous ne permettrons certainement pas que nos étudiants boursiers se considèrent comme des rentiers de l'État, et nous suivrons de tout près leur travail; mais nous ne leur imposons aucun cours obligatoire, et, si nous estimons qu'ils peuvent assister à deux leçons par jour sans surcharge, nous ne leur fixerons pas même un minimum d'heures obligatoire. Je ne saurai trop vous répéter que nous vous traiterons en écoliers majeurs.

Vous observerez pourtant rigoureusement les quelques règles disciplinaires que nous avons arrêtées.

Nul de vous n'entrera dans la salle de conférences sans présenter, s'il en est requis, sa carte d'étudiant, et sans signer lisiblement son nom sur le registre de présence. Vous trouverez ces registres ici et dans les salles de cours publics de la Faculté : les appariteurs recevront pour cela des ordres de M. le doyen. Vous en trouverez à l'École des Hautes études et au Collège de France. Le relevé de ces signatures sera fait par nos soins. Nous pourrons ainsi nous rendre compte de votre assiduité, vous avertir si elle est clairement insuffisante, ou bien encore, comme cela est arrivé à plusieurs l'an dernier, si vous dépassez la limite de la prudence et du bon sens en vous surchargeant.

Nul d'entre vous ne contreviendra au règlement de la bibliothèque. Nous y avons réuni déjà bon nombre de livres utiles. Vous y êtes admis de neuf heures du matin à six heures du soir. Vous devez prendre soin des livres, n'en emporter aucun, sous quelque prétexte que ce soit; vous les remettrez à la place qui leur est assignée par leur numéro, après vous en être servis. Vous garderez le silence, et vous vous souviendrez que vous êtes placés là sous l'autorité de notre bibliothécaire, M. Uri.

Voilà tous nos règlements. Ils ne sont ni compliqués, ni tracassiers. Pour le reste, que votre discipline soit en vous-mêmes. C'est sur vous, sur votre intelligence, sur votre bonne volonté que nous comptons.

Sachez bien que vous êtes ici chez vous, que ce baraquement en bois est votre maison, notre maison. Vous nous y trouverez souvent. Pour moi, à qui la Faculté a fait l'honneur de m'associer à M. le doyen Himly dans la direction de nos conférences, je serai toujours ici une fois par semaine, à une heure que j'indiquerai, pour vous recevoir. Voyez-vous souvent les uns les autres. Je voudrais qu'il se formât parmi vous un esprit corporatif et que les étudiants de la Faculté des lettres, comme ceux de la Faculté des sciences, prissent leur place au soleil à côté de ceux des autres Facultés. Nous vous regarderons faire avec une grande sollicitude; car vous êtes les premières générations d'étudiants de la Sorbonne, et c'est à vous qu'il appartient de créer ici les mœurs scolaires. En cela vous avez une grande responsabilité. Si vous êtes des étudiants à la fois frondeurs et indolents; si vous ne cherchez ici que l'apprentissage d'un métier, qui est peut-être un pis-aller, toute notre peine est perdue, et nous perdons en même temps une chère espérance. A vrai dire, je n'ai pas cette crainte. Je ne suis point autorisé à l'avoir. Ceux d'entre vous que nous connaissons déjà

ont ces deux grandes qualités : la bonne volonté et la
déférence envers leurs maîtres. Ce que je craindrais plutôt, c'est une certaine inertie de l'intelligence, qui ne
vient pas seulement de la docilité. Je vais me servir
d'une expression singulière : osez être hardis. Laissez
libre cours à votre intelligence : ne l'emprisonnez
pas dans des cadres d'examen; ne soyez pas esclaves des formes auxquelles vous devrez vous plier;
ayez surtout le respect, le culte de votre intelligence;
enrichissez-la, élargissez-la; pénétrez-vous du sentiment
de la dignité intellectuelle. Ainsi vous serez de vrais
étudiants et les mœurs scolaires qui naîtront seront
bienfaisantes pour l'Université, dont nous sommes les
serviteurs.

ALLOCUTION

AUX

ÉTUDIANTS DE LA FACULTÉ DES LETTRES DE PARIS

LE 6 NOVEMBRE 1883

MESSIEURS,

Mes premières paroles, au début de cette année, doivent exprimer ma gratitude envers la Faculté, qui m'a fait l'honneur de proposer au Ministre de l'instruction publique que je fusse attaché à la Sorbonne par un titre nouveau, et envers le Ministre qui a bien voulu accueillir cette proposition. Il m'aurait été singulièrement pénible de quitter la Sorbonne, où j'ai été appelé, il y a trois ans et demi, pour suppléer M. Fustel de Coulanges : je me suis si bien habitué à vivre en la compagnie des professeurs, mes maîtres ou mes amis, et des élèves dont nous voyons chaque année s'accroître le nombre! Aussi ai-je reçu avec une profonde reconnaissance le titre de professeur adjoint, qui me permet de demeurer à la Faculté, au moment où M. Fustel de Coulanges y vient reprendre sa place, et la fonction de directeur d'études, qui me fait un devoir de ces relations régulières avec les étudiants où je trouve un très vif plaisir.

Directeur d'études signifie, en effet, directeur d'étudiants et rien de plus; car c'est à la Faculté seule qu'il appartient de diriger les études et de composer

son enseignement selon la haute idée qu'elle se fait de
ses devoirs intellectuels. Si elle a jugé qu'il était utile
d'instituer la fonction nouvelle que nous inaugurons
aujourd'hui. M. Croiset et moi, c'est un effet de sa
sollicitude pour vous. Une des attributions qu'elle
nous a données est de vous souhaiter la bienvenue au
premier jour, et de vous demander qui vous êtes, d'où
vous venez et où vous voulez aller. En arrivant à la
Sorbonne, où les enseignements se multiplient, beaucoup d'entre vous sont embarrassés pour choisir entre
les routes qui s'ouvrent devant eux. D'ailleurs, vous
n'avez pas tous la même vocation. Routes nombreuses,
voyageurs à destinations différentes, voilà des causes
de confusion et de trouble : les directeurs d'études vous
attendent pour vous guider. Bientôt vous aurez trouvé
votre voie et réglé votre travail; vous aurez choisi
parmi les nombreux professeurs de la Faculté ceux
auxquels vous voudrez vous attacher particulièrement,
et qui seront les vrais directeurs de votre esprit : leur
sollicitude vous est acquise à l'avance, mais il serait
difficile à chacun d'eux de vous suivre dans tout votre
travail, et de vous avertir, s'il y a lieu, que vous vous
trompez en donnant trop de soins à telle partie de
votre éducation au détriment de telle autre. Ces aver-
tissements sont encore de l'office des directeurs d'études.
N'allez pas croire surtout qu'ils soient investis d'une
sorte d'autorité administrative, qui se manifeste par
des commandements. Nous sommes chargés, il est
vrai, de faire en sorte que les boursiers ne se sous-
traient pas à l'obligation librement consentie par eux
de se préparer au professorat : mais la Faculté ne leur
impose pas un règlement rigide ; elle ne leur désigne
aucun cours comme obligatoire, ne voulant pas donner
aux professeurs le chagrin de penser qu'ils parlent

devant des élèves contraints à les écouter ; elle ne prescrit pas même aux boursiers un minimum d'heures de présence. La surveillance que les directeurs d'études exerceront sur eux sera en même temps très attentive et très libérale. Quant aux autres étudiants, il faut qu'ils sachent que la Faculté s'intéresse à leur travail autant qu'à celui des boursiers, mais qu'il n'y a pas de limites à leur liberté de disposer de leur intelligence et de leur temps. Vous diriger signifiera donc surtout vous conseiller. Pour que je puisse le faire en pleine connaissance de cause, après m'être rendu compte des besoins de chacun, vous viendrez souvent vous entretenir avec moi ; je recevrai les étudiants des conférences d'histoire au baraquement de Gerson deux fois par semaine, le jeudi et le mardi, à une heure et demie, pendant les mois de novembre et de décembre, et, à partir du mois de janvier, le jeudi à une heure.

Aujourd'hui j'ai quelques indications générales à vous donner et des conseils qui peuvent être utiles à tous. Je parlerai seulement de l'enseignement historique. L'enseignement géographique appartient tout entier à M. le doyen : ceux qui ont été déjà ses élèves savent le prix de ses conseils et j'aurais très mauvaise grâce à y mêler les miens.

Je m'adresse d'abord aux candidats à la licence ès lettres et histoire, pour les avertir tout de suite que la licence, même modifiée, demeure un examen littéraire : les deux dissertations latine et française, les explications d'auteurs grecs, latins et français y tiennent une grande place, que les professeurs d'histoire ne consentiraient point à laisser amoindrir. De toutes les périodes de l'histoire, l'antiquité grecque et latine est celle qui se prête le mieux aux exercices d'initiation à la méthode. Dans le cadre harmonieux et simple de la cité antique, l'historien rencontre un certain nombre de questions précises : les textes ne sont pas si nombreux qu'il risque de s'y égarer ; ils ne sont ni diffus, ni barbares, n'offensent pas le goût et n'inquiètent pas l'esprit. On peut les classer, les comprendre, les interpréter et, là où la vérité n'apparaît pas clairement, les employer à des conjectures. Les sciences auxiliaires de l'histoire ancienne participent au charme dont la vie antique orne ce qui lui appartient : l'épigraphie grecque et latine est lumineuse, comparée à la paléographie du moyen âge, comme le marbre comparé au parchemin ; l'archéologie ancienne séduit les artistes les plus délicats, et la littérature, consultée comme témoin de l'histoire d'Athènes ou de Rome, récompense celui qui l'interroge. S'il y a du mérite à chercher dans les Capitulaires ou dans le *De ordine palatii* le gouvernement de Charlemagne, il y a du plaisir, le mot est bien faible, à chercher la solution d'un problème historique dans les discours de Démosthène ou dans les lettres de Cicéron. L'étude d'une question d'histoire ancienne devrait donc toujours être le premier acte d'un apprentissage de la méthode historique, et cette étude suppose la connaissance sérieuse des langues et des littératures de l'antiquité.

L'éducation littéraire ne peut d'ailleurs être séparée de l'éducation historique. Il n'est pas inutile de vous le rappeler aujourd'hui que l'art, à cause de l'abus qu'on en a fait, est en suspicion, et que le talent semble à quelques-uns incompatible avec la science. Une école historique française, au sein de la Faculté des lettres de Paris, tient de sa naissance l'obligation de ne pas dédaigner l'art. Vous apprendrez avec quel soin rigoureux il faut rechercher les sources de la connaissance historique, à quel prix s'acquiert le droit de conclure.

et qu'en beaucoup de cas le doute final est un acte de probité ; mais nous vous dirons aussi que la banalité est une laideur intellectuelle, l'impureté du style un manque de respect envers l'histoire, et le désordre dans l'exposition des idées et des faits un procédé de mauvais goût envers celui à qui l'on parle. Appliquez-vous donc soigneusement à continuer et à parfaire votre éducation littéraire. Vivez avec ceux qui se destinent à l'étude des lettres. Élevez-vous au-dessus de ces distinctions factices que l'on établit, au détriment de l'intelligence, entre les diverses parties du travail intellectuel. Étudiez, dans vos explications grecques surtout, l'art d'écrire sobrement et avec grâce. Essayez-vous à l'appliquer dans l'exercice de la dissertation : les qualités littéraires ne vous feront pas seulement bien faire ce que vous entreprendrez ; elles vous prémuniront contre les sottes entreprises, car l'esprit qui sait choisir l'ordre de ses pensées et l'expression qui leur convient sait aussi distinguer, entre les sujets offerts à sa curiosité, ceux qui la méritent.

Le programme historique de la licence vous effrayera peut-être, car il contient l'histoire et la géographie universelles ; mais rassurez-vous par la certitude qu'on ne vous demandera, soit à l'épreuve écrite, soit à l'épreuve orale, que les connaissances indispensables, non seulement à un futur professeur d'histoire, mais même à un homme cultivé. Votre tâche sera de rechercher dans votre mémoire les souvenirs que l'enseignement du collège y a laissés, de rafraîchir les plus anciens et de combler les lacunes ; vous n'en serez point accablés, si vous ne vous préoccupez que des très grandes questions et des manifestations les plus caractéristiques de la vie des principaux peuples. Vous suivrez de préférence les cours d'histoire qui embrassent une assez longue période et vous vous réserverez beaucoup de temps pour vos lectures; car si nous nous efforçons, comme vous le verrez par la liste des leçons de revision que vous ferez devant nous, de vous enseigner les parties principales de l'histoire universelle, nous n'oublions pas que l'imprimerie a été inventée et qu'il existe sur toutes les questions de beaux et bons livres qu'un futur professeur d'histoire doit étudier. Je me ferai un plaisir de vous guider dans ces lectures et dans ce grand travail, que vous devrez considérer comme une reconnaissance générale du domaine où vous choisirez quelque jour votre terrain particulier. Il n'y a pas en histoire de phénomènes isolés : toute question a ses antécédents lointains, et toujours le présent garde une quantité considérable de passé. D'autre part, il n'est point de fait qui ne puisse être éclairé par des comparaisons, car l'esprit humain n'est pas si inventif que le nombre des expériences politiques et sociales faites par les hommes soit très considérable ; mais les expériences se produisent en des circonstances différentes, et l'on ne peut prétendre en avoir étudié une seule profondément si on ne sait comment elle s'est présentée en d'autres temps et en d'autres lieux. L'instruction générale que vous allez acquérir vous mettra donc en état de bien choisir vos sujets d'études, et d'en déterminer exactement le caractère et l'importance.

Tels sont les premiers conseils à l'adresse des candidats à la licence : partager son temps entre les conférences de lettres et les conférences d'histoire, beaucoup écouter et lire beaucoup, réfléchir sur les leçons et les lectures.

Ceux d'entre vous qui sont candidats à l'agrégation savent déjà ce qu'ils ont à faire, et je puis parler brièvement du concours lui-même. Ce concours a été l'objet de plusieurs critiques de la part de professeurs d'histoire, qui voudraient que l'on tînt compte de la preuve déjà faite par les licenciés qu'ils possèdent des connaissances générales suffisantes. D'autres *desiderata* ont été exprimés : ce n'est pas le lieu d'y insister. Je répéterai seulement ce que j'ai dit tant de fois, qu'il ne faut pas redouter pour les compositions écrites des questions difficiles sur des points particuliers. La liste des questions données l'année dernière prouve une fois de plus que vous ne serez interrogés que sur des choses que vous ne pouvez ignorer décemment. Vous n'avez qu'à entretenir vos connaissances, à les approfondir sur quelques points, et vous vous ferez le plus grand tort, sans profit aucun pour l'examen, si la terreur que vous inspire le domaine illimité des questions possibles vous asservit au joug du manuel. Il faut que vous réserviez la meilleure part de votre temps aux exercices par lesquels vous vous préparerez à l'enseignement et au travail personnel.

Nous ajouterons cette année une innovation aux exercices préparatoires à l'enseignement. La Faculté des lettres donne aux lycées un nombre de professeurs agrégés chaque année plus considérable : plus de trente de ses élèves ont été reçus, à la fin de la dernière année classique, agrégés de philosophie, des lettres, de grammaire, d'histoire et des langues vivantes. A ce compte, dix années suffiraient pour que la Faculté comptât dans le professorat des lycées trois cents de ses élèves. Nous exposerions donc l'Université à des mécomptes si nous ne nous occupions pas de l'éducation professionnelle des futurs professeurs : cela encore est une des attributions des directeurs d'études.

Je n'ai pourtant pas l'intention d'exposer une pédagogie de l'enseignement historique. J'aurais peur de n'arriver, après un grand effort de spéculation, qu'à deux ou trois maximes de sens commun, comme celles-ci : qu'il faut être intelligible et intéressant, mesurer son enseignement aux aptitudes des élèves, parler à l'imagination et à la mémoire chez les plus jeunes enfants, suivre ensuite le progrès de la raison. Nous pourrions aussi classer par espèces les diverses matières de l'enseignement historique et décider que les unes, récits, biographies, légendes, conviennent au plus jeune âge, pendant que les autres, études des conditions sociales, réflexions philosophiques sur le caractère, l'ordre et la succession des faits, doivent être réservées aux élèves plus avancés. Mais tout cela, nous le savons par avance, et, tenant cette théorie pour bien et dûment démontrée, nous recourrons tout simplement à l'expérience. en cherchant sur des sujets déterminés à trouver le modèle d'une bonne leçon.

Une conférence par semaine sera consacrée à cet exercice. Voici comment je pense qu'il y faut procéder. Le premier sujet proposé sera la France au temps des premiers Capétiens. Avant de le traiter, une exposition sera faite sur la période de la décadence carolingienne, pour placer exactement le sujet dans son milieu historique. On étudiera ensuite séparément les divers points de la question : géographie politique de la France. c'est-à-dire description à grands traits de la France féodale; définition de la royauté telle que la comprenaient les contemporains et les rois eux-mêmes; ressources et moyens d'action de la royauté; gouvernement des rois. Cela fait, quelqu'un de vous essayera la leçon, en se souvenant qu'elle est destinée à des élèves de troisième. Il choisira entre toutes les notions qui s'offriront à lui les principales, éliminera les autres, groupera en bon ordre les faits et les idées qu'il aura réservés, et, toutes les fois que cela sera possible, éclairera son exposition par une anecdote et la parera de ce pittoresque vrai que fournit au professeur la connaissance des mœurs et des idées d'un temps. La leçon donnera lieu à une discussion entre nous, où la critique portera sur ces deux points : l'exposition est-elle intelligible; est-elle aussi intéressante qu'elle pouvait l'être?

L'expérience serait plus concluante, si elle se faisait devant des élèves, et il serait fort à souhaiter que nous pussions de temps en temps nous transporter dans de véritables classes, ou bien emprunter à un lycée voisin une division d'écoliers; mais si nous sommes réduits à expérimenter sur nous-mêmes, nous ferons un grand effort pour nous rapprocher de la réalité. Les leçons préparées, comme je viens de le dire, longuement discutées, refaites au besoin jusqu'à ce qu'elles nous semblent bien mises en leur point, nous feront reconnaître l'une après l'autre les règles d'une méthode de l'enseignement historique. Vous verrez que les meilleurs professeurs d'histoire sont ceux qui savent le plus, et font le moins montre de leur science; — ceux qui savent le plus, car l'enseignement de l'histoire dans les collèges est un choix, et le choix suppose l'abondance des matières: puis la profonde connaissance des choses peut seule donner au maître cette tranquillité d'esprit, cette assurance, cette autorité intérieure, si je puis dire, qui se manifeste par l'autorité de la parole; — ceux qui font le moins montre de leur science, car il s'agit non de donner son érudition en pâture à des enfants qu'elle rebuterait, mais de faire un effort perpétuel pour transposer son savoir en un enseignement

dont la simplicité et la clarté soient les qualités maîtresses.

Nos exercices d'enseignement seront choisis cette
année dans l'histoire du moyen âge, depuis l'avénement
des Capétiens jusqu'à la guerre de Cent ans. Je n'ai
pas besoin de vous faire remarquer qu'ils vous donneront l'occasion de revoir cette période. Vous aurez
d'ailleurs dans d'autres conférences des leçons de revision, comme les années précédentes : M. Bouché-
Leclercq en prendra les sujets dans l'histoire ancienne;
M. Pigeonneau dans l'histoire des xvi⁰ et xvii⁰ siècles;
M. Rambaud dans celle des xviii⁰ et xix⁰ siècles;
M. Zeller dans celle des xiv⁰, xv⁰ et xvi⁰ siècles. Les
leçons de revision ont pour objet principal de dérouler
devant vous les grandes questions de l'histoire générale; elles diffèrent par là de l'exercice dont je parlais
tout à l'heure, où vous apprendrez surtout à employer
vos connaissances à l'enseignement. Il va sans dire
pourtant que vous y recevrez aussi de précieux conseils
pédagogiques.

Il y a, Messieurs, de graves raisons pour que ces
exercices aient une place notable dans l'enseignement
de la Sorbonne. Depuis que les Facultés des lettres ont
appelé auprès d'elles des étudiants dont le plus grand
nombre se destinent au professorat, on a exprimé la
crainte que les Facultés ne donnent à l'enseignement
secondaire des maîtres trop érudits, dédaignant leur
tâche et la remplissant mal, et que l'enseignement supérieur ne s'abaisse au rôle de préparateur à des
examens. Les deux opinions ont beau être contradic-
toires : chacune d'elles a sa raison d'être. Oui, si le
haut enseignement dépensait toutes ses forces dans la
préparation à des examens, il se condamnerait lui-
même à la décadence, car son premier devoir est de

donner une éducation scientifique. Oui, une éducation toute scientifique risquerait de former des professeurs maladroits; mais, en organisant des exercices préparatoires au professorat, les Facultés demeurent plus libres que jamais de se livrer aux recherches désintéressées, et justement parce qu'elles instruisent de leurs devoirs les professeurs futurs, elles ont le droit de consacrer leur principal effort à votre éducation scientifique.

Comme les années précédentes, vous serez aidés dans les exercices préparatoires au travail personnel que vous impose le programme de l'agrégation. M. Bouché-Leclercq vous fera expliquer les textes de Polybe et de Suétone; M. Collignon, qui veut bien, comme le faisait M. Perrot, s'associer à notre travail, vous fera expliquer les textes de Thucydide, et vous guidera dans la préparation de la thèse des Héliastes; M. Zeller vous distribuera les travaux sur la thèse de la IVᵉ croisade; M. Pigeonneau, les travaux sur la thèse du traité d'Utrecht; à l'École des Hautes études, M. Monod fera expliquer le *De ordine palatii*; M. Roy étudiera les sources de la IVᵉ croisade et fera expliquer le texte de Villehardouin. Il est bien entendu que présider aux explications d'auteurs et à la préparation des thèses ne veut pas dire expliquer les auteurs ni préparer les thèses. Le principal secours que vous trouverez viendra de l'assistance que vous vous prêterez mutuellement, chacun prenant sa part de la tâche, et le professeur corrigeant les erreurs et l'insuffisance. Nous ne pouvons ni ne voulons vous dispenser de faire effort par vous-mêmes, soit pour étudier un texte historique, et, après l'avoir bien compris, en tirer tous les renseignements qu'il contient, ce qui est l'objet propre de l'explication des auteurs; soit pour arriver, après l'étude des documents originaux, à des conclusions précises sur une question posée et à la rédaction d'un chapitre d'histoire, ce qui est l'objet propre de la thèse. Vous êtes ici pour apprendre à travailler par vous-mêmes et pour vous, et ces exercices sont un des moyens de faire votre apprentissage.

Vous n'aurez point fait tout cet apprentissage en vous conformant au programme de l'agrégation. On peut être un brillant licencié, même un agrégé, entrer par conséquent dans la carrière avec tous les honneurs, et n'être pas capable d'honorer l'Université et soi-même par des travaux personnels. L'examen ne vous demandera pas la preuve que vous êtes maîtres de la méthode et des instruments de recherches. A la tâche officielle de la préparation aux grades, vous ajouterez donc la tâche personnelle de la préparation au travail. Ici je m'adresse indistinctement aux candidats à la licence et à l'agrégation et à ceux qui, ne recherchant aucun grade, ne nous demandent que de les aider dans leur éducation historique; et je recommande à tous la pratique de deux belles vertus intellectuelles, la curiosité et l'activité. La Faculté des lettres vous offre un enseignement très varié; pourtant elle ne prétend pas enseigner toute chose ni vous prendre tout entiers pour elle. Paris a d'admirables ressources et qui peuvent être comparées à celles qu'on rencontre dans les villes universitaires les mieux dotées et les plus célèbres. A côté de nous vivent et prospèrent de grands établissements scientifiques et des écoles dont les portes vous sont ouvertes : visitez-les. Il viendra peut-être un jour où un lien commun réunira ces instituts séparés, chacun gardant d'autant mieux son caractère particulier et original qu'il tiendra mieux compte de l'existence des autres, tous s'accordant pour donner à la jeunesse

sérieuse comme un système de haute culture intellectuelle. Mais en attendant ce jour, qui est peut-être bien
lointain, il appartient à la jeunesse des écoles de
constituer l'Université de Paris en exploitant ces richesses disséminées. Pour ne parler que des étudiants
en histoire, je leur conseillerai de faire connaissance
avec l'École des Chartes, avec l'École des Hautes études,
l'École libre des sciences politiques, la Faculté de droit
et le Collège de France. Vous ne vous ferez pas assurément les élèves de tous les maîtres que vous y rencontrerez (vous verrez que j'insisterai auprès de vous
pour que vous ne vous surchargiez pas d'auditions de
cours); mais vos études dureront trois ou quatre années, peut-être même davantage; vous aurez chaque
année des maîtres privilégiés dont vous serez les élèves
réguliers; soyez en même temps les élèves irréguliers
d'autres maîtres : écoutez-les attentivement, méditez
sur leurs leçons, discutez-les, jugez-les. Votre avenir
se décidera peut-être dans ces excursions hors de votre
vie habituelle. Les variétés du travail historique sont
nombreuses, et une vocation particulière, qui peut-
être dort en vous, s'éveillera en écoutant tel ou tel
maître. En tout cas, ce ne sera pas sans profit que vous
étudierez la méthode de plusieurs professeurs, leurs
procédés de travail et de recherches et leur façon d'enseigner.

Dans la vie sérieuse que vous allez mener (car tout
ce discours suppose que vous êtes décidés à mener une
vie sérieuse), ces allées et venues seront des distractions.
Il faut, au contraire, il faut absolument que vous
donniez une place réglée aux exercices par lesquels
vous apprendrez à manier les instruments de la recherche historique. L'agrégation ne demandera pas à
ceux d'entre vous qui se décideront pour l'histoire de

l'antiquité la moindre notion d'épigraphie ou d'archéologie, ni à ceux qui choisiront l'histoire du moyen âge la moindre notion de paléographie ou de diplomatique ou de philologie médiéviste. Vos explications d'auteurs n'équivalent pas à la critique des sources. Vous n'aurez pas à faire preuve de connaissances bibliographiques générales, et tout cela, qu'on ne vous demandera point, vous sera indispensable. Vous profiterez donc des moyens qui vous sont offerts, soit à la Faculté même, soit à côté d'elle, pour vous initier à la pratique de tous ces instruments de travail. Il ne faut pas espérer que vous deviendrez assez habiles pour n'avoir plus ensuite de difficultés à les manier; vous aurez du moins commencé ici un apprentissage que vous continuerez ensuite par vous-mêmes. Ne pas le commencer ici, ce serait probablement y renoncer pour jamais.

Vous pensez, peut-être, que je vous propose une tâche impossible : ce serait une erreur, mais je vous accorde que la tâche est difficile. Vous la remplirez, si vous ne voulez pas tout entreprendre à la fois, si vous mettez de l'ordre dans votre travail et si vous en distribuez les diverses parties sur toute la durée de votre scolarité. . A ceux qui se réfugieraient dans l'excuse de l'examen, je dirai que les élèves qui ont quitté la Faculté l'année dernière avec le titre d'agrégé sont précisément ceux qui ont le plus fait pour leur éducation scientifique. Ils ont donné les preuves requises de connaissances générales et nous sommes certains qu'ils seront de bons professeurs, mais nous les savons aussi capables de mener à bonne fin des travaux personnels. Ne pas faire comme eux, c'est se condamner à perpétuité au rôle modeste d'agents de transmission. Transmettre, ce n'est point assez; il faut, à son tour, être actif et créer. Vous savez bien que les études his-

toriques ont besoin de travailleurs et que la matière
du travail ne vous manquera point.

Ce sera un des sujets favoris de ma conversation
avec vous que de vous encourager à contribuer pour
votre part au progrès des études sur l'histoire de la
France. Nous verrons, dans nos exercices d'enseignement, combien il nous sera malaisé de nous représenter exactement la vie nationale à telle ou telle
période. Vous saisirez alors sur le fait la difficulté de
l'enseignement historique, et vous verrez pourquoi il
demeure si souvent stérile. Vous n'êtes pas les premiers
venus, et la plupart d'entre vous ont fait de sérieuses
études en histoire ; eh bien ! laissez-moi vous proposer
un examen de conscience. Vous faites-vous une idée,
même confuse, de la vie de notre pays au xᵉ siècle?
Savez-vous dans quelle mesure il existe alors une
France ; vers quels points de l'horizon étaient orientées
les populations des bords de la Garonne ou du rivage
de la Méditerranée, celles du bassin du Rhône ou du
bassin de la Meuse? Définiriez-vous exactement les
mots duché de France, duché d'Aquitaine, comté de
Champagne, duché de Bourgogne? Sur ce terrain,
divisé et subdivisé par la féodalité, vous représentez-
vous l'existence des individus répartis entre les différentes conditions sociales et politiques, du paysan, de
l'habitant des villes, de l'ouvrier, du seigneur? Savez-
vous comment ces individus vivaient dans le cadre de
ces institutions qu'ils avaient façonnées selon leurs
besoins ; s'ils avaient des idées et ce qu'elles étaient ;
lesquelles dépassaient les limites de la patrie étroite ;
quelle conception ils avaient du roi, de la chrétienté,
de ses deux chefs, l'empereur et le pape, de l'Église et
de Dieu? Voyons-nous plus clair, une fois sortis du
chaos du xᵉ siècle? Nous représentons-nous, avec la

clarté désirable, la France, au moment où elle commence à prendre sa forme moderne: ce qu'est l'unité française au temps des premiers Valois, ce qui reste d'individualités vivantes, communes, seigneurs grands et petits, provinces diverses de la couronne; comment se sont transformées les conditions des hommes, leurs mœurs et leurs idées? Quelqu'un a-t-il sondé et compté les plaies de cette guerre de Cent ans qui a livré au roi les ruines de la France féodale, sur lesquelles s'est établi le pouvoir absolu? On pouvait redire les mêmes questions pour des périodes plus récentes. Pour ma part, je fais l'aveu sincère que des parties entières de l'histoire de France me semblent des déserts. Toutes les notions générales exigées par les programmes et enseignées par nous sont comme un manteau jeté sur un mannequin inerte et rigide. Qu'importe, en vérité, que nous sachions, par exemple, les dates de naissance des parlements provinciaux, si nous ignorons quels hommes en étaient justiciables, quelles affaires y étaient portées, et selon quel droit on y jugeait? Qu'importe que nous écrivions dans nos programmes : Renaissance des arts et des lettres, et que nous donnions à ce propos quelques grands noms et des titres d'œuvres célèbres, si nous ne savons pas au juste l'état des esprits avant cette renaissance, l'éducation qu'on leur donnait, la somme et la nature des idées représentées par cette éducation même, et la révolution opérée dans ces idées par la Renaissance? Qu'importe que nous répétions que Sully et Colbert ont refait pour un temps les finances de la France, et que celui-ci a diminué les tailles pour accroître les aides, si nous ne connaissons pas la vie économique de ceux sur qui pesait l'impôt? Qu'importe enfin que nous sachions le nombre et les dates des guerres religieuses et des pacifications qui les ont suivies, si, frappés de ce fait extraordinaire que les réformés, jamais vaincus, toujours favorisés par les traités, n'ont pu cependant convertir la France à la réforme, nous ne cherchons pas à savoir pourquoi la France est alors restée catholique, pourquoi Paris a été un si furieux ligueur, quelles raisons expliquent les résistances à l'édit de Nantes et la popularité de l'acte odieux et funeste qui l'a révoqué, si enfin nous ne connaissons pas toute-la genèse de cette révolution, qui a transformé la France dévote du XVIIe siècle en la France rationaliste du XVIIIe?

Messieurs, pour nous mettre en état d'enseigner l'histoire des groupes sociaux et des groupes géographiques aujourd'hui confondus dans l'unité française et celle de la transformation continue des mœurs et des idées de nos pères, il faudra que plusieurs générations travaillent vaillamment. Voici quelle serait, à mon sens, la méthode de ce travail : mettre à profit l'œuvre si considérable de nos devanciers; employer les documents qu'ils ont publiés, tous ces travaux remarquables que nous possédons sur l'histoire provinciale, sur certaines périodes de l'histoire générale, sur de grandes institutions et sur des personnages; résumer ainsi et coordonner les résultats acquis; en même temps dresser l'inventaire des *desiderata* et se distribuer la besogne. On vient à bout de tout avec une bonne volonté persévérante et une activité bien ordonnée. D'heureux symptômes prouvent que l'on sent la nécessité de procéder à une étude méthodique de notre histoire. Vous connaissez déjà les travaux de M. Fustel de Coulanges sur l'histoire de nos institutions, et vous allez avoir cette bonne fortune qu'il les continuera devant vous. M. Monod va nous donner un catalogue des documents et des principaux travaux publiés sur l'histoire de

France. Un mémoire, ou, pour mieux dire, un sérieux
ouvrage de M. Luchaire sur la France au temps des
six premiers Capétiens, couronné par l'Institut, va être
publié dans deux mois et prendra place dans votre
bibliothèque. Vous assisterez, à la fin de cette année
classique ou au début de l'autre, à des soutenances de
thèse sur Charles le Chauve et le roi Robert. D'autres
travaux sont en préparation sur cette période de nos
origines nationales. On est donc en chemin et vous
n'aurez qu'à suivre la voie frayée. Mon ambition pour
vous est que vous vous rendiez capables de vous associer un jour à ces travaux. La Faculté des lettres me
semble appelée à y prendre une part considérable, par
son enseignement d'abord, mais aussi par ses exercices
préparatoires à l'agrégation et par le doctorat. L'agrégation contribuera au progrès des études sur notre
histoire nationale, si les sujets des thèses d'histoire du
moyen âge et moderne sont des questions d'histoire de
France, et si l'on en dresse une liste méthodique assez
longtemps à l'avance pour qu'il nous soit possible de
tirer de nos *in-folio* et de publier à part les textes historiques ou juridiques dont chacune des thèses récla-
mera l'étude. Ainsi se formerait peu à peu une véritable bibliothèque d'étudiants. Ainsi serait appelée et
retenue sur l'histoire de notre pays l'attention de tous
les professeurs qui ont charge d'élèves dans les Facultés
de France. Quant au doctorat, qui est un premier acte
de la vie scientifique, il ne peut être soumis comme les
examens à une discipline, mais les efforts individuels
et libres qu'il provoque peuvent être coordonnés par
l'esprit commun qui se forme ici. Dans cette Faculté
où se rencontrent avec nos élèves proprement dits des
élèves de l'École normale, de l'École des Chartes et de
la Faculté de droit, il est possible, sans gêner la liberté

d'aucun, en la respectant, au contraire, comme une force précieuse, de préparer des ouvriers pour les diverses parties de notre œuvre. Nous entendons bien que tout ne sera pas fini entre nous lorsque vous nous aurez quittés. Nous vous suivrons dans vos premiers travaux, et je suis résolu, pour ma part, à ne point laisser s'endormir ceux que leurs maîtres auront jugés capables de travailler. Il sera dès lors tout naturel que, vous connaissant bien et tenant compte de vos goûts et de vos aptitudes personnelles, nous vous aidions à trouver, parmi tous nos *desiderata*, le sujet qui vous convient.

Je ne voudrais pas inquiéter cependant ceux d'entre vous dont la vocation est déjà marquée pour l'histoire ancienne : l'étude de l'antiquité classique ne sera jamais désertée en France, car l'antiquité classique est encore une patrie pour nous ; mais j'obéis à un sentiment intime très vif en insistant sur la nécessité d'un effort sérieux et suivi dans l'étude de notre propre histoire. Ce sentiment, c'est que l'Université de France a envers notre pays des devoirs dont la charge principale pèse sur les professeurs d'histoire. Ma conscience me reprocherait de ne pas vous représenter que, dans un temps où la concurrence entre les nations est violente et deviendra féroce, chaque peuple doit alimenter richement toutes les sources de son énergie nationale. Les nations les plus actives aujourd'hui recherchent dans leurs origines la démonstration de leur raison d'être et demandent au passé la garantie de leur avenir. Ce sont des philologues et des poètes inspirés par les historiens qui ont enflammé le patriotisme des peuples slaves. L'Italie n'a pas oublié sa vieille histoire ; son ambition s'inspire en partie de réminiscences, et Rome, aujourd'hui, nous reproche de lui avoir dérobé

les ruines de Carthage. L'Allemagne conçoit une sorte
de Germania mystique, dont elle vient de dresser solennellement l'idole aux bords du Rhin. Demeurerons-
nous indifférents devant ce spectacle ? Mais ce serait
manquer au devoir même de la défensive ; car la science
étrangère nous attaque, elle envahit notre histoire nationale, et, trop souvent, s'efforce de la déshonorer. De
savants hommes nous contestent le droit de vivre en
même temps qu'ils exaltent les mérites et les vertus de
leur pays. Eh bien ! ou il faut nier absolument l'existence d'une force morale, la puissance des idées et des
sentiments sur les âmes et par conséquent sur l'activité
des hommes, ou bien il faut admettre que l'on ajoute
à l'énergie nationale, quand on donne à un peuple la
conscience de sa valeur et l'orgueil de son histoire,
quand les hommes éclairés ont une notion nette du génie
de leur pays et du rôle qu'il a joué dans le monde, et
qu'un sentiment de piété envers la patrie descend des
régions élevées de la recherche historique jusque dans
les couches profondes du peuple. Il est vrai qu'aucun
génie national n'est plus malaisé à définir que le nôtre.
Gallo-Romains confondus, à l'origine, dans l'empire universel de Rome ; chrétiens confondus au moyen âge
dans la civilisation chrétienne universelle ; classiques
aux XVIe et XVIIe siècles, rationalistes au XVIIIe (ce sont
encore là des formes de l'universel), notre visage ne
porte pas ces traits marqués qui font la physionomie
de l'Angleterre, par exemple. Mais cela même est un
trait distinctif que d'avoir un génie humain plutôt que
national. Un pareil génie procède de certaines qualités
natives, dont l'épanouissement a été favorisé par l'histoire. Suivre les manifestations diverses de ces qualités
à travers toutes les circonstances historiques, en marquer les effets sur notre propre destinée et sur celles

de l'Europe qui semble avoir oublié que nous l'avons tirée, il y a cent ans, par les idées et par la force, de son assoupissement sénile, ce sera l'objet d'une philosophie de l'histoire de France, dont chacun de nous peut bien aujourd'hui entrevoir les grandes lignes, mais qu'on ne pourra dessiner tout entière et graver qu'après de longues études.

Nous voilà loin, Messieurs, de la licence, de l'agrégation et de tous les examens; mais les examens ne doivent être que des épisodes de votre vie d'étudiants. Nous vous aiderons à les préparer pour vous rassurer contre les exigences et les hasards de ces épreuves et donner ainsi à votre esprit la tranquillité que l'étude réclame. Nous avons besoin que vous ayez l'esprit tranquille et libre, afin que les uns et les autres, maîtres et élèves, nous formions une véritable communauté intellectuelle, les maîtres donnant aux élèves l'exemple de leurs vies consacrées au travail et leur communiquant les fruits qu'ils ont recueillis, c'est-à-dire leur méthode et leurs connaissances : les élèves répondant à cette sollicitude par leur zèle, occupés à enrichir leur esprit par des connaissances et à le discipliner par la méthode, se préparant ainsi à recueillir notre héritage, c'est-à-dire à travailler comme nous, et, par un heureux effet de nos efforts mêmes, mieux que nous.

Nous allons bientôt nous mettre à l'œuvre. En attendant que la besogne du baccalauréat soit finie (nous avons seize cents inconnus à interroger), et que tous les cours soient repris, vous pourrez suivre les conférences dont le tableau va être affiché. A partir de lundi prochain, la bibliothèque des conférences d'histoire sera ouverte, de neuf heures à midi et d'une heure à six heures, aux étudiants régulièrement inscrits. Mardi à cinq heures, je réunirai les candidats à l'agrégation pour leur distribuer les leçons qu'ils auront à préparer. Le lendemain mercredi, à une heure et demie, je réunirai les candidats à la licence, afin de leur donner des conseils généraux que je n'aurai plus à répéter dans les entretiens particuliers, où je ferai votre connaissance personnelle.

De notre régime intérieur j'ai peu de choses à vous dire. Nous n'avons, grâce à Dieu, que deux ou trois prescriptions réglementaires destinées à protéger votre travail dans la salle d'études du baraquement Gerson. Vous pourrez, pour le travail en commun, vous servir de notre salle de conférences, après en avoir prévenu M. Uri, notre bibliothécaire, qui est chargé de la discipline dans notre étroit logis que le désordre rendrait inhabitable. Au reste, vivez ensemble le plus que vous pourrez et sans distinction d'historiens, de philologues et de philosophes; sentez-vous les membres d'un même corps, et prenez l'esprit corporatif, dût-il vous rendre un peu insupportables. J'ai déjà dit l'an dernier, entre beaucoup de choses que je compte répéter les années prochaines, qu'il appartient à votre génération de créer les mœurs scolaires des Facultés des lettres. Je constate qu'elles se forment peu à peu. On ne vous appelle plus des candidats, comme au début; on vous appelle des étudiants; gardez ce titre qui vous appartient tout autant qu'aux élèves des Facultés de droit et de médecine. Ne laissez pas s'introduire dans vos habitudes la distinction entre étudiants libres et boursiers: elle ferait croire que les boursiers ne sont pas des hommes libres. Vous êtes tous des étudiants; quelques-uns sont, par surcroît, des boursiers, mais cela ne regarde pas le public. Voilà, si vous voulez, des minuties, mais il m'arrivera souvent d'en rencontrer de pareilles dans nos conversations. Puisque je suis chargé

de vivre avec vous, il y aura place, dans cette existence familière, pour de petits avis à côté des plus
graves conseils. Je sais bien d'ailleurs qu'on ne fait
pas les mœurs par des préceptes ni par des règlements. Nos mœurs scolaires naissent naturellement de
votre bon esprit, de votre bonne volonté, du sentiment
qui est en vous de la dignité du travail intellectuel,
enfin de la pleine liberté dont vous jouissez et que nous
respecterons, que nous défendrons même, je veux finir
sur ce mot, contre cette détestable conseillère, la peur
de l'examen.

ALLOCUTION

ÉTUDIANTS DE LA FACULTÉ DES LETTRES
DE PARIS

LE 4 NOVEMBRE 1884

MESSIEURS,

Je ne puis inaugurer cette année l'enseignement de
nos conférences, sans vous parler de la grande perte
que vous avez faite en la personne de M. Dumont,
directeur de l'enseignement supérieur. Il faut que vous
sachiez qu'il s'intéressait à vous avec une sorte de
passion. Lorsqu'il est arrivé au ministère, il y a cinq
ans, les Facultés des lettres avaient déjà reçu un grand
nombre d'élèves, dont les boursiers de licence for-
maient le noyau, et M. du Mesnil, prédécesseur de
M. Dumont, donnait toute sa sollicitude à ces étudiants
d'une sorte inconnue jusque-là. M. Dumont, pour
achever l'œuvre commencée, a fait instituer les bourses
d'agrégation : aussitôt le nombre des élèves a été
presque doublé à la Sorbonne. Les nouveaux venus
ont pénétré dans tous les cours et dans toutes les
conférences ; ils ont donné à la corporation naissante
des étudiants en lettres une plus grande force et une
certaine gravité qui lui convient bien et qui n'en dé-
pare point la jeunesse.

Toutes les mesures qu'il fallait prendre pour rendre
la Sorbonne habitable, M. Dumont les a prises. Il
nous y a donné une maison, le baraquement Gerson.
La maison devenue trop petite, il a fait aménager,
à la fin de l'année dernière, les salles Saint-Jacques

qui, par une décision récente de la Faculté, s'appelleront désormais *Salles Albert Dumont*. Les crédits qu'il a mis à notre disposition nous ont permis de vous donner des bibliothèques de travail, qui, bien incomplètes encore, vous ont pourtant rendu déjà de grands services. Lorsque vous avez eu l'idée excellente de réunir en une association les élèves anciens et présents de la Faculté, il s'est employé à vous épargner les obstacles. Il cherchait à vous donner les moyens de vous voir, de vous connaître les uns les autres, sachant bien que, si vous avez sur les élèves des écoles closes le grand avantage d'être libres, vous n'avez pas comme eux l'agrément de la vie en commun et le bénéfice de l'éducation mutuelle. Il voulait vous donner quelques salles où vous pussiez vous réunir, vous et vos camarades de la Faculté des sciences, et nous avons parlé bien souvent ensemble d'un cercle des étudiants de la Sorbonne. En un mot, ce qu'il était possible de faire pour votre commodité, dans la période de démolition et de reconstruction que nous traversons, il l'a fait ou il voulait le faire.

Quant à vos études, il les suivait jusque dans les moindres détails. Chef du plus important service du ministère de l'instruction publique, il se réjouissait de voir que nous préparions en vous les serviteurs de l'Université, les professeurs de nos lycées et de nos Facultés. Savant, membre de l'Institut, premier directeur et organisateur de l'École de Rome, ancien directeur de l'École d'Athènes, où quelques-uns de vos plus jeunes maîtres ont été ses élèves, il était toujours prêt à défendre contre l'examen les droits de la science et cherchait avec nous le moyen de concilier l'éducation professionnelle et l'éducation scientifique. Il espérait d'ailleurs voir croître le nombre des étudiants, qui, sans se destiner au professorat, ni même aspirer à aucun grade, viennent chercher ici le complément nécessaire de leur éducation intellectuelle. Vous étiez pour lui une cohorte d'élite, chargée de donner l'exemple; aussi s'informait-il souvent de vous. Uni à lui par les liens d'une camaraderie qui était devenue une intime amitié, il ne se passait guère de semaine sans que je le visse plusieurs fois, et pas une fois je ne l'ai vu sans qu'il me parlât de ce qu'il appelait nos affaires. C'étaient les vôtres, c'est-à-dire votre travail et vos études.

Aussi, Messieurs, n'avons-nous point appris, sans que de la tristesse se mêlât à notre joie, les succès de vos camarades au dernier concours d'agrégation. M. Dumont avait été si heureux, l'an dernier, que la Faculté des lettres de Paris donnât à elle seule trente agrégés à l'Université! Il eût été si heureux d'apprendre qu'elle en donne cette année trente-six! Il se réjouissait de penser que notre Faculté, si elle formait chaque année une trentaine d'agrégés, aurait dans dix ans plus de trois cents de ses élèves dans l'enseignement des lycées et quelques-uns dans l'enseignement supérieur; qu'à ce contingent s'ajouterait celui des élèves des Facultés de province, où se font de si grands efforts, qui commencent à être récompensés, et il prévoyait le jour où tous les professeurs de l'Université, dont un si grand nombre, aujourd'hui encore, n'a reçu aucune éducation professionnelle ni scientifique, auront fait de fortes études, soit à l'École normale, soit dans les Facultés. Il savait que la valeur de l'Université en serait considérablement accrue. C'était le salaire qu'il attendait de ce travail sous le poids duquel il a succombé.

Messieurs, ceux qui ont connu M. Dumont et qui ont été ses collaborateurs, se sont promis d'honorer sa mémoire, en se dévouant à l'œuvre qu'il avait entreprise.

J'ai voulu vous dire au début de cette année que vous êtes, vous aussi, ses obligés, et qu'il vous faut, comme nous, acquitter votre dette par le travail.

Vous voyez que nous commençons l'année un peu plus tôt que de coutume. M. le doyen a voulu que le registre d'inscriptions fût ouvert dans les derniers jours d'octobre, pour que vous fussiez constitués au début de novembre. La Faculté a donné son affiche deux mois avant la date ordinaire. Elle a prescrit aux directeurs d'études de vous réunir aujourd'hui, afin que la rentrée eût lieu à la Faculté des lettres en même temps que dans les autres Facultés. A la vérité, le baccalauréat va, pendant un mois encore, encombrer nos salles et réclamer vos professeurs pour une besogne qui n'a pas de rapports visibles avec leur office. Vous aurez pourtant, en attendant la reprise générale des cours, des conférences dont la liste a été publiée par affiche. Les étudiants nouveaux emploieront ce premier mois à faire connaissance avec la maison. Les autres sauront bien se mettre tout de suite au travail. Aux uns et aux autres, je vais, selon l'usage, et en m'adressant plus particulièrement aux historiens, donner quelques conseils.

Je n'ai point à répéter ce que j'ai dit les années précédentes sur le régime intérieur de la Faculté, sur la pleine liberté de vos études, sur notre discipline, très légère à porter et qui se réduit à quelques prescriptions. Nous n'avons point, grâce à Dieu, de règlement. Comme nos mœurs scolaires commencent à se former, et que les jeunes y seront initiés par les anciens, tout discours sur ces matières serait superflu. Je rappellerai seulement que la Faculté, qui propose le renou-

vellement des bourses, a besoin de connaître bien les
boursiers, et que ceux-ci lui doivent la preuve qu'ils
travaillent. Inutile de dire aussi que les étudiants
non boursiers peuvent compter sur notre sollicitude
tout autant que leurs camarades, et que nous ne faisons aucune distinction entre ceux qui préparent des
examens et ceux qui n'en préparent aucun. L'examen,
quand il est bien entendu, donne un cadre aux études;
quand il est mal entendu, il les gêne : mais, s'il nous
impose parfois une perte de temps et d'efforts, nous ne
nous laissons pas diriger par lui, et nous nous ven-
geons des ennuis qu'il nous cause en lui disant son
fait. En somme, il n'y a ici de distinction qu'entre les
étudiants qui étudient et ceux qui n'étudient pas. Ce
sont là choses connues. Je les répète en passant.

Je ne saurais trop insister au contraire sur un point
important, le seul qui importe, à vrai dire. J'ai parlé
tout à l'heure de mœurs scolaires, entendant par là
les bonnes habitudes de la vie quotidienne, vos relations avec vos maîtres et entre vous, la discipline de
votre travail; mais il y a des mœurs scolaires intérieures : ce sont ces habitudes intimes de l'esprit
qu'on acquiert par la réflexion et que l'on conserve
par un effort continu sur soi-même. Il est à craindre
qu'arrivant du lycée, trouvant ici, la première année,
des exercices qui ressemblent trop à ceux des dernières
années de collège, dissertations, rédactions d'histoire,
et la nécessité d'aller chercher quantité de choses dans
des livres de seconde main pour les mettre dans votre
mémoire, vous ne vous aperceviez pas que vous avez
changé d'existence. S'il en est ainsi, vous resterez des
collégiens et ne deviendrez pas des étudiants : ce qui
serait très grave, car il y a des hommes qui restent
des collégiens toute leur vie, pour n'avoir pas été de

véritables étudiants. Quelle est donc la différence entre ces deux personnages? D'un mot, la voici : le collégien doit être un croyant, l'étudiant un sceptique. Sans doute, il ne faut point pousser à l'extrême la définition; l'enseignement du collège encourage et provoque à la réflexion personnelle par certaines de ses parties; d'autre part, l'étudiant est bien forcé d'en croire souvent son maître ou son livre. Mais il est certain que l'âge de l'écolier, la discipline du collège, le caractère encyclopédique des programmes, tout concourt à faire du collégien un auditeur qui accepte comme chose de foi l'enseignement qu'on lui donne. Son maître enseigne, pour ainsi dire, d'autorité et ne peut enseigner autrement qu'il ne fait : vous figurez-vous un professeur d'histoire faisant à ses élèves dans un lycée la confidence de ses doutes à propos de tant de difficultés, ou voulant démontrer l'exactitude de tous ses dires? Il s'arrêterait dans chacune des classes au premier numéro de programme. C'est, au contraire, le devoir d'un professeur d'histoire dans une Faculté d'avouer, d'exposer tous ses doutes et d'offrir la preuve des faits et des opinions qu'il avance; et c'est le devoir d'un étudiant de vérifier la preuve qu'on lui offre, de discuter l'opinion qu'on lui propose et d'examiner celles qu'il retrouve dans sa mémoire ou qu'il rencontre dans ses lectures.

Vous ne vous êtes point trompés sur le sens du mot *sceptique*, et vous ne pensez point que je vous invite à douter de toutes choses par système ni à vous parer de cette originalité facile qui consiste à contester les vérités les mieux acquises et à nier les faits les plus certains. Sceptique ne veut pas non plus dire indifférent et froid : le scepticisme dont je parle est une méthode bien connue, la méthode de l'examen perpétuel des choses, et on ne peut l'employer qu'à condition de prendre un vif intérêt à ces choses et de les considérer avec une certaine fraîcheur d'esprit, avec sincérité, avec naïveté. Le conseil vous paraît sans doute singulier, et vous vous demandez comment on peut se procurer de si charmantes qualités. Il n'y a point de recette pour cela, mais il dépend de vous de vous mettre en état de les trouver : il faut vous soustraire à la tyrannie de l'habitude. Les philosophes et les moralistes ont souvent décrit les effets de l'habitude sur notre conduite : elle nous fait faire quantité d'actions, sans qu'il y ait de notre part le propos délibéré, qui est la marque de la liberté. L'habitude est tout aussi redoutable à la vie intellectuelle : elle en supprime l'étonnement, et, du même coup, l'envie de savoir le pourquoi. Elle est l'ennemie redoutable de la recherche historique et de toute recherche scientifique. Elle est la ruine de l'admiration.

Il vous arrivera, quand vous aurez vieilli, de vous retrouver tout à coup en face d'un vers de Virgile, d'une phrase de Tacite, d'une fable de La Fontaine, d'une scène de Corneille ou de Racine, qui depuis longtemps dormaient dans votre mémoire. Vous en sentirez vivement les beautés, et vous vous demanderez pourquoi vous y êtes restés indifférents. C'est un phénomène d'habitude : vous aviez jadis, pour remplir votre tâche d'écolier, appris machinalement le morceau par cœur. De même votre mémoire est remplie de noms, de faits historiques et de physionomies de personnages, et l'habitude a, sans que vous vous en doutiez, effacé le relief de plus d'une médaille, dont la beauté originale échappe à votre regard blasé. L'habitude ne se contente pas d'atténuer la valeur des choses : ce qui est plus grave, elle en fournit l'explication. L'habitude de voir l'eau monter dans une pompe a produit la formule célèbre : la nature a horreur du vide, et vous savez qu'on s'est contenté de l'explication pendant des siècles. De pareilles formules ont long-temps pesé, pèsent encore sur l'enseignement histo-rique.

En histoire, et j'entends l'histoire littéraire autant que la politique, les plus grandes précautions sont à prendre contre le convenu, qui est un phénomène d'habitude. Il était convenu autrefois que l'histoire de la monarchie française commençait avec les Mérovin-giens, que les Carolingiens étaient la seconde dynastie française, Clovis et Charlemagne des prédécesseurs de Louis XIV; cela était si certain que l'on ne pouvait médire des Francs au siècle dernier sans risquer d'être mis à la Bastille. Nous ne sommes pas encore tout à fait remis de cette erreur traditionnelle, et c'est une sorte de nouveauté que d'enseigner qu'il ne pouvait y avoir de rois de France en un temps où la France n'existait ni de fait, ni de nom. Le premier écrivain qui, essayant une histoire de France, mettra réso-lument Mérovingiens et Carolingiens là où ils doivent être, c'est-à-dire en préface, semblera chercher le pa-radoxe.

Il a été longtemps convenu que le régime féodal était la source de toutes les oppressions; on lui imputait le servage et la tyrannie politique. Combien d'esprits sont, aujourd'hui encore, obscurcis par ce préjugé? Il y a quelque courage à dire que le servage est un grand progrès sur l'esclavage, qu'il a donné des règles à une condition qu'aucune règle ne protégeait et qu'il n'a, d'ailleurs, rien de commun avec le régime féodal; car l'essence de ce régime est un contrat déterminant les devoirs et les droits des parties contractantes, et les institutions féodales, là où elles ont été le moins altérées, ont produit comme leur fruit naturel la liberté politique. La grande charte anglaise est un document féodal.

Il a été longtemps convenu que la loi, appelée salique, qui excluait les femmes de la succession au trône de France, était un acte de grande sagesse politique : elle empêchait les femmes de porter la couronne dans des maisons étrangères; elle était le *palladium* de l'indépendance nationale; elle maintenait le sceptre en des mains viriles. Une grande dame du xvii° siècle a fait sur ce dernier point une remarque piquante, en disant que, là où règne un homme, il y a toujours une femme qui gouverne. Ainsi la loi salique se serait trompée sur un point, mais il y a bien d'autres choses à en dire. Elle est née comme au hasard et sans qu'on pensât faire acte de sagesse politique. Les pays qui n'ont pas eu la loi salique n'ont pas été pour cela plus malheureux. L'Angleterre a eu Élisabeth; l'Espagne, Isabelle de Castille; l'Autriche, Marie-Thérèse et la Russie, Catherine. La couronne anglaise a été portée dans des maisons étrangères : l'indépendance britannique en a-t-elle été atteinte ou même menacée? Un étranger devenu roi d'un pays s'en fait le citoyen, bon gré mal gré : par exemple l'avénement au trône d'Espagne d'un petit-fils de Louis XIV n'a pas du tout supprimé les Pyrénées. Il y a donc un préjugé en faveur de la loi salique, et l'on paraîtrait rechercher l'originalité à tout prix, si l'on enseignait que c'est probablement un grand malheur qu'Edouard III, roi d'Angleterre, ne soit pas devenu roi de France, au lieu et place de Philippe VI. Il était prince français, de mœurs et de langue françaises. L'antagonisme national, qui devait naître et devenir si violent au cours de cette longue

querelle de la succession de France, n'existait pas. Il
ne s'agissait nullement de porter atteinte à l'indépendance de la France. France et Angleterre seraient demeurées quelque temps réunies sous le même prince, et
la France n'aurait pas été subordonnée à sa voisine;
elle était un bien plus grand pays et Paris eût été la
capitale privilégiée d'Édouard. Paris n'était-il pas dans
l'opinion d'hommes du xivᵉ siècle la seule ville où l'on
pût vivre absolument (*absolute*), alors qu'ailleurs on ne
vivait que *secundum quid*, c'est-à-dire relativement. La
force des choses aurait un jour séparé les deux nations, non sans luttes peut-être; mais quelle lutte pour-
rait-on comparer à cette guerre de Cent ans, qui a
dépeuplé notre pays, et fauchant sa noblesse, ruinant
ses communes, donnant au roi la qualité d'un chef de
guerre absolu, a frayé la voie à la monarchie despo-
tique, dont la victoire n'était nullement certaine, au
début du xivᵉ siècle. Il se peut bien que la loi salique
ait coûté à la France la liberté.

On pourrait, Messieurs, multiplier ces exemples, en
donner de moins connus, critiquer l'opinion que l'unification nationale telle que l'ont comprise nos rois et
quelques grands ministres a été un bienfait, examiner le
revers de ce qu'on appelle la grande politique des
xviᵉ et xviiᵉ siècles; mais j'ai seulement voulu vous
décrire les effets de cette puissance de l'habitude, afin
de vous convier à vous y soustraire. A ce prix seulement vous serez des esprits libres, et vous sentirez
les choses avec cette vivacité d'impression qui fait le
professeur et l'écrivain. Pour acquérir cette sensibilité,
il faut faire effort pour oublier et se placer dans la
situation d'un homme qui considère un spectacle pour
la première fois. J'ai connu un enfant que sa mère,
ouvrière fort occupée, mettait au lit, en toute saison.

avant le soir. Il avait sept ans quand il vit pour la première fois la lune, qui produisit sur lui un effet extraordinaire. Si ses yeux s'étaient habitués à la voir à l'âge où l'on fait connaissance avec les choses sans en ressentir d'étonnement, il n'aurait pas été si ému. Tâchez donc de vous figurer que vous voyez la lune pour la première fois.

Je redoute d'autant plus ces effets de l'accoutumance que la plupart d'entre vous nous arrivent ici trop âgés d'un an ou deux. L'an dernier, en présidant le concours des bourses, j'ai fait la connaissance d'un abus singulier. La plupart des candidats, vous entendez bien que je dis la plupart, ont fait deux rhétoriques et deux philosophies; quelques-uns ont fait trois rhétoriques. Ces pauvres jeunes gens n'étaient pas fiers de leurs chevrons; ils se plaignaient d'avoir subi une nécessité. Quant on est candidat à l'École normale ou à une bourse et qu'on échoue, on remet ses espérances à l'année suivante, et l'on refait ce que l'on a fait l'année précédente. Or, ce piétinement sur place épuise les forces : il doit faire perdre le goût et jusqu'à la notion de la marche et donner l'écœurement. Je ne saurais admettre qu'il y ait nécessité de perpétuer ce système dangereux pour l'esprit, et qui fait perdre un temps précieux, car il est certain pour moi que beaucoup de candidats aux bourses de l'année dernière auraient pu être licenciés depuis un an ou deux, et qu'ils ont ainsi gaspillé deux ou trois ans de leur jeunesse. Nous espérons bien que l'on trouvera un jour, ce qui ne serait pas malaisé, un remède à ce mal; mais en attendant vous qui avez fait tant de rhétoriques et de philosophies, sachez bien que vous avez besoin qu'une hygiène vigoureuse vous rende cette activité et cette curiosité de l'esprit, qui vous sont ici absolument nécessaires.

La curiosité que je vous recommande ainsi à tout instant, comme une des vertus pricipales de l'étudiant, a sa discipline naturelle dans l'enseignement supérieur, dont l'office particulier et essentiel est de vous placer en présence des documents. Nous ne mettons, vous le verrez bien, aucun pédantisme à remplir cet office. Nous avons le goût des grandes idées générales, nous savons aussi la valeur du mérite personnel, et que, si le document est le même pour tous, chacun de vous apportera dans l'étude qu'il en fera un esprit plus ou moins capable de le comprendre, de le juger, de le mesurer, pour ainsi dire, et d'en déterminer la valeur. Nous savons le prix de l'intuition et de l'imagination, et nous ne vous enseignons pas le mépris de ces qualités précieuses : ce mépris que certaines personnes professent n'est pas désintéressé. Mais sachez bien que vous aurez beau entendre ici les meilleures leçons, faire de belles dissertations, vous exprimer en un beau langage dans les exercices d'enseignement : vous n'aurez pas fait œuvre d'étudiant, si vous n'apprenez à étudier les documents. Il arrivera malheureusement que la préparation aux examens vous rendra (c'est aux historiens surtout que je parle) la tâche difficile, car la regrettable exigence qui vous impose l'étude continue de l'histoire universelle et de la géographie universelle ne vous laissera guère de loisir; il faut pourtant que vous ayez la préoccupation constante de connaître les textes. Faites tout de suite connaissance avec les ouvrages bibliographiques où vous trouverez la liste des recueils de documents, et faites connaissance avec ces recueils eux-mêmes. En ce qui concerne l'histoire de la France, vous avez à la Faculté un cours de bibliographie, un des plus importants à suivre. Exercez-vous aussi de bonne heure à la lecture et à la **pratique**

du document manuscrit; vous avez à la Faculté un
cours élémentaire de paléographie et de diplomatique:
les leçons que vous y recevrez faciliteront pour vous
les exercices personnels. Vous vous rendrez ainsi capables d'utiliser un jour l'inédit. Mais il ne faut pas
avoir le préjugé de l'inédit : somme toute, les documents principaux sont publiés, sauf pour quelques
parties de l'histoire. Étudiez le plus grand nombre
possible de ces documents.

Pour cela distribuez bien votre travail : songez que
vous avez devant vous trois ou quatre bonnes années.
Pendant le temps que vous préparerez votre examen
de licence, vous entendrez des leçons sur les institutions anciennes; vous lirez de bons livres et vous ma-
nierez ces manuels, vrais manuels d'enseignement
supérieur, qu'on a composés ou que l'on est en train
de composer pour vous. Vous y trouverez à chaque
page des renvois aux sources : recourez aux sources,
non pas avec un zèle inconsidéré, mais seulement sur
les points les plus importants. Pendant la période préparatoire à l'agrégation, les textes et les thèses incrits
au programme seront l'objet d'exercices où vous
apprendrez la critique, l'interprétation et l'emploi des
documents : il en sera ainsi cette année, par exemple,
pour la *Germanie* de Tacite et pour les textes où vous
étudierez les relations du pouvoir royal avec les communes. Mais ne vous contentez point de cette besogne
prescrite par un programme. Trouvez de temps à
autre une heure pour lire et, sans trop disséminer cette
sorte de *lectio cursoria*, appliquez-la aux documents sur
tel grand personnage ou sur telle grande question, afin
d'acquérir des idées, mais aussi des sentiments et des
impressions justes et vifs. Les heures que vous em-
ploierez ainsi seront les meilleures que vous passerez

à la Faculté, car vous sentirez le plus grand des plaisirs, celui de la recherche et de la découverte personnelles. Ce serait chose fort utile que vous pussiez vous communiquer entre vous, dans des conversations sans apparat, les résultats de vos lectures. Vous pourrez le faire, si vous le voulez. Une des salles de conférences du baraquement Gerson pourra être mise à votre disposition plusieurs heures par semaine pour des réunions de groupes. Il va sans dire que vous trouverez auprès de vos maîtres toutes les indications et tous les conseils désirables. Je suis, pour ma part, deux heures par semaine à votre disposition, et vous me ferez toujours plaisir en vous adressant à moi.

J'insiste d'autant plus, Messieurs, sur cette partie, que j'appellerai scientifique, de votre éducation que nous prendrons plus de soin de votre éducation professionnelle. Si l'on nous fait quelque part le reproche de vouloir faire de vous des savants et de vous exposer ainsi à devenir de mauvais professeurs, on se trompe. Nous ne comprenons point cette opposition injurieuse entre le professeur et le savant; le professeur est, à nos yeux, un savant qui sait enseigner, et nous avons des exercices préparatoires au professorat, dont nous sentons toute l'importance. Je voudrais qu'on y donnât un complément qui me paraît nécessaire. Chacun des boursiers d'agrégation d'histoire ne pourrait-il être attaché à un professeur d'un des lycées voisins, pendant la première année de bourse, et le premier semestre de la seconde? Pour ne pas gêner le professeur et n'être pas lui-même gêné dans ses études, il assisterait pendant le premier trimestre à deux classes par mois; pendant le second, il ferait des parties de classe : interrogations, corrections de copies; il ferait quelques leçons pendant le troisième trimestre et quelques classes entières pendant le premier semestre de la seconde année. Il me semble qu'il y aurait là un noviciat très utile. Nous avons beau vous donner ici des conseils et des exemples théoriques : rien ne vaut pour le futur professeur le contact avec l'élève, et, si nous puisons dans notre expérience personnelle les conseils que nous vous donnons, il faudrait que vous pussiez les vérifier par votre propre exemple.

Il y aurait un autre profit pour vous à prendre un avant-goût de votre profession : vous vous habitueriez de bonne heure à la connaître et à en raisonner. Or il est de toute nécessité que l'Université s'intéresse activement à ses propres affaires. Le ministère de l'instruction publique l'y invite de toutes les façons; il a institué les conseils électifs, les réunions de professeurs, et il nous consulte sur toutes les choses d'enseignement. M. Dumont multipliait les enquêtes sur les questions à résoudre et il en publiait les procès-verbaux. Ce sont là des avances qu'il faut bien accueillir : elles prouvent que les administrateurs de l'Université comprennent que ce grand corps ne peut être administré comme un simple corps de fonctionnaires. Il y a, en elle, du temporel et du spirituel; on peut bien administrer au temporel; mais il n'y a pas d'administration spirituelle, au moins pour des laïques. L'Université, qui le sait bien, n'épargne point ses malices aux bureaux; mais, par une contradiction regrettable, elle ne fait pas tout ce qu'il faut pour arriver à se gouverner elle-même. Vous, Messieurs, qui êtes une génération nouvelle, vous ferez mieux que nous, si vous le voulez bien.

Faire ses études sans se préoccuper de sa profession, entrer dans le corps enseignant pour y remplacer quelqu'un simplement et faire comme on a vu faire les autres, voilà encore un de ces phénomènes d'accoutumance dont j'ai tant parlé. Son nom vulgaire est la routine. Ici encore usez du procédé que je vous ai recommandé. Examinez toutes choses dans votre profession d'un regard neuf et curieux. Un professeur doit raisonner sa méthode, en trouver les règles et les vérifier par l'expérience. Entre des professeurs ainsi préparés à la discussion, la discussion serait féconde. De groupe en groupe, il se formerait une opinion du corps enseignant, et cette opinion serait la reine de l'Université. Mais il ne suffit pas que chacun de nous entende bien sa besogne particulière : il est plus important encore que nous ayons des idées sur tout l'enseignement public et sur les relations qui doivent exister entre les parties dont il se compose. Il y a, en ce moment même, de très vives discussions sur le dernier point. On ne s'entend pas pour déterminer les limites des enseignements primaire, spécial et classique. Une des raisons de l'anarchie des opinions, c'est que chacun demeure dans son compartiment et ne jette sur les voisins que des regards distraits et d'ordinaire malveillants. Ici on médit de l'ambition démesurée du « primaire et du spécial », et l'on parle de l'invasion des barbares. Ailleurs on s'amuse de la perruque classique et de la décrépitude des Grecs et des Romains. Ne vaudrait-il pas mieux s'élever jusqu'à la conception de l'ensemble, marquer à chacun sa fonction et l'y respecter ? Mais il faut pour cela beaucoup réfléchir, et se rendre compte des besoins multiples de notre pays et de notre société. Je n'ai point le temps et ce n'est pas le lieu de discuter les diverses théories sur ces questions; mais je tiens à vous dire, à vous qui, pour la plupart, serez des professeurs d'enseignement classique, qu'il vous faut être très attentifs à la vie moderne et ne pas vous isoler avec orgueil dans le passé.

Il n'est point contestable que l'antiquité fournit d'admirables moyens d'éducation intellectuelle et morale. C'est votre privilège de les employer : défendez-le. Mais vous ne serez pas écoutés, et notre cause est perdue d'avance, si vous vous armez en champions contre la vie moderne. Elle a pour elle qu'elle est la vie. Faites aux sciences leur part dans vos théories d'éducation : vous n'avez qu'à regarder le monde pour comprendre que vous ne pouvez rien sans elles, rien contre elles. Professeurs de lettres, ne dédaignez pas les lettres modernes; elles ne donnent pas seulement des moyens de comparaison et des modèles de goût : elles nous instruisent sur l'esprit des peuples au milieu desquels nous vivons et contre lesquels il nous faut défendre notre vie. Professeurs d'histoire, ne négligez pas l'histoire moderne et contemporaine, et quand vous aurez étudié les civilisations anciennes, si simples et si bien définies; quand vous aurez cherché dans les obscurités du moyen âge les origines difficiles à surprendre des peuples d'aujourd'hui, ne dédaignez pas d'en suivre la destinée jusqu'à la dernière heure. C'est bien de savoir l'histoire des croisades; mais celle de la question d'Orient a son prix. C'est bien de connaître le monde politique des derniers siècles, les guerres de prépondérance entre Bourbons et Habsbourgs et tant de grands efforts dépensés pour des résultats si minces; mais nous sommes exposés aujourd'hui à des guerres bien plus terribles, et c'est à l'histoire contemporaine de révéler les dangers dont le monde est menacé, en même temps que de calculer les forces que les différents peuples apporteront dans ces luttes.

Ne croyez pas que je vous invite à moins aimer vos études proprement dites ni que je déprécie en aucune façon l'éducation classique que vous recevez et que

vous donnerez. Je veux dire seulement que la meilleure façon de sauver l'étude de l'antiquité, c'est de la
considérer comme un moyen, non comme un but,
comme une longue préface admirable, non comme le
livre lui-même. Vous avez déjà toute facilité pour vous
instruire, en Sorbonne, des choses vivantes. On y
enseigne les littératures étrangères, l'histoire contemporaine, et vous avez en géographie, c'est-à-dire dans
cette science qui est comme une enquête sur le monde
qu'elle décrit, le plus compétent des maîtres. Ces enseignements se développeront sans doute un jour, dans
notre Faculté, qui s'accroît indéfiniment. Souhaitons-
le, car il faut que la haute Université se mêle intimement à la vie nationale. Nous entendons bien ne pas
ressembler à ces anciennes corporations qu'un savant
illustre comparait à des statues oubliées dans un désert
et montrant du doigt des routes depuis longtemps effa-
cées.

Messieurs, voilà bien des choses diverses pour une
première leçon ; mais il m'a semblé qu'il était utile de
les dire. Je ne sais pourquoi on n'entretient jamais les
futurs universitaires des affaires de l'Université, et il
appartient aux directeurs d'études, chargés surtout de
diriger votre éducation professionnelle, de vous faire
réfléchir sur le rôle et les devoirs de votre profession.

DISCUSSION

D'UNE THÈSE DE PHILOSOPHIE

ET A CE PROPOS

DU DÉTERMINISME

HISTORIQUE ET GÉOGRAPHIQUE

Thèse de M. Marion (*De la solidarité morale*)

Ces quelques pages pourraient être intitulées : Observations d'un professeur d'histoire sur la thèse de M. Henri Marion : *De la solidarité morale*[1]. Ce professeur d'histoire regrette que, dans une thèse si bien faite, il y ait un défaut : l'influence exercée sur l'individu par le milieu historique et géographique y est fort atténuée.

Le livre a deux parties : *Solidarité individuelle, Solidarité sociale*.

La première est consacrée à l'étude de l'individu depuis sa naissance. Au chapitre II, qui traite de « *la formation du caractère, du milieu physique et des conditions économiques et de la première éducation*, c'est à peine s'il est parlé en quelques lignes de l'influence du milieu. Qu'on ait « beaucoup écrit sur les rapports de la civilisation en général avec les milieux », comme

---

1. Extrait de la *Revue de philosophie*, juillet 1880.— Cet article prend place dans ce volume parce qu'une soutenance de thèse est un acte d'enseignement supérieur, mais aussi parce que la remarquable thèse de M. Marion prêtait à une discussion de méthode historique.

le dit M. Marion, c'est un motif pour qu'un écrivain
comme lui, qui n'est point banal, se garde d'insister
sur des vérités acquises; mais, alors même qu'on procède par prétérition, il faut, quand la matière vaut la
peine, ramasser au moins les traits les plus propres à
en marquer l'importance. L'esprit d'un lecteur est fait
ainsi qu'il garde surtout l'impression des raisons le
plus longuement déduites. Si vous voulez être bref en
exposant quelque vérité d'importance, au lieu de dessiner d'une main légère cette partie de la démonstration,
comme il est loisible de le faire pour celles où l'on sé-
journe, gravez vigoureusement.

Oui, l'on a beaucoup écrit sur l'influence des milieux,
mais on n'écrira jamais trop. Elle s'exerce sur toutes
les influences qui pèsent sur nous. Dans ce livre de la
solidarité, où il y a de si jolies pages, j'en trouve une
sur la nourrice, « premier gouverneur »; mais, tel
milieu, telle nourrice. La nourrice flamande a l'air
d'élever un bourgmestre; la nourrice italienne manie
le *bambino* comme un jouet, l'agace en lui retirant le
sein pour le lui rendre, en le lui rendant pour le lui reprendre; elle le chatouille pour qu'il rie et fait mine de
le jeter à quelqu'un qui passe. Ainsi a dû être élevé le
seigneur Polichinelle. Le milieu qui agit directement
sur l'individu agit donc indirectement sur lui par tous
les facteurs de l'éducation. L'éducation faite, toute la
vie est commandée par cette influence, qui restreint
notre liberté. Nous ne la sentons pas trop dans un pays
comme le nôtre, qui est de nature tempérée; ailleurs
elle a le poids de la fatalité.

Il est impossible de concevoir un état de civilisation
où l'homme soit jamais affranchi de cette tyrannie.
C'est pour ne pas s'en être convaincu que M. Marion,
à la conclusion de son livre, se représente une huma-

nité dont tous les membres seront pareillement respectueux du droit.

Dans la seconde partie (*De la solidarité sociale*), l'individu entre dans la société. A toutes les influences qu'il subit, à celle des qualités et des défauts apportés en naissant, acquis par l'éducation et par l'habitude, s'ajoutent celles qui viennent des rapports sociaux. Jamais plume de moraliste n'a plus finement décrit que celle de M. Marion les effets de la sympathie, dans ses formes vives et dans ses formes diffuses, ni ce qu'il appelle les phénomènes de réaction par lesquels se manifeste l'originalité morale. Mais l'historien réclame une plus grande place pour les effets de la *coutume*, car la coutume, c'est le milieu historique.

Un plus long chapitre aurait été nécessaire pour décrire l'influence de ce milieu. Si diffuse qu'elle soit, elle est très forte. Cela se verra, le jour où l'histoire de l'intelligence humaine sera faite. Qu'on choisisse à des époques déterminées des écrivains ayant manifesté leur intelligence par des écrits copieux; qu'on leur arrache par une analyse profonde les mobiles de leur pensée : après avoir multiplié les études de cette sorte, aux époques les plus diverses, on aura quelques éléments d'une histoire de l'intelligence, par conséquent de la morale humaine, et l'on verra la puissance du milieu historique apparaître dans toute son étendue.

La maxime : vérité en deçà des Pyrénées, mensonge au delà, est fausse, si on la prend dans le sens absolu que lui a donné Pascal. Une montagne n'est pas si puissante; mais le temps l'est assurément : vérité en tel siècle, mensonge en tel autre.

Quand l'empire romain s'est retiré de l'Occident, dont les peuples barbares se sont partagé les provinces, un Romain gouverne le royaume d'Italie où règne

Théodoric. C'est Cassiodore. Il a mis toute son intelligence dans ses lettres et dans ses traités où il a parlé *de omni re scibili*. Tout ce que l'antiquité a su, il le sait, et tout lui est prétexte pour le dire. Envoie-t-il l'ordre de réparer un monument? il fait une histoire de l'architecture; de préparer un instrument de musique ou bien une horloge, cadeau destiné à quelque roi barbare? il écrit un traité sur la musique et l'horlogerie. Il connaît les philosophes et les poètes. Il est bon chrétien, avec cette immense érudition païenne. Il apporte dans le gouvernement un large et libéral esprit et ce serait un grand ministre, s'il était dans une grande monarchie. Or cet homme divisera un traité en douze chapitres, parce que Dieu a créé douze constellations. Dans le traité sur l'orthographe, il célébrera la profession divine du copiste, qui combat le diable avec le *calamus*, — c'est-à-dire avec l'instrument dont le diable s'est servi pour frapper le Seigneur à la passion, — et qui écrit avec trois doigts, ce qui est le nombre des personnes dont se compose la divinité. D'où viennent ces bizarreries? qui donc saisit cet esprit et l'emprisonne dans des formes vides? C'est l'influence théologique du milieu historique. Voilà un effet intellectuel de ce milieu.

Grégoire de Tours est un saint homme dans une triste époque. Il est incapable de faire le mal et d'éviter par une mauvaise action une incommodité, une souffrance, même la mort. Grégoire de Tours pourtant, jugé par nous, a le sens moral le moins assuré. Il fait au début de son livre sa profession de foi catholique. Être catholique, voilà pour lui la principale vertu. Il pratique les autres, mais celle-là est la première qu'il réclame d'autrui. Là où il la trouve, il est comme incapable de trouver le crime. Clovis peut massacrer les

rois ses parents, après les avoir dupés par les ruses
d'une hypocrisie raffinée; le livre qui raconte ces assas-
sinats se termine par la phrase célèbre : C'est ainsi que
tout lui réussissait, parce qu'il marchait, les mains
pures, dans les voies du Seigneur. Mais malheur au
prince qui veut réformer le dogme de la Trinité, ou
même toucher aux privilèges naissants de l'Église; il a
beau être un des plus intelligents des Mérovingiens,
sans être plus méchant que les autres : l'indignation
fait de Grégoire presque un écrivain, et son portrait de
Chilpéric est un morceau de style. Or si le saint évêque,
un des meilleurs et des plus instruits des hommes de
ce temps, ne connaît plus la marque distinctive du
crime, comment ces princes et ces grands la connaî-
traient-ils? Et pourquoi Grégoire ne voit-il plus clairement le bien et le mal? C'est parce qu'il obéit à l'influence théologique du milieu historique : voilà un
effet moral de ce milieu.

Passons quelques siècles. Les fils de Philippe le Bel
se succèdent, sans laisser d'enfants mâles. La question
de la capacité des femmes à hériter de la couronne se
pose. Les partisans de l'exclusion des femmes cherchent
et trouvent des raisons de toutes sortes. En voici une :
l'Écriture a dit que les lis ne filent pas. Or les lis sont
le symbole de la royauté française; et qui est-ce qui
file? Ce sont les femmes. Par conséquent, la couronne
ne peut appartenir aux femmes; elle ne peut « tomber
en quenouille ». Qui donc permet et veut qu'on pense
ainsi, qu'on torture un texte de l'Écriture et qu'on en
tire une maxime de droit politique? C'est l'esprit du
temps. C'est le milieu historique. Voilà un effet politique de ce milieu.

Arrivons aux temps modernes. Saint-Simon ne peut
passer pour un admirateur de Louis XIV ni de la mo-

narchie comme elle a été pratiquée par lui, et pourtant
Saint-Simon déclare, dans un des fragments récemment
retrouvés, que l'on est plus libre en France qu'on ne
l'a jamais été dans aucune république, attendu qu'il y
a en France des lois qui ne peuvent être changées que
par le prince, dans l'intérêt de tous. Peut-on imaginer
une plus singulière et plus puissante action de ce
redoutable milieu historique? Quoi de plus propre à
provoquer en nous un retour sur nous-mêmes? Ne
croyons-nous point, ne disons-nous point tous les
jours, comme simples et naturelles, des choses qui
seront trouvées étranges au xx° siècle, et ce siècle ne
fera-t-il pas des mensonges de quelques-unes de nos
vérités? Assurément oui, car nous ne devons pas avoir
la sotte vanité de croire que nous soyons au point d'arrivée et non dans le perpétuel devenir. Et même il ne
serait pas malaisé à un historien qui aurait l'esprit
philosophique, ou à un philosophe qui serait historien,
de discerner dans nos axiomes l'erreur de demain et
de dresser une liste des sottises du siècle : ce qui serait,
d'ailleurs, une profession dangereuse. Du moins un
philosophe, dans un livre sur la solidarité, doit tenir
grand compte de la solidarité historique qui pèse non
seulement sur les groupes sociaux, mais sur chacun de
nous, d'un poids très lourd. Sans doute cette solidarité
est moins tyrannique pour certains individus que pour
d'autres, pour certaines époques que pour certaines
autres. Sans doute, elle n'agit pas sur toute notre intelligence, sur toute notre conduite. Mais, cette réserve
faite, comme elle est puissante! Si nous avions vécu
du temps de Caligula, dit le cardinal de Retz, le consulat
du cheval nous aurait étonnés moins que nous ne
l'imaginons, et le cardinal de Retz a raison.

Je reproche à M. Marion de n'avoir pas assez marqué

cette puissance du milieu, surtout de ne l'avoir pas démontrée par des exemples disposés chronologiquement. L'individu, dont il nous trace l'histoire, vit dans un milieu géographique et historique indéterminé. Je crains fort que M. Marion ne le voie plus libre qu'il n'est dans la réalité.

M. Marion examine ensuite l'individu dans la société organisée; à propos de la solidarité dans l'État, il marque l'importance morale de la forme du gouvernement, et il encadre dans des pages excellentes un passage remarquable de Stuart Mill; mais, ici encore, il procède par abstraction; or certains gouvernements sont imposés par certaines latitudes et tous dépendent du milieu historique. D'autre part, on ne peut décrire *à priori* les effets du gouvernement populaire et ceux du gouvernement absolu, car aucun gouvernement n'existe *in abstracto*, et il n'y a pas deux gouvernements, populaires ou absolus, qui se ressemblent.

Tel gouvernement populaire se produit comme la conclusion d'un long développement historique; il est le point d'arrivée d'une marche continue du privilège vers l'égalité, du despotisme vers la liberté. Tel autre naît parce que les autres formes de gouvernement, essayées les unes après les autres, ont été condamnées irrémédiablement. La raison d'être du premier est positive, celle du second négative. Il en est de même des gouvernements absolus. Par exemple, l'ancienne monarchie française a eu sa raison d'être positive : elle est née d'une nécessité entrevue au premier jour de la dynastie capétienne. Au contraire, la monarchie impériale romaine est née après que les autres formes de gouvernement ont été successivement usées par le peuple romain. Aussi cette monarchie, à raison d'être négative, n'a-t-elle eu aucun des mérites de l'ancienne monarchie française. Comme elle ne se sentait pas une existence assurée, elle a gardé une parodie des institutions républicaines : César a refusé le bandeau royal et ses successeurs n'ont point osé faire la monarchie héréditaire. Ils ont mis en eux-mêmes la république avec toutes ses magistratures : ils ne s'y sont point substitués, et l'empire, troublé par des révolutions périodiques, n'a jamais eu cette vertu qu'on estime être un des attributs de la monarchie, la stabilité.

Jamais un gouvernement dont la raison d'être est négative n'aura sur les mœurs une action et des effets de même nature qu'un gouvernement dont la raison d'être est positive : M. Marion a donc eu tort de ne point marquer la différence. Il a trop de perspicacité pour n'avoir pas vu, en même temps que « les droits de l'idéal rationnel », l'effet des « nécessités historiques » ; mais il insiste plus sur les droits que sur les nécessités. Pour moi j'insisterai plus volontiers sur les nécessités.

M. Marion traite ensuite de la solidarité internationale, puis de la solidarité historique. Il aurait mieux valu intervertir l'ordre, car la solidarité historique se fait sentir dans l'État, qui vient après la famille, et la solidarité internationale, dans l'humanité, qui vient après l'État. Sur ce chapitre, qui est excellent, je n'aurais rien à dire, si j'y avais trouvé des faits en plus grand nombre. Dès les premières lignes, on voit qu'on a, pour ainsi dire, affaire au moraliste qui conseille plutôt qu'au philosophe qui observe. « Tout ce qui se fait dans le sens de la pacification générale est semence de moralité en même temps que de bonheur. » Le précepte moral devance ainsi les faits, qui sont cités rapidement, par une sorte de prétérition, pour arriver plus vite au beau rêve de la future paix perpétuelle, qui reviendra au dernier chapitre. De même pour la solidarité historique; le moraliste parle d'abord : « La même illusion qui est si funeste aux individus égare plus encore et bien plus gravement les sociétés; c'est de compter sur le temps pour effacer les fautes. » Mais la question est bien discutée, de haut et avec précision. Les apparentes contradictions sont nettement résolues.

Nous voici à la conclusion. J'en tiens le commencement : « *Résumé et conséquences pratiques* » pour un chef-d'œuvre d'exposition. La question du progrès moral dans le passé, qui est étudiée ensuite, l'est à merveille. Peut-être cependant aurait-il fallu mieux expliquer les exceptions à la règle du progrès, admettre d'une part que le progrès n'est point possible partout ni pour tous, et avouer la fatalité des milieux qui explique l'immobilité « des vieilles sociétés de l'Orient, vouées à des institutions mortelles pour la raison, comme pour la liberté ». Il aurait fallu aussi marquer que, dans tout développement historique, il y a des morts et des naissances et aussi des accidents.

L'accident est produit d'ordinaire par des individus nouveaux : telle est l'invasion des barbares dont il faut étudier l'histoire pour comprendre qu'il puisse y avoir interruption du progrès, sans contradiction aux lois de la solidarité. Les Germains ont brusqué la décadence romaine. Ils ont tué, en Occident, l'empire qui agonisait. Parmi les historiens, les uns leur attribuent de grandes vertus, les autres considèrent leur action comme nuisible et leur imputent d'avoir suspendu le progrès. Les premiers ne savent pas l'histoire; les seconds sont égarés par la recherche des causes finales. Les Germains sont des acteurs nouveaux, tout simplement. Établis dans l'empire ils essayent de comprendre l'empire et de le continuer, mais ils n'y réussissent pas. Ils ne parviennent pas à connaître les institutions qu'ils appliquent : nos Mérovingiens ne se sont jamais bien expliqué l'autorité monarchique. Cependant ils règnent : l'empire est mort; l'esprit qui venait de Rome ne souffle plus et, si les Mérovingiens n'ont rien appris, les Gallo-Romains désapprennent. Une grande obscurité se fait. La société gallo-franque s'y décompose; à tâtons, elle cherche des voies nouvelles et trouve la féodalité. Il y a donc eu un accident qui a interrompu l'effet de la solidarité historique, cause effective du progrès moral. Est-ce à dire que la solidarité ait disparu? Non. Elle est trop puissante. N'est-ce pas un effet remarquable de cette solidarité que les peuples sur lesquels a pesé si longtemps le gouvernement de Rome forment aujourd'hui en Europe une catégorie à part, différant en des points essentiels des peuples germaniques ou slaves. Tout cela est pour appuyer, comme on le voit, la thèse de M. Marion, qui a si bien dit : « La solidarité rend compte à la fois des avancements et des reculs; elle explique et les arrêts, partiels ou temporaires, et les grandes chutes de certains peuples et les soudains élans de certains autres. »

La preuve faite qu'il y a eu, malgré les interruptions, un progrès moral dans le passé, on peut conclure à la grande probabilité du progrès moral dans l'avenir, en réservant toujours la possibilité de graves accidents. C'est avec cette disposition d'esprit que le lecteur arrive aux dernières pages du livre; mais voilà que tout d'un coup il trouve ce rêve d'une humanité « aussi bonne que possible, bonne et heureuse, car, à la limite, c'est tout un ». Et, ce qu'il faut entendre par là, la fin le dit : c'est la cessation de toute injustice, de toute violence, la fin du crime dans les États, du crime entre les États, la paix sociale et la paix internationale.

Vraiment, c'est trop de logique. L'auteur a bien soin de marquer que le terme de ce progrès est lointain, très lointain, et de faire quelques réserves de mots. « Le progrès ne serait achevé (autant que nous pouvons concevoir comme réalisé un idéal) que le jour où la terre entière serait peuplée d'hommes parvenus individuellement à toute la perfection que comporte la nature humaine, tous unis, tous habitués et disposés à se considérer mutuellement comme fins. » A la bonne heure ! cette réserve était très nécessaire, et il fallait dire que l'ère de la paix et du bonheur ne s'ouvrira que lorsque tous les hommes de la terre habitée seront des philosophes, car s'il arrivait qu'une nation « connue pour ne manquer ni de fierté ni de foi en elle-même », comme dit M. Marion, donnât dans notre Occident le salutaire exemple de « renoncer résolument à tout esprit de représailles », je redouterais fort pour cette nation les entreprises de ses voisines. Si notre Occident tout entier se faisait pacifique, je commencerais à me préoccuper des prédictions qui annoncent la conquête future de l'Europe par la race jaune. Les Chinois ont à la fois beaucoup de canons et beaucoup de chair à canon : il est vrai qu'ils ne manient pas bien leurs armes et qu'ils les abandonnent volontiers, mais ils peuvent faire quelques progrès, et recevoir du dehors de puissants secours. Les journaux militaires allemands n'ont-ils pas déjà calculé l'aide qu'ils pourraient tirer de la Chine, en cas de guerre avec la Russie ? N'est-ce pas ainsi qu'on a jadis introduit les barbares dans les affaires de l'Europe ? Mais il ne faut pas insister sur ces craintes paradoxales. Il est entendu que nous ne désarmerons qu'après que les Chinois seront parvenus individuellement à la perfection. Nous voilà rejetés à un terme lointain. Est-il du moins possible d'admettre ce terme ? Cela n'est point possible.

Le progrès de la civilisation et le développement des relations internationales ne diminuent pas les causes de guerre. La même science qui produit ou améliore les industries créatrices, perfectionne l'industrie qui tue. On dit : La perfection des moyens de destruction finira par rendre la guerre impossible. C'est une erreur : les batailles d'aujourd'hui sont moins meurtrières que celles d'autrefois. Les instruments plus perfectionnés font que les hommes combattent de plus loin et en plus grand nombre. Voilà toute la différence. La brièveté même des guerres, conséquence de ce progrès d'une nature particulière, est un argument en faveur de la guerre. On dit d'une guerre, comme d'une opération chirurgicale, que l'on tient pour salutaire : Ce sera si vite fait ! Et l'on pratique l'opération. Quant au développement des relations internationales, par cela même qu'il aide à l'accroissement des richesses, il est cause de guerre. Cet accroissement est nécessairement inégal. Il provoque les jalousies des nations moins riches, qui sont en même temps des nations plus fortes. Réfléchissons bien sur le phénomène de l'indemnité de guerre considérée comme châtiment du vaincu. Récemment apparu, il n'est point le dernier d'une série : on le verra reparaître.

Nous ne pouvons prévoir la fin de l'ère des batailles. En aucun temps, il n'y a eu autant de sujets de guerre dans notre Europe qu'aujourd'hui. Guerres pour venger les injures passées, guerres par antipathie, guerres de races, guerres pour la gloire, guerres pour l'argent, même guerres pour la religion : rien n'y manque. Supposons que toutes les questions en litige soient terminées. Faudra-t-il fermer et clouer les portes du temple de

Janus? Non. D'autres questions naîtront. Il est impossible de croire qu'il n'y ait pas jusqu'au bout des disputes entre les hommes.

Je veux bien que l'homme apôtre de M. Marion fasse souche, et que ses imitateurs à leur tour gagnent des disciples et fondent des générations où chacun soit « assez persuadé des lois de la solidarité pour s'en inspirer à son tour ». Donnons-leur le temps de travailler et ne leur mesurons pas les siècles. Sans doute, ils pourront réagir contre bien des fatalités morales et physiques. Il est, par exemple, des fatalités physiques qu'on supprime. On perce des montagnes, on coupe des isthmes : c'est une besogne qui va grand train. Pourvu que le sentiment de la solidarité soit dans la nombreuse famille de M. de Lesseps, ce qui reste d'isthmes est en péril. Mais quel concours de bonnes volontés suffira jamais pour supprimer l'action du milieu géographique? Abrégerez-vous la nuit des pôles? Atténuerez-vous l'ardeur du soleil à l'équateur? Donnerez-vous à toute la terre la même capacité de produire? Ferez-vous moins vigoureux le bras du Poméranien, qui arrache sa nourriture à la terre, moins mou celui de l'Indien, que la nature fait sobre et qu'en même temps elle accable de ses dons? Ferez-vous que la terre nourricière ne donne pas le plus à ceux qui ont besoin du moins? Cette éternelle différence des milieux, l'homme ne la supprimera jamais. Or, tant qu'il y aura des différences, il y aura des différends. Tant qu'il y aura des différends, il y aura la guerre.

D'ailleurs, cette universelle fusion dans une humanité idéale est-elle désirable? Il est permis d'en douter. Pour l'affirmer, il faudrait pouvoir faire le calcul des pertes et celui des profits qui en résulteraient. Le développement de la solidarité internationale amène une sorte de fusion. Or si les avantages en sont visibles, visibles aussi sont les inconvénients. Les importations intellectuelles et morales d'un pays dans un autre sont souvent dangereuses parce que l'objet importé se dénature. Tel produit allemand se gâte dans nos mains; tel produit français dans les mains allemandes. Quels tristes effets n'a pas produits l'imitation de nos classiques en Allemagne !

Le plus grand danger de l'imitation internationale, c'est d'affaiblir le génie de l'imitateur. La conservation des génies nationaux est au moins utile et désirable. Plus ils sont originaux, plus ils sont forts. Plus ils sont forts, plus ils servent. Ces individus de l'humanité, qui sont les nations, sont plus actifs pour le bien de l'humanité que ne le serait l'humanité elle-même, après qu'elle aurait absorbé les individus. On travaille pour tous les hommes, alors qu'on croit ne travailler que pour son pays. Moins on est cosmopolite, plus on aide au progrès général du monde. C'est ainsi que se fait, dans une région haute, la conciliation du patriotisme et de l'amour de l'humanité [1].

Tant que l'humanité sera divisée en nations, résignons-nous donc à la guerre, mais j'ajouterai : consolons-nous, car la guerre n'est pas un mal sans compensation. M. Marion, à qui aucune objection n'a échappé, discute la question. Il sait bien que la suppression de la guerre supprimerait quelques-unes de « ces hautes manifestations de notre énergie », source de nos joies « les plus vives et les plus nobles ». Il propose de les remplacer

---

1. M. Marion se défend, il est vrai, d'être cosmopolite (p. 329 en note). Il rêve et souhaite plus qu'il ne le prédit cette humanité idéale; mais, malgré lui, il laisse voir qu'il la croit possible, si nous la voulons. Il parle souvent au *conditionnel*, mais il laisse aussi échapper des *futurs*. Voyez cette note.

par d'autres : il parle des contrées lointaines à explorer, des hôpitaux à visiter... Est-ce bien l'équivalent de la guerre ? Ne nous faisons pas de ces illusions. Le danger du voyage et de la visite à l'hôpital est problématique : celui du champ de bataille est certain. Rien de plus précis, d'un contour mieux déterminé, que le trou de la balle ou la brèche du sabre. D'ailleurs tout le monde ne peut aller au pôle Nord ni visiter les hôpitaux. Tout le monde aujourd'hui, en France et en Allemagne du moins, fait la guerre. Heureusement, car la guerre est devenue un moyen d'éducation nationale.

Il faut, dans les temps heureux où nous vivons, quand la richesse est multipliée et l'aisance presque partout ; quand le paysan arrache le chaume de son toit pour y clouer l'ardoise, quand son lit s'amollit, quand sa remise abrite la voiture qui le conduit au marché où allait son grand-père, la hotte sur le dos ; il faut, quand ces commodités de toutes sortes affadissent la vie, qu'il y ait dans l'existence de chacun ce moment où il couche sur la dure et rompe ses épaules au poids du sac et du fusil. Puis, le monde politique se transforme ; la hiérarchie de naissance et de droit divin cède partout plus ou moins rapidement la place à la hiérarchie du mérite : l'électeur est juge de ce mérite, et l'homme placé au bas de la hiérarchie sait que cette hiérarchie relève de lui et procède de sa volonté ; à l'antique respect, sans conditions, dont le temps est absolument passé, a succédé un respect conditionnel, à échéances renouvelables ; personne ne commande plus de haut, en vertu d'un droit inné, par conséquent supérieur au consentement ; le père de famille lui-même, moins armé par la loi et désarmé par les mœurs, adoucit la voix en parlant à l'enfant rebelle : c'est pour cela qu'il faut que tout citoyen entende au moins pendant

quelques mois de sa jeunesse la voix brève et dure d'un
sergent. Le progrès de la richesse et des institutions
démocratiques rend donc nécessaire le régime militaire
qui enseigne à tous la discipline et impose un grand
devoir qui exige de grands sacrifices. Prendre le jeune
homme, au moment où il devient homme, l'arracher
à l'étude ou bien au travail, à la vie heureuse ou à la
vie pénible ; réunir dans la caserne toutes ces exis-
tences diverses, et, quand il le faut, les jeter ensemble
sur le champ de bataille, pour défendre l'honneur et
la patrie, n'est-ce pas le seul moyen qui nous reste de
faire sentir à tous qu'on n'est pas seulement sur terre
pour y vivre à sa guise ? Et, pour conclure, quelle leçon de solidarité !

C'est assez faire l'éloge de la guerre. Il ne faudrait
pas répondre au paradoxe de la paix perpétuelle par le
paradoxe de la beauté de la guerre. Je reviens au livre
de la solidarité morale. Je fais remarquer en terminant
que ce livre de la solidarité conclut par la suppression
d'une foule de solidarités. C'est la solidarité que je
défends contre M. Henri Marion.

Je suis de son avis plus que lui-même, et je m'étonne
qu'il soit arrivé à cette conclusion singulière. Ne serait-
ce pas parce qu'il a pris pour objet de son étude un
individu privilégié, placé dans un des milieux où l'homme
est le plus libre ? Il le conduit en passant par une nation
abstraite à une humanité idéale. Naturellement, il ne
trouve pas d'obstacles en chemin. Pourtant les obstacles
sont là, et l'historien, qui les voit, doit les montrer au
philosophe.

On comprendra, j'espère, cette intervention d'un
historien en une matière philosophique. Les historiens
et les philosophes de ce temps-ci sont faits pour s'entendre et s'entr'aider. Les uns et les autres sont affran-

chis du joug de la théologie, positive ou naturelle, source de tant de théories qui ont si longtemps dispensé historiens ou philosophes d'étudier en eux-mêmes les faits qui sont la matière de l'histoire et de la philosophie. En bien des points, l'accord entre le philosophe et l'historien est tel que les deux personnes se confondent. Supposez un philosophe qui étudie l'âme humaine dans le développement chronologique : il fait œuvre de psychologue et d'historien. Pourquoi de pareilles études ne sont-elles pas tentées, je ne sais quelle lumière en sortirait !

Je tiens à dire en terminant que je donnerais une bien fausse opinion de mon jugement sur la thèse de M. Marion, si je m'en tenais à ces critiques. La lecture de ce livre m'a charmé. Comprendre tout un livre de philosophie, c'est un grand charme dont les philosophes semblent vouloir déshabituer les profanes. Pourtant, lorsque nous ne comprenons pas un philosophe, nous ne nous résignons pas à croire que ce soit notre faute à nous seuls. C'est un grand charme encore de profiter, sans effort, d'une érudition vaste, fruit d'une lecture immense ; de repasser des choses que l'on sait et d'y trouver du nouveau, tant elles sont présentées avec art ; de se laisser guider par un esprit élevé, sincère et libre ; car M. Marion pense librement, dans l'acception vraie du mot, qui n'est pas l'acception habituelle. Ce que le vulgaire entend par un libre penseur, c'est un homme qui pense, si je puis dire, contre toute autorité qui lui déplaît. Pas de pires esclaves ni de pires tyrans que ces libres penseurs. Ils ne comprennent rien aux forces historiques : ils les nient, et, pour cela, se font souvent écraser par elles. M. Marion ne pense pas contre les gouvernements ni contre les religions : il pense *sur* les religions et les

gouvernements. Ce n'est pas le moindre des éloges
qu'on lui doit et entre lesquels on est embarrassé de
choisir. Il me faut dire encore, bien qu'on se soit beaucoup servi de cette forme d'éloge, que ce livre est bien-
faisant. L'auteur y garde, jusqu'à cette conclusion
fâcheuse, une modération exquise ; il trouve toutes les
objections ; il se garde de l'absolu, ce grand écueil.
Cette façon de défendre la liberté, en en faisant voir
toutes les limites, est la vraie. On aime d'autant plus
ce qui nous reste, et on est mieux disposé à en user
pour le bien.

DISCUSSION

D'UNE LEÇON D'HISTOIRE

CONFÉRENCE FAITE

AUX ÉTUDIANTS
DE LA FACULTÉ DES LETTRES DE PARIS

(JUIN 1884)

Messieurs,

Vous avez entendu toute une série de leçons sur les derniers Carolingiens, la formation des principautés féodales, les ancêtres des Capétiens, l'avénement de la nouvelle dynastie, l'histoire de chacun des quatre premiers rois, le caractère de leur gouvernement, l'idée que leurs contemporains et eux-mêmes se faisaient de la royauté, l'état réel de leur pouvoir [1]. Après que cette série a été close, je vous ai priés de rédiger une leçon pour des élèves de troisième, sur ce sujet : *les premiers Capétiens*. Détailler et approfondir l'étude des faits, c'est votre devoir d'étudiants; apprendre à approprier les connaissances par vous acquises à l'intelligence de jeunes enfants, c'est votre devoir de futurs professeurs.

Avant de vous rendre compte des travaux qui m'ont été remis, je vais vous exposer ma façon de comprendre et de traiter le sujet.

Je suppose donc un professeur qui a décidé de faire toute une leçon sur les premiers Capétiens, parce qu'il sait combien il importe en histoire de marquer

1. Ces leçons, une quinzaine environ, ont été faites par les étudiants.

les points de départ et d'insister sur les débuts. Il est vrai que le programme ne dit mot des derniers Carolingiens ni des premiers Capétiens : il a oublié de faire mention de l'avénement de la dynastie. Mais le professeur sait que le programme se contente de donner des cadres où le maître est libre de se mouvoir : il a réfléchi sur le programme de sa classe de troisième; il en a embrassé l'ensemble; il a établi une proportion entre les divers chapitres; il a résolu de donner ses principaux soins à l'histoire de la Gaule, puis de la France, mais en encadrant cette histoire dans l'histoire générale. Aussi n'a-t-il pas été embarrassé pour placer les derniers Carolingiens et les premiers Capétiens.

Le programme lui offrait la série de leçons que voici :

Louis le Pieux, Traité de Verdun. — Charles le Chauve. Les Normands. Démembrement de l'empire en royaumes et de la France en grands fiefs. — Le régime féodal. — L'Église : épiscopat, papauté, conciles, ordres religieux. — L'Empire : Otton le Grand. Les Franconiens. La querelle des investitures. Grégoire VII. — Les croisades. Le royaume de Jérusalem. Les Assises. L'Empire latin de Constantinople. — Alexandre III et Frédéric Barberousse. Innocent III. Guerre des Albigeois. — Innocent IV et Frédéric II. La maison d'Anjou en Italie. — Conquête de l'Angleterre par les Normands. — Progrès des populations urbaines et rurales : affranchissements, communes. — Progrès du pouvoir royal en France. Louis VII. Louis VIII. — Philippe-Auguste. Son gouvernement. — Règne de saint Louis.

Le professeur a suivi de point en point la première partie de ce programme. Après avoir raconté le règne de Louis le Pieux, exposé le traité de Verdun, raconté le règne de Charles le Chauve, décrit et expliqué le régime féodal, il a montré qu'au-dessus de ces démembrements et de cette décomposition planent deux pou-

voirs généraux, celui de l'Église et celui de l'Empire;
il a fait comprendre à l'élève qu'après le démembrement de l'Empire carolingien en royaumes, et des
royaumes en fiefs, l'intérêt de l'histoire se concentre
dans l'Église et dans l'Empire. Il a donc parlé, en suivant le programme, de l'Église et de l'Empire. Seulement, au lieu que le programme veut que l'on expose
l'histoire de l'Empire jusques et y compris la querelle
des investitures, le professeur, aussitôt qu'il a installé
Otton sur le trône impérial et brièvement exposé l'histoire de la maison saxonne, est revenu à la France,
qu'il ne faut pas si longtemps perdre de vue. Il a dit
en une leçon comment les Carolingiens ont été sup-
plantés en France et il a raconté leur lutte contre les
ancêtres des Capétiens, jusqu'à l'avénement de Hugues
Capet. Après quoi, reprenant son programme, il a
exposé ces grands faits d'histoire universelle, la querelle des investitures, les croisades, la lutte du Sacerdoce et de l'Empire sous les Staufen, le progrès des
classes rurales et urbaines. Il se prépare alors à rentrer
dans l'histoire de la France, et il place les premiers
Capétiens en chapitre détaché, avant le numéro du
programme ainsi libellé : Progrès du pouvoir royal en
France.

Que ces conseils sur la façon de placer une leçon
vous fassent réfléchir. Un professeur n'est pas tenu
d'appliquer un programme servilement : s'il en était
ainsi, autant vaudrait dire qu'il est dispensé d'activité
intellectuelle; or, c'est l'activité intellectuelle seule et
le libre usage qu'on en fait après réflexion qui fait que
le maître s'intéresse à son enseignement et lui communique la vie.

Cette leçon ainsi placée, comment la traiter? Il faut
ici, comme pour toute leçon, trouver le point princi-

pal; puis choisir entre les faits ceux qui doivent être gardés pour une exposition destinée à des enfants de troisième.

Ici, le point principal de la leçon, c'est la consolidation d'une dynastie nouvelle. Pour savoir quels faits sont à garder, passons en revue l'histoire des quatre règnes. Sous Hugues Capet, association du fils à la couronne; relations avec l'Église, en particulier avec le siège de Reims; alliance avec certains grands seigneurs, comme le duc de Normandie, contre certains autres, comme le comte d'Anjou; prétention à être reconnu dans tout le royaume; succès et échecs de cette prétention; relations avec le pape, pour l'affaire du siège de Reins; relations avec l'empereur allemand et la cour de Constantinople. Sous Robert, association du fils; alliance avec de grands seigneurs comme le duc de Normandie; lutte avec d'autres, comme le comte de Blois et le duc d'Aquitaine; acquisition de la Bourgogne; impuissance contre les petits vassaux du pays de Chartres et de l'Orléanais; relations avec le royaume de Bourgogne, avec la Lorraine, avec le pape, excommunication. Sous Henri, association du fils; alliance, puis guerre avec la Normandie, relations avec le pape, avec l'empereur, au sujet de la Lorraine. Sous Philippe Ier, association du fils; guerre contre les vassaux, en particulier contre la Normandie; acquisitions territoriales; luttes contre la Papauté, excommunication.

La plupart de ces faits se répètent sous tous les règnes : association du fils, qui est un moyen de perpétuer la dynastie; relations avec les petits vassaux, c'est-à-dire action du roi dans son domaine; relations avec les grands vassaux, c'est-à-dire action du roi dans le royaume; relations avec le pape et l'empereur, c'est-à-dire avec les pouvoirs généraux qui gouvernent ou prétendent gouverner la chrétienté; tentatives sur la Lorraine et la Bourgogne, où se voient les origines du conflit entre la France et l'Allemagne au sujet de la limite orientale de la première, occidentale de la seconde.

Est-il important d'exposer ces faits ? Cela est indispensable, car la perpétuité de la dynastie capétienne est un des grands faits de l'histoire de France; la lutte contre les vassaux, qui durera jusqu'au xvi° siècle, est encore un des grands faits de cette histoire; les relations avec l'Église et la Papauté se retrouveront sous tous les grands règnes et produiront des faits considérables; il importe donc d'en montrer les débuts, car le progrès de l'autorité monarchique sur l'Église est un des éléments de la formation de la France; enfin les relations avec l'empereur nous intéressent, et parce que l'indépendance de nos rois à l'égard des empereurs montre l'inanité de la théorie pontificale et impériale de l'État chrétien unique, et parce que la lutte pour la Lorraine et la Bourgogne a pour objet la formation du territoire national.

Il est donc impossible de négliger aucun de ces faits (on verra tout à l'heure dans quelle mesure et de quelle façon il faut les exposer), car ils sont des faits d'avenir, et un professeur d'histoire doit toujours avoir présente à l'esprit la continuité des choses, afin de ne laisser tomber aucun des anneaux qui en composent la chaîne. Ce n'est pas seulement sur le programme de chaque classe qu'il doit réfléchir, c'est sur tout l'ensemble de l'enseignement historique dont il a la charge. Il doit penser, lorsqu'il professe en troisième, à tel ou tel chapitre d'histoire qu'il enseignera en seconde ou en rhétorique.

Ainsi, Messieurs, le point principal est déterminé;

les faits principaux le sont aussi. Mais les faits sont les accidents de la vie habituelle. Cette vie habituelle, il faut toujours la décrire. Vous devez à vos élèves de leur expliquer comment vivaient et gouvernaient les premiers Capétiens. Puis, dans l'histoire d'une monarchie. c'est chose importante que le caractère du monarque. Il faut donc, toutes les fois que cela est possible, faire connaître ce caractère.

Nous voici au bout de cette théorie d'une leçon sur les premiers Capétiens. La pratique en paraît difficile, presque impossible. Voyons.

D'abord, une leçon n'est jamais isolée. La leçon à faire sur les premiers Capétiens a été précédée de leçons sur la décadence carolingienne et sur la féodalité. Le professeur a tracé à grands traits l'histoire du démembrement de l'Empire carolingien [1]; il a mis d'un côté l'Allemagne et l'Italie, qui sont le domicile propre de l'Empire et de la Papauté : il a parlé de la restauration de l'Empire sous Otton [2], de l'autorité de l'empereur sur la Papauté. Il a mis d'un autre côté la France, telle qu'elle est faite par la paix de Verdun. Il a déterminé la région lotharingienne et bourguignonne, indiqué qu'elle est la zone de la guerre perpétuelle entre la France et l'Allemagne; en un mot, il a tracé les linéaments encore incertains de la France future. D'autre part, en même temps que cette décomposition en régions politiques, première ébauche de notre Europe, il a montré la décomposition de la France naissante en territoires et en groupes de personnes.

Les élèves savent que le territoire était divisé autre-

---

1. Programme : *Louis le Pieux. Traité de Verdun. — Charles le Chauve. Les Normands. — Démembrement de l'Empire en royaumes.*

2. Programme : *L'Empire. Otton le Grand...*

fois en comtés, où chaque comte représentait le roi.
Ils savent que le comte, qui était un grand seigneur
dans le comté, est devenu héréditaire : grand seigneur,
il a des terres à lui, des châteaux à lui, des hommes
d'armes à lui ; il est loin du roi dont les guerres civiles
et les invasions normandes ont ruiné le pouvoir. Maître
chez lui, il a cessé d'être un officier du roi : il n'est
plus qu'un vassal, obéissant quand il lui plaît. Du moins
ce comte qui a cessé d'obéir au roi se fera-t-il obéir dans
le comté ? Non, car si le comte est devenu indépendant,
c'est parce qu'il était un propriétaire ; or il y a dans le
comté d'autres propriétaires, qui veulent devenir indé-
pendants. Les élèves savent déjà l'importance du propriétaire et que dans ce temps où très peu d'hommes
s'enrichissent par le commerce et aucun par l'industrie, celui qui possède la terre peut seul se nourrir,
s'habiller, s'armer, loger, nourrir, habiller, armer
d'autres hommes, qui dépendent de lui. Ils savent que
les grands propriétaires ecclésiastiques ou laïques ont
sur leurs domaines des serfs, des tenanciers, des vassaux armés, et ils comprennent, par là même, que ces
propriétaires, ne soient pas plus disposés à obéir au
comte que le comte au roi. L'ecclésiastique a d'ailleurs
un moyen d'échapper à la tyrannie du comte : il en est
affranchi par l'immunité qu'il tient du roi. Quant au
laïque, il prétendra ne relever que de Dieu ou du roi,
ce qui est une façon de ne relever de personne. Le pire
qui lui puisse arriver, c'est de devenir vassal du comte ;
mais, même vassal, il est à peu près le maître chez
lui. Ainsi, après que l'empire s'est démembré en
royaumes et le royaume en comtés, le comté s'est
divisé en propriétés, et, comme chaque grand propriétaire a des vassaux, la propriété s'est divisée en
fiefs. L'élève sait d'autre part qu'au-dessus de ce mor-

cellement, se sont formés des groupes provinciaux. Il a vu naître dans la décadence carolingienne ces provinces, le comté de Flandre, celui de Champagne, de Toulouse, les duchés de Normandie, d'Aquitaine, de Bourgogne, de France [1]. On a marqué les caractères principaux de ces grands fiefs. On a, par exemple, insisté sur le caractère particulier du comté de Flandre, situé en terre germanique et en terre française; de la Normandie, pays conquis par des étrangers, vraiment organisé et gouverné, ne ressemblant à aucun autre fief. Le professeur a longuement parlé de ce duché, d'où partiront les conquérants de l'Angleterre et des deux Siciles, dont les chefs jouent un grand rôle sous les premiers Capétiens, dont l'annexion au temps de Philippe-Auguste mettra le roi de France hors de pair, dont la perte enfin exposera aux plus grands périls l'existence de la monarchie capétienne.

Tout cela a donc été expliqué à l'avance. Pour rendre l'explication plus intelligible, on a eu recours au seul moyen qui soit, en des cas pareils, à la disposition du professeur : celui-ci a pris dans le temps présent les faits sociaux et politiques les plus simples et les plus propres à être employés pour expliquer à l'enfant les faits sociaux et politiques du passé. Pas d'enfant qui ne sache que la richesse est une source de puissance, qu'elle donne de belles maisons, des domestiques, des voitures, des chevaux. Pas d'enfant qui ne sache ce qu'est un grand propriétaire dans son domaine rural et que ses fermiers dépendent de lui. Un enfant sait aussi que tous les Français aujourd'hui obéissent à la même loi, appliquée par un gouvernement que repré-

1. Programme : au chapitre de Charles le Chauve, et au chapitre, le *Régime féodal*.

sentent préfets, sous-préfets, maires; qu'il y a une force
pour faire exécuter la loi, une armée, des gendarmes;
que tout cela communique aisément, qu'il y a des routes,
des chemins de fer, la poste, le télégraphe. L'enfant
connaît ces choses, il est vrai, sans y avoir réfléchi,
car nous ne réfléchissons pas sur les choses que nous
voyons tous les jours. Le professeur le fera réfléchir;
puis, pour aller du présent au passé, il supprimera ce
qui n'existait pas jadis : il montrera notre pays presque
sans routes, et où les chemins étaient partout inter-
ceptés par des frontières; il ira du propriétaire au
baron féodal, du préfet au comte, et vous voyez bien,
sans que j'y insiste davantage, quelles sortes de comparaisons peuvent être faites, et comment il faudra montrer les contrastes du passé et du présent.

Ne négligez jamais, Messieurs, quand vous parlerez
devant des enfants, ces procédés élémentaires, si naïfs
qu'ils vous paraissent. Ce n'est pas une naïveté que de
dire à de jeunes élèves que le télégraphe, le chemin
de fer, les préfets et les gendarmes n'ont pas toujours
existé.

Enfin, — pour terminer cette revision de ce que
savent déjà vos élèves, au moment où vous allez leur
parler des premiers Capétiens, — ils savent l'histoire
des derniers Carolingiens, comment ils ont été dépouillés
de l'autorité publique, passée à leurs délégués; comment ils se sont dépouillés de tous leurs domaines et
sont devenus ainsi, au milieu de la France féodale, une
sorte de corps étranger qui devait être expulsé et qui
l'a été. Le professeur leur a raconté très simplement la
lutte des ancêtres des Capétiens contre les derniers descendants de Charlemagne. Il les a avertis qu'ils trouveront peut-être dans les livres des phrases comme
celle-ci : l'avénement de la dynastie capétienne, c'est

la féodalité se couronnant elle-même, ou bien encore, le triomphe d'une dynastie nationale contre la dynastie germanique des Carolingiens. Il leur a conseillé de ne pas chercher à comprendre ces phrases, qui ne disent rien de vrai.

Mais si l'élève a entendu toutes ces choses, les a-t-il bien comprises? les a-t-il bien retenues? C'est à vous de vous en assurer, au début de la classe où vous devez parler des Capétiens, et vous avez un moyen très simple, l'interrogation. L'interrogation a, dans une classe d'histoire, un rôle très important. Elle corrige les graves inconvénients que présente un cours fait à des enfants. Sans doute, il est difficile de concevoir un enseignement de l'histoire sous une autre forme que celle du cours; mais l'élève qui écoute un cours est souvent incapable de suivre un long exposé, en tout cas il demeure passif; le professeur de son côté risque de se trop plaire au bruit de sa parole, et il ne parle pas pour toute une classe comme il ferait pour un seul élève, s'arrêtant pour interpeller, pour se reprendre au besoin, pour préciser, insister. L'interrogation remédie au défaut du cours; mais il faut bien savoir la faire : elle doit être à la fois générale, c'est-à-dire être calculée pour résumer, devant les élèves, les notions acquises dans des leçons précédentes, et personnelle, en ce sens qu'elle a pour objet de regarder dans l'esprit de l'élève, pour s'assurer qu'il a bien compris.

Précisons par un exemple. Une leçon sur les premiers Capétiens doit être précédée d'une interrogation comme celle-ci : Qu'étaient la France et l'Allemagne au temps de Charlemagne? Pour obtenir cette réponse qu'elles faisaient partie du même empire. — Quand ont-elles été séparées? Pour obtenir cette réponse qu'elles ont été séparées au traité de Verdun, et quelques considérations sur ce traité. — L'empire a-t-il cessé d'être après le traité de Verdun? Pour obtenir cette réponse qu'il a duré obscurément, disputé par des princes sans force, jusqu'au jour où Otton a été consacré empereur. — Comparez la puissance d'Otton et celle du roi de France? Pour obtenir cette réponse que le roi de France était un tout petit prince, en comparaison des puissants empereurs de Germanie. — Voilà un premier ordre de questions. En voici un second : Comment le royaume des Francs était-il divisé et administré au temps de Charlemagne? Pour faire parler l'élève du comte et du comté. — Le comte était-il fonctionnaire comme le préfet d'aujourd'hui, envoyé de Paris, révocable, inconnu dans le pays et sans attache? Pour obtenir cette réponse que le comte était un grand seigneur ayant terres, châteaux, serfs, vassaux. — Pourquoi les rois choisissaient-ils ainsi les comtes? Pour obtenir cette réponse que des comtes qui n'auraient pas été des personnages puissants dans le pays n'auraient jamais été obéis. — Comparer le comte avec le préfet d'aujourd'hui? Pour que l'élève reproduise tous les traits du contraste que le maître a marqué entre ces deux personnages. — Le comte est-il seul propriétaire dans le comté? L'élève répétera ce qui lui a été dit sur les diverses sortes de propriétaires. Il montrera ce qu'est une propriété ecclésiastique, formée autour d'une abbaye, d'une église épiscopale, d'un chapitre; une propriété laïque, le château, les serfs, etc. — Si les propriétaires désobéissaient au comte, et le comte au roi, que restait-il au roi? Pour obtenir cette réponse qu'il lui restait sa puissance sur ses propriétés, puis son titre et ses prétentions. — Quel était ce titre et quelles étaient ces prétentions? Réponse : Il était roi, c'est-à-dire chef du peuple, justicier souverain, chef

militaire, législateur, protecteur de l'Église, etc. —
Avait-il renoncé à ses droits? Non. — Pouvait-il les
faire valoir? Non. — Pourquoi? Faire redire ici à
l'élève qu'il n'y a dans ce temps ni armée, ni finances
comme aujourd'hui et que le roi n'avait d'autres revenus réguliers que ceux de ses domaines. — Les derniers Carolingiens avaient-ils des domaines? — Réponse : Tableau de la misère des derniers Carolingiens.
— Quels étaient les grands seigneurs du royaume au
temps des derniers Carolingiens? Réponse : Énumération des grands vassaux. — Après cela, pour finir,
quelques questions sur la lutte des derniers Carolingiens et des ancêtres des Capétiens.

Cette interrogation est dirigée de façon à représenter
à l'esprit des élèves toutes les notions dont ils ont besoin pour comprendre l'histoire des premiers Capétiens.
Une interrogation de cette sorte ne s'improvise pas.
D'ailleurs, un bon professeur n'improvise jamais rien.
L'interrogation doit être soigneusement préparée. Elle
doit être vivement menée, tomber sur tous les bancs
de la classe, réveiller les assoupis, provoquer l'émula-
tion des bonnes réponses, durer au moins une demi-
heure.

Nous voilà arrivés enfin, Messieurs, après tous ces
préambules, à nos premiers Capétiens. La leçon qu'il
leur faut consacrer doit être, comme toute leçon adressée à des élèves si jeunes, une narration discrètement
mêlée de quelques réflexions et de quelques jugements.

Le professeur reprend le récit au point où il l'a laissé,
c'est-à-dire après l'élection de Hugues Capet. Hugues
Capet commande directement dans son domaine où il
a des serfs, des tenanciers et des vassaux; mais, de
plus, il est roi, c'est-à-dire qu'il porte un titre à lui
seul appartenant dans les pays à l'ouest de la Meuse et

du Rhône. Ce territoire est d'ailleurs partagé entre
de grands vassaux, dont chacun a son domaine, ses
serfs, ses tenanciers et ses vassaux, et peut fort bien
vivre sans se soucier du roi. La royauté a subsisté
uniquement parce qu'on était habitué à son existence,
qu'elle ne gênait d'ailleurs personne et qu'on était organisé pour se passer d'elle. Mais elle a gardé la tradition d'un grand pouvoir général, et l'Église, répandue
dans tout le royaume, a le respect de ce pouvoir qu'elle
croyait venir de Dieu, et où elle cherchait un appui
contre les violences des grands seigneurs laïques, toujours prompts à entreprendre sur les biens d'Église. —
Après ce préambule, le professeur raconte comment et
pourquoi Hugues associa son fils Robert à la royauté,
puis le grand danger que fit courir à Hugues l'élection
d'un ennemi au siège de Reims. Cet épisode peut servir
à montrer l'impuissance de l'ancienne dynastie, mais
aussi la fragilité de la nouvelle, et il y a lieu de faire
réfléchir les enfants sans enfler la voix sur la misère de
cette dynastie qui finit, après avoir donné au monde
Charlemagne, sur la misère de cette dynastie qui commence et qui donnera plus tard à la France Louis IX,
François Ier, Henri IV, Louis XIV. Vous savez aussi
que certaines anecdotes, racontées par Richer, et où se
voit toute l'astuce du premier roi capétien, sont fort
propres à édifier les enfants sur les origines de ce qu'on
nomme une dynastie légitime.

Une fois vainqueur de l'archevêque de Reims, Hugues
est établi. Le professeur raconte alors brièvement les
relations du roi avec les grands vassaux, son alliance
avec Normandie et Anjou contre Blois, ses rapports
avec le duc d'Aquitaine et le dialogue légendaire avec
Adalbert de Périgord. Cela lui sert à montrer combien
l'action du roi est misérable hors du domaine; mais

pourtant Hugues fut reconnu roi sur des points éloignés de la Gaule et jusque dans l'extrême midi; évêques et abbés de presque tout le royaume s'adressaient à lui, en maintes occasions. Borel, le marquis de la lointaine Septimanie, s'est adressé à Hugues pour lui demander du secours contre les infidèles d'Espagne, ce qui prouve qu'aux bords de la Méditerranée on savait que le roi de France existait, et qu'on avait l'opinion qu'il était un grand prince. En quelques circonstances, Hugues a vraiment agi comme un grand prince: par exemple, après avoir fait déposer l'archevêque de Reims, il a tenu tête au pape, qui ne voulait pas reconnaître cette déposition ; ce faisant, il défendait les droits de l'Église de France contre le pape, mais aussi contre l'empereur qui tenait alors le pape sous sa puissance. Le professeur peut citer aussi cette lettre pleine d'un haut sentiment de sa dignité royale, que Hugues écrivit à Basile, empereur de Constantinople, afin de lui demander une princesse pour son fils.

En somme, pour Hugues Capet, laisser cette impression que le premier roi de la dynastie nouvelle a une puissance modeste et un grand orgueil. C'est beaucoup que de laisser une impression juste à des enfants de qui l'on ne peut exiger une connaissance raisonnée de l'histoire.

Pour Robert, comme il est une physionomie caractéristique du temps, donner le classique portrait du personnage; faire la part de l'exagération d'Helgaud, mais montrer dans le roi le moine, l'homme d'église, chantre, théologien, auteur de la première persécution d'hérétiques. Conter ses mariages, les malheurs qui s'en suivirent, l'excommunication : ce sont des faits d'histoire générale, où l'on voit la police des rois faite par la Papauté. Insister sur la faiblesse de Robert dans le royaume : il ne peut venir à bout du comte de Blois. Guillaume d'Aquitaine l'insulte dans une lettre où Robert, à qui elle est communiquée, est grandement affligé d'être si vilainement traité. Hugues du Mans écrit dans une charte : *Regnante Roberto, humili rege.* — Ces petites anecdotes sont bonnes à raconter, et quelques citations de cette sorte seront fort utiles. Sans doute, il n'en faut pas abuser; mais quelques mots de latin, que l'on fait traduire tout de suite, restent dans la mémoire de l'élève. — Ce pauvre roi Robert eut pourtant un grand succès : avec l'aide des Normands, il conquit la Bourgogne, après dix ans d'efforts, et la donna à son second fils. Lui aussi, comme Hugues, il joue le personnage d'un grand roi. Lorsqu'il se rencontra à Ivois avec le puissant empereur Henri II, pour s'entretenir avec lui des affaires de l'Église, il agit comme l'égal d'Henri. Du reste, il se considère comme le successeur de Charlemagne; il n'accepte pas le traité de Verdun, qui a mis la Lorraine hors de la France. A la mort d'Henri II, il veut, sans réussir, s'emparer du pays. Ce succès en Bourgogne, cette tentative sur la Lorraine doivent être notés : l'Allemagne cherchait à étendre son influence sur la Bourgogne, même sur l'archevêché de Reims, et elle prétendait garder la Lorraine. Ces prétentions de nos premiers rois sur la Lorraine appartiennent à l'histoire, qu'il faut suivre avec soin, de la formation de notre territoire national.

Laisser, pour Robert, l'impression d'un personnage assez bizarre, qui a des mésaventures, faible avec un sentiment de la grandeur royale. Bien entendu, le professeur a signalé l'association d'Henri Ier à la couronne, du vivant de son père. A l'avénement d'Henri, il constate que la dynastie dure : il n'y a plus de Carolingiens; aucun concurrent ne s'annonce; pas un des ducs ou comtes de la région française ne prend dans sa province le titre de roi. On a donc le sentiment qu'il existe un royaume de France, c'est-à-dire un territoire où une seule personne a qualité pour prendre le titre de roi.

Henri Ier est un soldat, comme Robert un moine et Hugues un politique. Le professeur, après quelques mots sur le singulier mariage de ce prince, sur la crise de famille qui ouvrit le règne et faillit mal finir, parle un peu plus longuement de la lutte d'Henri contre le duc de Normandie, parce qu'elle ouvre un chapitre important de l'histoire de la royauté capétienne. Il fait comprendre combien les guerres de ce temps étaient petites en comparaison des guerres modernes : tout l'effort des deux adversaires se porte sur la petite ville de Tillières. Henri est vaincu par le duc de Normandie. Faible comme ses prédécesseurs, il a les mêmes prétentions. Lui aussi, il revendique la Lorraine, comme lui venant de ses ancêtres, *ab antecessoribus jure hereditario*. Du reste, il y a, pour le règne d'Henri, une preuve à donner de la haute dignité de cette royauté si pauvre : c'est le couronnement de Philippe, associé par son père à la couronne. Il est utile de raconter cette cérémonie à laquelle assistèrent tant de grands personnages.

Philippe Ier est un maudit de l'Église, un réprouvé. Conter l'histoire de ses mariages, de l'excommunication, de la façon dont il s'en moqua. Dire comment le pape le traitait dans ses lettres. Expliquer pourquoi il a pu déplaire au pape en s'opposant, dans l'intérêt du pouvoir royal, à la réforme de l'Église : les élèves connaissent la question, puisqu'ils ont étudié la querelle des investitures; mais Philippe méritait du reste l'anathème : il était bien un brigand, à la façon de maint baron féodal. Deux faits de son règne doivent être mis en lumière : sa lutte contre le duc de Normandie, devenu roi d'Angleterre, et ses combats contre les vassaux du domaine. Les combats autour du Puiset doivent être brièvement racontés : ils sont parmi les faits les plus caractéristiques de la période. Philippe Ier a été un jour complètement défait par les troupes du sire du Puiset.

Après avoir donné ainsi une impression sur chacun des quatre premiers Capétiens, résumer, en montrant que chez tous se rencontre ce grand contraste entre leurs prétentions et la réalité, et, pour faire comprendre quelle petite place ils tenaient dans la chrétienté, rappeler leurs vains efforts contre de petites forteresses comme Tillières et le Puiset, et mettre en opposition avec ces mesquines actions des rois de France les grands faits accomplis pendant cette période par des hommes du pays de France, la conquête d'Angleterre et la Croisade. Ces grands faits ont été exposés dans une des leçons précédentes : ce serait une bien grave faute de méthode que de les raconter, comme des épisodes, après les règnes des premiers Capétiens.

J'estime, Messieurs, que cette première partie de la leçon peut occuper une vingtaine de minutes. Il y a tout profit à s'arrêter un moment pour faire quelques questions sur ce qui vient d'être dit. Les élèves, s'ils sont habitués à ces interrogations, sont plus attentifs; puis, ils y trouvent quelque mouvement, et, pour des enfants, le mouvement est un repos.

Il s'agit maintenant de parler du gouvernement. L'élève est déjà préparé par les leçons précédentes à comprendre qu'il ne peut s'agir d'un gouvernement moderne; mais il y faut insister et surtout ne pas craindre de se répéter. Encore une fois, aller du présent au passé : montrer le gouvernement ayant des agents partout, chacun avec sa besogne, percepteur, receveur.

juge de paix, maire; faisant rendre la justice, percevant l'impôt, enrôlant tous les Français sous les drapeaux. Puis, supprimer tout cela, et mettre à la place le gouvernement seigneurial, s'exerçant sur un domaine : le domaine se compose de villages habités par des serfs, taillables et corvéables à merci, et par des tenanciers, sorte de fermiers, mais attachés à la terre héréditairement et dépourvus de la protection que la loi accorde aujourd'hui au fermier qui a librement signé un contrat avec le propriétaire. Dans le village, le maire est un agent du seigneur. Énumérer les droits perçus par les agents du seigneur sur ces hommes, droits domaniaux qu'on appelle à tort féodaux. Classer à part, à côté de ces fermiers, les vassaux, dont chacun relève du seigneur par un contract particulier, qui ont envers lui de certaines obligations, lui doivent l'aide en certains cas, puis le service militaire. Expliquer que la justice est rendue entre les tenanciers par les agents du seigneur, entre les vassaux par le seigneur suzerain assisté de ses autres vassaux, mais qu'un vassal est toujours difficile à juger. Montrer enfin le seigneur dans son château, entouré de ses grands officiers, donner l'idée d'une cour seigneuriale.

Ce qu'est le grand seigneur dans son fief, le roi l'est dans son domaine. Il est important de dire comment il vivait de ses terres, nourrissait ses chevaux avec son foin et son avoine, lui et les siens avec son blé, ses moutons, ses volailles, ses poissons, ses bœufs : il buvait le vin de ses vignes et en faisait grand cas. Le roi Henri aimait tant son vin de Rebrechien, près d'Orléans, qu'il en faisait toujours porter avec lui, quand il allait en guerre, afin de se donner du cœur au ventre :

Que rex Henricus semper sibi vina ferebat,
Semper ut in bellis animosior iret et esset.

Cette vie des premiers rois était très simple. De temps à autre il se donne à leur cour quelque grande fête, par exemple, au temps de Louis VI (il n'y a pas d'inconvénient à anticiper un peu), pour les noces de Louis, son fils, avec Éléonore. Un chroniqueur dit qu'on y a fait les choses sans mesure, comme pour vider la bourse royale, *sine mensura quasi in regalium loculorum vacuationem.* Il ajoute qu'il faudrait, pour décrire ces splendeurs, l'éloquence de Cicéron, et pour énumérer la variété des plats et des délices, *la mémorable mémoire, memorabilis memoria,* de Sénèque. Mais ces fêtes étaient rares, et l'on vivait simplement dans les maisons royales. Écarter de l'esprit des enfants toute idée de capitale, de palais somptueux. Promener le roi de maison en maison, percevant son droit de gîte, au risque de s'attirer quelque mauvaise affaire, lorsqu'il s'adresse à une maison exempte : témoin Louis VII, qui, surpris à Créteil par la nuit, s'est arrêté dans une des maisons du Chapitre de Paris : il y a logé, il y a couché. Vite, on a porté la nouvelle au Chapitre, à Paris, et le Chapitre, dont les maisons sont exemptes du droit de gîte, est entré en grande colère. Le lendemain, quand le roi, arrivant à Paris, se rend tout d'abord, suivant son habitude, à l'église cathédrale, il trouve la porte close. Il frappe. On lui dit : « C'est vous qui avez soupé, non pas à vos frais, mais aux frais de cette église. » Et les chanoines déclarent qu'ils mourront plutôt que de laisser violer leurs privilèges. Le roi s'excuse, supplie; à la fin, l'évêque fait ouvrir la porte, mais le roi doit renouveler solennellement sa renonciation au droit de gîte dans les maisons et sur les terres *majoris ecclesiæ in cujus claustro, quasi in gremio maternali, incipientis vitæ exegimus tempora.*

Ces anecdotes sont pour montrer la simplicité de

cette vie primitive, et que le roi, entouré de ses grands officiers, ressemble à un grand seigneur quelconque. Pourtant, le roi est quelque chose de plus. Il apparait comme roi lorsqu'il convoque auprès de lui, en des circonstances solennelles, les grands seigneurs, ecclésiastiques et laïques, pour y traiter, comme dit Hugues Capet dans une lettre à l'archevêque de Sens, *omnia negocia reipublicæ:* à côté d'officiers de sa maison, de vassaux de son domaine, on trouve les grands vassaux, ducs de Bourgogne, Normandie, Aquitaine, etc. Sans doute, le roi ne tire point d'argent de ces grands fiefs et les grands vassaux ne lui donnent qu'un service militaire; encore arrive-t-il qu'ils le lui refusent, et même qu'ils combattent contre lui : le roi n'en est pas moins supérieur à ces orgueilleux personnages. Par lui, ils font souvent confirmer leurs actes, afin d'en accroître l'autorité ; ils ne se dispensent pas de lui faire l'hommage, et il y a d'intéressants exemples à tirer de l'histoire des ducs de Normandie : l'un après l'autre, ils ont fait l'hommage, si puissants qu'ils fussent, si faible que fût le roi.

Et la conclusion de toute cette leçon, conclusion qui préparera les leçons suivantes, sera qu'il existe un territoire français, une dynastie française, un royaume de France. Le royaume est divisé en grands fiefs, mais, sur tout le royaume, le roi a certains droits, qui ne sont qu'à lui. Chacun des plus grands seigneurs a, au-dessus de lui, le roi ; au-dessus du roi, il n'y a personne. Ceci est la base même de l'histoire de France, ou, si vous voulez, le point de départ de toute l'histoire de la formation de la France, qui se fera autour du roi, lorsque celui-ci aura acquis la force nécessaire pour faire valoir les droits de son pouvoir royal.

Messieurs, je n'ai fait aujourd'hui que vous exposer

une façon de traiter cette question des quatre premiers
Capétiens. Il y en a d'autres assurément, et, sans doute,
de meilleures. C'est à vous de les chercher et de les
trouver. Souvenez-vous seulement que chaque professeur doit tenir en lui-même sur chacune de ses leçons
cette sorte de délibération préparatoire que je vous ai
montrée tout à l'heure. J'aurais mauvaise opinion d'un
professeur qui ferait ses leçons sur des notes accumu-
lées, avec un vieux sommaire retrouvé dans les cahiers
d'autrefois, et qui se contenterait d'imiter le professeur
qu'il a entendu jadis. Un véritable professeur, sans
négliger le secours qui lui vient et des notes accumu-
lées et de l'enseignement qu'il a reçu, se détermine par
la réflexion personnelle, fait sienne chaque question
qui se présente, et son enseignement vit, parce qu'il y
met quelque chose de son esprit.

L'ENSEIGNEMENT DE L'HISTOIRE

A L'ÉCOLE PRIMAIRE [1]

La loi qui retient les enfants à l'école jusqu'à la quatorzième année, permet d'enseigner l'histoire selon une méthode qui tienne compte de l'âge des élèves et suive le progrès de leur force intellectuelle.

Pour classer les conseils qui vont suivre, on supposera qu'il y a trois degrés de l'enseignement historique, le premier pour les enfants de sept à neuf ans, le second pour les enfants de neuf à onze ans, le troisième pour les enfants de onze à treize ans.

Le premier degré. — La première difficulté de l'enseignement historique est de faire entendre aux élèves que le monde n'a pas toujours été comme ils le voient. Naturellement, ils n'ont aucune idée de l'âge ni des transformations de l'humanité. Si l'on n'y prend garde, ils mettront tous les faits au même plan : il faut donc étendre sous leurs yeux la perspective historique jusqu'au point éloigné où on va les transporter tout à coup.

Dès qu'ils ont appris que leur pays s'appelait, il y a deux mille ans, la Gaule, il convient d'ajouter immédiatement que cette Gaule n'était point pareille à notre France, et de leur montrer par des exemples à leur portée qu'un pays, en un temps bien moins long, peut changer du tout au tout. Ils savent ce qu'est un chemin

---

1. Extrait du *Dictionnaire de pédagogie*, mais accru et remanié.

de fer : dites-leur qu'il n'y avait pas de chemin de fer, il y a cent ans; que la plupart de ces routes qui, par milliers, courent aujourd'hui à la surface de notre sol et font communiquer entre eux les plus petits villages, n'existaient pas, et que nos grands-pères, lorsqu'ils allaient, à une lieue de la maison, faire visite à quelque parent ou à quelque ami, s'embourbaient dans les sentiers jusqu'au genou. Ils savent que la terre vaut gros aujourd'hui : dites-leur qu'il y a cent ans une partie du sol était en friche ou en marécages. Ils ont vu des machines à vapeur et des usines où les ouvriers travaillent par centaines : dites-leur qu'il n'y avait pas de machines à vapeur ni d'usines. Ajoutez, comme conséquence de tout cela, que l'on travaillait moins qu'aujourd'hui, que l'on était moins bien vêtu, moins bien logé, que le plus grand nombre de nos paysans mangeaient du pain noir en buvant de l'eau. Après avoir montré que ces changements se sont opérés en un siècle, dites qu'en deux mille ans il y a vingt siècles : voilà l'enfant bien averti qu'il va être transporté dans un autre monde. Certes, il y aurait bien d'autres choses à mettre dans ce parallèle entre le passé et le présent; mais il faut se garder de l'envie de tout dire, de tout dire en une fois surtout. Ces quelques traits suffisent pour produire l'effet cherché : donner à l'enfant une première notion des transformations successives.

Comment le diriger dans ce monde inconnu qu'on vient de lui faire entrevoir? On croit trop facilement qu'il ne sert à rien de mettre de la suite dans les choses pour parler à des enfants de sept ans, et qu'il suffit de leur raconter quelques faits et des biographies. Sans doute, on ne prétendra pas faire comprendre à de si jeunes esprit l'enchaînement des faits ; mais pourquoi ne pas leur laisser voir cette suite des choses? ne pas découper l'histoire en périodes? ne pas mesurer la longueur des étapes successives? C'est autant de gagné pour l'avenir. Il serait déplorable que l'on vînt à dédaigner la mémoire, qui reçoit et classe les matériaux sur lesquels opérera la raison à son éveil, comme fait la terre au printemps sur les semences qu'elle a détenues presque inertes pendant le sommeil de l'hiver. Montrez donc, même aux plus petits enfants, par des faits et par des dates, la succession des temps. Ne procédez pas par le pêle-mêle. Tissez fermement la trame sur laquelle vous dessinerez les grands faits et les grandes figures de l'histoire.

Cette trame, c'est la chronologie de l'histoire de France, et la seconde leçon (la première étant la comparaison entre autrefois et aujourd'hui) doit être un sommaire de quelques lignes, où l'histoire de France sera découpée en grandes périodes marquées par leurs dates extrêmes : l'enfant retiendra cela aussi bien qu'une série de définitions de grammaire et d'arithmétique. Chacune des phrases de ce sommaire servira ensuite de texte au maître pour ses leçons.

Au lieu de construire dès à présent une théorie de cet enseignement si élémentaire, nous voudrions indiquer la méthode par des exemples pris à des moments différents de l'histoire : d'abord, tout au début.

Le sommaire général aura dit : « La France, notre pays, s'appelait la Gaule, il y a deux mille ans. Cinquante ans avant la naissance de Jésus-Christ, elle fut conquise par les Romains, qui l'ont possédée jusqu'en 476 après Jésus-Christ. C'est pendant ce temps-là que les Gaulois, qui étaient païens, se convertirent au christianisme. »

Pour développer ce sommaire, il faut tout d'abord

décrire les Gaulois. Les enfants ont appris par la première conversation sur l'histoire, que ces hommes qui vivaient, il y a tant et tant d'années, ne ressemblaient pas à ceux qu'ils connaissent. Donnez quelques détails sur la vie des Gaulois, toute voisine encore de la barbarie. Décrivez les huttes sans fenêtres et sans cheminées, la façon gloutonne de manger avec les mains, le vêtement sous lequel il n'y a pas de chemise. Dès que l'enfant saura que les vitres, les fourchettes et les chemises n'étaient pas inventées, il sentira qu'il entre dans un autre monde. Ajoutez l'oisiveté de la vie barbare, l'inhabileté au travail agricole et à l'industrie, l'humeur belliqueuse et les expéditions de guerre. Les enfants comprennent tout ce qui est bataille : si on les laissait faire, ils passeraient leur vie à se prendre aux cheveux et à se jeter des pierres. Cet instinct naturel du recours à la force les fait contemporains des temps où l'homme, voisin de l'état de nature, n'avait d'autre loi que celle du plus fort. Décrivez-leur donc les armes et la façon de combattre des Gaulois. Campez devant eux un de leurs ancêtres, jetant vêtements et bouclier pour combattre nu, provoquant l'ennemi par ses cris, s'enivrant de son courage, mourant plutôt que de reculer d'un pas, et, s'il n'est que blessé, montrant avec orgueil le sang qui décore sa poitrine. Dites pourtant que ce vaillant n'était pas toujours un bon soldat, qu'il avait de l'ardeur, mais point le calme qu'il faut dans les batailles, et que, si l'ennemi lui résistait longtemps, le Gaulois se lassait et lâchait prise. Voilà des traits de mœurs qui peindront les ancêtres. Les expéditions des Gaulois seront une matière à récits : on choisira de préférence le récit de l'expédition du Capitole, parce que l'enfant y rencontrera les Romains, qu'il ne s'étonnera pas de revoir bientôt, agresseurs cette fois et conquérants. De la guerre des Gaules, on dira quelques mots, en jetant toute la lumière sur le personnage de Vercingétorix, qui sera le sujet d'une biographie : car il est le héros de la résistance à l'ennemi.

La Gaule conquise entre dans la civilisation romaine ; mais dire à un enfant que la Gaule passe de la barbarie à la civilisation, c'est lui dire des mots. Faites-lui comprendre la chose par des signes extérieurs. Rappelez votre description de la Gaule primitive, et dites ce qu'était une ville romaine, ou seulement qu'il y avait des villes et de grandes villes ; dessinez ou montrez quelques-uns de ces grands monuments qui subsistent après dix-huit cents ans sur notre sol ; parlez des routes indestructibles bâties par ces Romains ; opposez tout cela aux villages, aux huttes, aux sentiers des Gaulois. Au temps des Gaulois, il n'y avait pas d'écoles ; on n'écrivait pas, on ne lisait pas ; au temps des Romains, il y a partout des écoles en Gaule. L'enfant comprendra la différence. Mais il est à craindre qu'il ne se croie déjà dans les temps modernes. Dites alors un mot de l'esclave, c'est-à-dire de l'homme traité par l'homme comme une bête de somme. Dans un de ces amphithéâtres splendides que vous aurez décrits, placez un combat d'hommes contre des lions, ou bien un combat de gladiateurs. Montrez, après avoir introduit le christianisme, les chrétiens livrés aux bêtes et terminez par le récit d'un martyre.

Une des périodes les plus difficiles est celle qui sera résumée au sommaire général à peu près ainsi : « De l'avénement de Hugues Capet, en 987, à 1108, date de l'avénement de Louis le Gros, les rois ne sont guère puissants en France. Ils ne commandent que sur une petite partie du pays : le reste appartient à des sei-

gneurs qui se font la guerre entre eux. Louis le Gros
essaye de rétablir la paix dans le royaume et d'y faire
régner la justice. »

Il est indispensable d'expliquer d'abord que, sous les
derniers rois carolingiens, les ducs et les comtes, que
les rois avaient faits gouverneurs des provinces, ces-
sèrent de leur obéir et devinrent ainsi comme des rois :
la France est alors divisée en comtés et duchés, dont
chacun est comme une petite France; dans ces comtés
et duchés, il y a des seigneurs qui n'obéissent guère
aux comtes et aux ducs, si bien que chacun d'eux est
à peu près maître dans sa seigneurie; au-dessus de
tout cela, le roi, sans forces, et, au-dessous, le peuple,
sans protection. Mais est-il possible de faire revivre
devant des enfants cette société si différente de la nôtre ?

J'ai raconté ailleurs [1] comment un maître, voulant
exposer le régime féodal à des enfants de sept ans dans
une école primaire de Paris, s'est bien gardé de parler
de l'hérédité des offices et bénéfices, et de prononcer
un seul de ces termes abstraits qui seraient demeurés
sans signification pour ses auditeurs. Il les a placés en
face d'un château, qu'il a dessiné en conduisant la
main d'un écolier. Il leur a montré les hautes murailles,
dont l'approche est défendue par un fossé profond. Il a
fait comprendre le créneau, le système de défense, le
système d'attaque, et il a décrit les armes. Il a fait connaître en un mot la demeure du seigneur, et par cette
demeure même le seigneur, homme de guerre et puissant personnage. Il n'a eu qu'à dire combien ces châteaux étaient nombreux, pour faire comprendre la
guerre féodale, et les misères qui en étaient la suite, et
les remèdes qu'on a essayé d'y apporter. Il a donné

1. Voir, p. 35.

ensuite une idée sommaire de la hiérarchie féodale et placé tout en haut le roi, puis expliqué sans difficulté son rôle de gendarme et de justicier. Tout cela était entrecoupé de mots gais, de questions plaisantes, d'appels aux souvenirs et aux connaissances des enfants. On aurait dit que le maître et la classe jouaient à la féodalité, et la classe, tout en s'amusant, recevait quelques idées, ou, si l'on veut, quelques impressions justes : ce qui est beaucoup.

Contrairement à un préjugé répandu, il est plus difficile d'enseigner l'histoire moderne que cette vieille histoire du moyen âge : à mesure qu'on descend le cours des âges, le pittoresque s'efface et les vives couleurs pâlissent. Pourtant, la méthode ne doit pas changer.

Prenons pour exemple la période ainsi résumée dans le sommaire général : « Malheureusement les rois sont devenus trop puissants; Louis XIV a commis beaucoup de fautes. Louis XV gouverne très mal. La France cesse d'aimer ses rois, et la Révolution éclate sous Louis XVI, le successeur de Louis XV. »

L'enfant sait déjà par l'histoire des périodes précédentes les progrès de l'autorité royale, et qu'il n'y a plus d'autre loi que la volonté des rois à laquelle tout le monde obéit. On lui dira que le règne de Louis XIV a eu des parties bonnes et glorieuses, et, sans jamais entrer dans le détail des faits militaires, on lui racontera quelque belle victoire de Turenne et de Condé, en dessinant à grands traits le personnage de ces hommes de guerre. On parlera des grands ministres et l'on fera connaître par quelques anecdotes Louvois et Colbert. On ajoutera que le roi avait trop d'orgueil, et l'on citera les preuves connues de cet orgueil; qu'il aimait trop les dépenses, et l'on décrira Versailles, Marly et les fêtes ; qu'il aimait trop la guerre, et l'on terminera par le récit de quelque désastre et le tableau des misères des dernières années.

Mais, de toute l'histoire, la partie la plus difficile à enseigner sera certainement celle qui s'ouvre avec la Révolution. Il est impossible de ne pas toucher un peu à des questions d'ordre social et politique : le tout est de le faire si modestement, si simplement, avec tant de précautions, que l'enfant fasse de la politique, comme le bourgeois gentilhomme faisait de la prose.

Notre sommaire général aura dit que la France, devenue république, change ses anciennes lois pour s'en donner de meilleures ; que l'Europe lui déclare la guerre et qu'elle bat l'Europe. Pour la guerre, rien de mieux, et la seule difficulté sera de faire un choix entre tant d'actions héroïques qui prêteront à des récits, entre tant de grands personnages qui prêteront à des biographies. Mais comment faire comprendre ce changement des lois ? ce progrès vers l'égalité et la liberté ? Il n'y a pas d'autre moyen que de rechercher dans l'esprit de l'enfant, pour les rendre précises, les notions vagues qu'il possède sur la société contemporaine. Il y voit des inégalités : par exemple, des propriétaires et des fermiers, des maîtres et des serviteurs. Apprenez-lui, s'il ne le sait pas encore, que le serviteur n'est lié au maître que par un acte de sa volonté, et qu'il sert parce qu'il a cru avantageux de servir ; qu'on ne devient le fermier de quelqu'un qu'en vertu d'un contrat librement consenti ; au lieu que, dans l'ancienne société, il y avait des hommes qui étaient, par naissance, des serviteurs, et, par nécessité, demeuraient tels pendant toute leur vie. L'enfant voit d'autres inégalités : des hommes qui commandent, comme l'officier à ses soldats : dites-lui que l'officier acquiert ce droit de commander par son mérite, et qu'il le perdrait s'il en usait mal, au lieu que, sous l'ancien régime, le roi et les seigneurs naissaient avec ce droit et le gardaient même quand ils en usaient mal. Ces comparaisons, bien développées, montreront aux écoliers le progrès social. Ils savent d'ailleurs que le maître et le serviteur d'aujourd'hui obéissent aux mêmes lois, sont également punis pour les mêmes fautes et ont les mêmes devoirs envers la patrie. Apprenez-leur que les grands d'autrefois échappaient souvent à la sévérité des lois; que plus on était humble, moins on avait de droits et plus on avait de charges.

Telle est la méthode qu'il faut suivre, au premier degré de l'enseignement de l'histoire : prendre autant que possible son point de départ dans le présent; répéter à tout propos la comparaison entre autrefois et aujourd'hui; peindre par des signes extérieurs, par des récits, par des biographies, le tout mis en son lieu chronologique et bien fondu dans une exposition simple et continue.

Le second degré. — Au second degré, le maître fera revivre les souvenirs des deux premières années d'enseignement, en y ajoutant des notions et des faits nouveaux. Quant à la méthode, elle restera descriptive, mais elle deviendra explicative, c'est-à-dire que, tout en racontant les faits et en décrivant les personnages. le maître donnera de très simples explications des faits et marquera l'enchaînement des choses.

L'enfant se rappelle que les Gaulois ont été vaincus par les Romains; dites-lui maintenant pourquoi. Vous lui avez fait voir les années précédentes, par des signes extérieurs, en quoi la Gaule diffère de la France; marquez maintenant les différences intimes et profondes.

Pour cela, prendre son point de départ dans le présent, comme toujours. L'enfant sait bien qu'il vit dans un grand pays, qui a une grande capitale, appelée Paris; que tous les habitants de ce pays sont unis entre eux par des liens étroits; qu'il y a une armée de la France, où servent tous les Français; que des Français ne doivent pas se battre contre d'autres Français. Il est aisé d'opposer à cette France la Gaule, qui n'a pas de capitale, les Gaulois divisés en petits peuples, sans armée nationale, guerroyant les uns contre les autres, incapables de se réunir à temps contre l'étranger; vaincus à cause de cela, et, après une guerre de huit années, soumis pour quatre siècles aux vainqueurs. Ces vainqueurs romains, que l'on a décrits aussi, au premier degré, par les signes extérieurs, il faut les faire mieux connaître. Pour cela représenter l'Italie, divisée comme était la Gaule, où les Romains vinrent l'attaquer; placer au milieu le petit peuple habitant la cité romaine; dire qu'il se gouvernait bien, faisait lui-même les lois et y obéissait après les avoir faites; qu'il choisissait lui-même ses chefs, les consuls, et, après les avoir choisis, leur obéissait. Donnez les exemples connus de la terrible discipline romaine à laquelle les pères sacrifiaient leurs fils; dites que tous les Romains étaient soldats, bons soldats; qu'ils exécutaient les ordres sans murmures, supportaient les fatigues sans plaintes, que chacun d'eux aimait sa patrie plus que lui-même et qu'un Romain mourait avec joie pour Rome. C'est assez pour faire comprendre que les Romains devinrent un grand peuple et vainquirent tous leurs ennemis. Et le contraste entre Rome et la Gaule expliquera qu'un si grand pays ait été soumis en si peu d'années.

Au premier degré, l'enfant a seulement appris que

la Gaule est restée romaine pendant quatre siècles, et
que les Barbares sont survenus, qui les ont remplacés
en Gaule. Au second degré, vous lui montrerez la Gaule
dans l'empire romain ; vous lui ferez reconnaître les
limites de cet empire sur la carte ; au delà de ces limites,
vous placerez les principaux peuples barbares ; puis
vous direz d'un mot les causes de l'affaiblissement de
l'empire : Rome perdant les vertus par lesquelles elle
a conquis le monde, les citoyens cessant de faire les
lois et de porter les armes, l'armée recrutée de mer-
cenaires et de barbares, et, comme conséquence de
tout cela, la ruine.

Cette explication des faits ne va point sans un commentaire moral. A chaque pas, le maître trouvera des
leçons à donner : il aura plaisir à le faire.

Pour le reste de l'histoire, voici à grands traits le
tableau du cours.

Faire voir, par des faits et par des anecdotes, le despotisme d'un roi mérovingien ; expliquer la décadence
de la royauté par les guerres civiles, comme celles de
Frédégonde et de Brunehaut, et par les dons d'argent,
de terres et de privilèges aux grands du royaume ; ne
pas insister sur les détails de la lutte entre la royauté
et l'aristocratie naissante ; être très sobre de faits et
de noms surtout ; ne donner sous aucun prétexte une
liste de rois fainéants, mais personnifier dans un roi
fainéant quelconque, innommé au besoin, la décadence
de la royauté ; annoncer que d'autres chefs vont venir
et mettre en scène Charles Martel ; expliquer son œuvre,
l'autorité rétablie, le royaume des Francs réuni sous
une main, la chrétienté défendue à Poitiers. Le père
est récompensé dans le fils, et Pépin le Bref devient
roi. Pour lui, quelques mots suffisent : des Carolingiens,
c'est Charlemagne qu'il importe le plus de connaître.

On a décrit à l'écolier, au premier degré, la personne
de Charlemagne, son visage, son vêtement, ses armes,
l'emploi d'une de ses journées, sa vie au palais d'Aix-
la-Chapelle, l'école palatine. On l'a représenté au milieu
des assemblées et à la guerre, chevauchant plusieurs
mois de l'année, sous le soleil d'Espagne et d'Italie,
ou sous le ciel gris de la Saxe. On a raconté la légende
de Roland à Roncevaux. Au second degré, après avoir
réveillé ces souvenirs par des interrogations, expliquer
l'admirable effort qu'a fait pour gouverner cet empereur pensant à tout, s'occupant de toutes choses, comme
un père de famille qui commande pour le bien et qui
a charge d'âmes. Puis, après avoir décrit sommaire-
ment l'état de l'Europe, de la Gaule pacifiée, de l'Espagne où sont encore les Arabes, de l'Italie où le pape
est menacé par les Lombards, de l'Allemagne païenne et
encore barbare, sans villes et couverte de forêts, faire,
sans aucun souci des détails ni de l'ordre chronologique, le tableau des conquêtes, et montrer la conclusion de cette histoire épique : Charlemagne réunissant la Gaule, l'Allemagne, une partie de l'Espagne et
de l'Italie, couronné à Rome, et, après avoir entrepris de faire régner dans le monde l'ordre, la justice
et la paix, allant dormir du sommeil éternel dans le
caveau d'Aix-la-Chapelle, assis sur un trône de marbre,
une croix d'or au cou et l'Évangile ouvert devant lui.

Au premier degré, on a décrit par quelques traits
l'histoire de la décadence carolingienne, raconté les
guerres des fils de Louis le Débonnaire contre leur
père, la mort lamentable de l'empereur, les Normands
qui arrivent, Fontanet et le serment de Strasbourg.
Au second degré, bien expliquer qu'il se fait une séparation de peuples, et qu'en 843 a commencé la vie
distincte de la France, de l'Allemagne et de l'Italie.

Avertir que la date du traité de Verdun est une très grande date.

Désormais, on s'enferme dans l'histoire de la France. Au premier degré, on a montré la féodalité par des signes extérieurs : le château et le guerrier féodal. Ce qu'il faut expliquer ici, c'est que, dans ce désordre général, chacun s'arrange pour vivre du mieux qu'il peut. Les plus forts et les plus puissants, c'est-à-dire le seigneur, l'évêque ou l'abbé, n'a pas de peine à vivre ; les plus faibles et les plus misérables se réfugient sous leur protection, ou la subissent, quand elle leur est imposée. Il se forme ainsi quantité de seigneuries, petites patries dans la grande que personne ne connaît. Partout la vie locale : plus d'armée nationale, plus d'assemblées générales ; plus d'ennemis communs, tels qu'étaient autrefois le Lombard et l'Arabe ; l'ennemi, c'est le voisin. Au-dessus de ce chaos, le roi, dont le pouvoir n'est guère que le souvenir du pouvoir carolingien. Cette explication de la décadence carolingienne est le propre prélude de notre véritable histoire : aussi faut-il avoir soin de la bien donner.

On montrera ensuite l'unification de la France par le progrès continu de l'autorité royale. Voilà des mots abstraits, aussi ne faut-il pas les prononcer ; mais, ici encore, le maître trouvera le moyen de montrer par des faits et par des anecdotes ces progrès de la royauté. L'histoire des premiers Capétiens fournit par dizaines les traits qui permettront de composer la physionomie de ce roi du temps féodal, si riche en droits et si pauvre en moyens de les faire valoir. Il est aisé aussi de faire connaître quelques-uns de ses grands vassaux, aussi ou même plus puissants que lui. Les acquisitions de provinces entières sous Philippe-Auguste, Louis VIII, Louis IX, Philippe le Hardi et Philippe le Bel montre-

ront, pourvu qu'on en fasse voir l'importance sur la carte
même, que le territoire royal s'élargit et se rapproche
des frontières de la France. L'histoire de quelques
communes fera voir comment tout un ordre de la nation, obscur au début et relégué dans le servage,
émerge de la servitude, et forme sur tout le territoire
comme des îlots de liberté, dont les habitants ont les
yeux tournés vers le roi. Plus riche et plus puissant,
mais plus occupé aussi, ayant sur les bras toutes sortes
d'affaires de police, de justice et de guerre, le roi
organise son gouvernement ; il a sa cour de justice et sa
cour de finances ; ses officiers de justice et de finances
pénètrent dans ce qui reste des domaines féodaux ;
ainsi, pendant qu'il annexe une partie du territoire, il
commence à gouverner l'autre. Il a trop de serviteurs
et de soldats pour que personne lui puisse longtemps
résister.

Alors commence à se dégager du chaos féodal l'idée
d'un grand pays qu'on nomme la France. La guerre
de Cent ans qui survient et à laquelle il faut faire une
grande place achève de préciser cette idée. Dans la
lutte contre les Anglais, la France sent en eux l'étranger ; elle finit par haïr en eux l'ennemi. Elle prend
conscience d'elle-même ; elle se reconnaît, elle s'aime,
elle a foi en sa destinée : tous ces sentiments, qui annoncent que la patrie est née, se révèlent avec une tou-
chante et dramatique poésie dans Jeanne d'Arc. L'Anglais chassé, notre France apparaît. Mais, dans cette
France, le principal personnage est celui en qui espérait Jeanne d'Arc, c'est le roi. Par cela même qu'il a fait
l'unité, et qu'il a reconquis son royaume sur l'ennemi,
il concentre pour ainsi dire en lui-même la France entière. Et voici ce qu'il faut que les écoliers sachent
bien : au xv⁰ siècle, quand il n'y a plus de puissants

vassaux, que Louis XI a réuni les dernières grandes provinces indépendantes, que les communes ont été désemparées par les agents du roi et ruinées par la guerre, le roi n'est plus un suzerain et un protecteur, c'est un maître.

Ce nouveau point de départ marqué, il ne reste plus qu'à suivre dans son développement plus simple l'histoire du pouvoir absolu jusqu'à sa ruine.

C'est ainsi qu'avec quelques idées conductrices, éclairées par des faits bien choisis, on pourra faire comprendre aux écoliers l'histoire de l'ancienne France. Bien entendu, le maître ne se donnera pas l'air d'enseigner une philosophie de l'histoire ; il multipliera les récits ; il ne négligera pas les faits de guerre, car la guerre fera connaître à l'enfant le monde extérieur.

L'enseignement de la dernière période de l'histoire offre les plus grandes difficultés. On y rencontre des noms d'hommes qui vivent encore, et des faits qui peuvent avoir été appréciés de façons très différentes par les pères des enfants auxquels on parle. Le maître ne se sent pas libre dans ses jugements ; alors même que sa conscience lui commande de louer tel personnage ou tel acte, il est gêné par la pensée qu'il ne pourrait blâmer le personnage ou l'acte sans passer pour séditieux. Justement parce que le blâme est interdit, l'éloge paraît commandé. C'est l'écueil de l'enseignement de l'histoire contemporaine, mais il est trop clair que cet enseignement est nécessaire : comment le donner ?

Il faut présenter le précis des faits de telle façon que l'écolier sache la succession des divers régimes sous lesquels a vécu notre pays depuis 1789. On ne compliquera point ce précis de détails qui le rendraient inintelligible. Si l'on veut raconter et expliquer, par exemple, les crises ministérielles dans nos différents régimes parlementaires, tout est perdu; mais quelques traits suffiront pour définir chacun des gouvernements. Expliquer et définir, c'est ici la tâche principale. Ne sera-t-il jamais permis de rien juger? Si, car il est d'indiscutables vérités qu'il faut dire et des sentiments sacrés auxquels il faut donner libre cours.

C'est une indiscutable vérité que la Révolution française a fait un effort héroïque pour substituer à la monarchie ancienne le règne de la justice et de la raison.

C'est une indiscutable vérité qu'elle a ouvert dans le monde une ère nouvelle, et que l'Europe presque tout entière a été comme refondue par elle.

Le maître ne peut donc blesser aucune conscience quand il expose les principes de cette Révolution et qu'il montre comment, par la force de nos armes et de nos idées, les gouvernements absolus se sont partout transformés, comment des peuples nouveaux ont acquis, au cours de notre histoire contemporaine, le droit à l'existence.

C'est une indiscutable vérité que ce régime idéal rêvé par la Révolution française est, de tous, le plus difficile à mettre en pratique : les révolutions et les coups d'État, qui se sont succédé, le montrent assez clairement.

C'est une indiscutable vérité que ces révolutions et ces coups d'État affaiblissent la France, et qu'en se renouvelant ils la tueraient.

Le maître ne peut donc blesser aucune conscience quand il enseigne que toute violence contre la loi est un attentat contre le pays, et que la condition du salut pour la France est la stabilité politique.

C'est une indiscutable vérité que notre sort est dans nos propres mains, et que chacun de nous a sa part de responsabilité dans l'œuvre collective. Le maître peut donc enseigner, dans son cours d'histoire contemporaine, les devoirs civiques.

C'est ainsi que certaines maximes et certains conseils nécessaires, donnés avec une grande modération de langage, prendront place dans cet enseignement. Quant aux sentiments sacrés que chaque maître peut exprimer avec effusion, il n'est pas besoin de les dire. Le maître qui aura retracé devant ses écoliers les destinées de la France, de toute la France, l'ancienne comme la nouvelle, saura bien ce qu'il faut penser et dire de la mutilation qu'elle a subie, il y a quinze ans.

Le troisième degré. — Dans les deux dernières années d'enseignement historique, le maître fera revoir une dernière fois l'histoire de la France, en insistant sur la formation de la patrie française et sur la période contemporaine; mais une tâche nouvelle et difficile s'impose à lui : il doit enseigner l'histoire des principaux peuples anciens et modernes.

En entreprenant cette nouvelle tâche, le maître devra se dire que toute tentative d'érudition ou de développement aboutirait au chaos, et il se guidera par certains principes, qui serviront de règle à son enseignement.

Il trouve d'abord une longue période qui débute avec les débuts mêmes de l'histoire et qui se termine à la chute de l'empire romain. Elle comprend l'histoire des vieux peuples orientaux et celle de la Grèce et de Rome. Ce qu'il faut apprendre aux enfants, c'est simplement ce que chacun des grands peuples d'autrefois a fait pour la civilisation générale et transmis à ceux qui sont venus après lui.

Peu importent les noms des Pharaons, leurs guerres et leurs conquêtes; les noms des tribus d'Israël, et le récit de leurs querelles et de leurs humiliations; les

batailles de la guerre du Péloponèse, le détail des victoires des Romains, les noms de leurs généraux et de
leurs empereurs.

Mais voici ce qu'il faut savoir :

Les peuples de l'Orient, les Égyptiens les premiers,
ont appris à vivre en société, à bien cultiver la terre,
à travailler les métaux et à bâtir les édifices. Ils sont
les plus anciens ouvriers, les plus anciens artistes, les
plus anciens commerçants. C'est aux Égyptiens et aux
Phéniciens que nous devons l'écriture.

Les Israélites ont pratiqué le culte du Dieu unique,
et leur pays a été le berceau de la religion chrétienne.

Les Grecs, instruits par les peuples de l'Orient, ont,
les premiers, établi la civilisation en Europe, pour la
répandre par leurs colonies sur toutes les côtes de la
Méditerranée. Disciples de ceux qui sont venus avant
eux, ils les ont dépassés. Ils ont été des artistes incom-
parables dont nous admirons aujourd'hui encore les
monuments, statues, temples, épopées, tragédies,
œuvres de philosophie ou d'histoire.

Les Romains ont été le plus grand peuple adminis-
trateur et guerrier des temps anciens. Instruits par les
Grecs, comme ceux-ci l'avaient été par les Asiatiques,
ils ont porté plus avant la civilisation dans la direction
de l'Occident, et ils ont réuni en un seul empire les peuples habitant les bords de la Méditerranée. Artistes
moins grands que les Grecs, mais grands artistes encore, ils ont laissé des monuments dont plusieurs sont
restés debout. Leur langue a formé la nôtre, enfin ils
ont fait des lois qui sont en grande partie les nôtres.

Voilà ce qu'il faut enseigner. Ce n'est pas qu'on puisse
supprimer faits, noms et dates ; il faut pour chacun
des peuples marquer les dates extrêmes de la période
pendant laquelle il a vécu, citer, avec la date encore,

les plus grands faits de son histoire et en nommer les
plus grands personnages : sans cela, l'enseignement
aurait le caractère, qu'il faut éviter à tout prix, d'une
philosophie de l'histoire. Il va sans dire, que pour la
Grèce, on donnera la description physique de ce petit
pays fait pour la vie, à la fois distincte et commune,
de plusieurs peuples ; on énumérera les principaux
peuples et les grandes villes ; on décrira l'expansion de
la race grecque par les colonies : on fera connaître
Sparte et Lycurgue, Athènes et Solon ; le grand duel
des guerres médiques et la victoire sur l'Orient ; aussitôt après la victoire, la décadence par la corruption
des mœurs et la guerre intestine ; Philippe, Alexandre
et la conquête de l'Orient. Sur la décomposition de
l'empire macédonien on dira seulement ce qui peut faire
comprendre que, divisé, corrompu et comme épuisé
dans chacune de ses parties, il est voué à la ruine. Il
est impossible au reste de ne pas nommer Homère et la
poésie épique ; Eschyle, Sophocle, Euripide et la tra-
gédie ; Aristophane et la comédie ; Démosthène et
l'éloquence ; Socrate, Platon, Aristote et la philosophie ; Phidias, Zeuxis, Apelles et les arts où ils se sont
illustrés.

Une description encore, celle de l'Italie, est le préambule obligé de l'histoire romaine. On ne s'embarrassera
pas dans les difficiles questions d'origine. Il faut arriver, après quelques mots sur les rois, à la République ; décrire la vie dans la famille romaine, sur le
forum et à l'armée ; définir le patricien et le plébéien,
exposer à très grands traits la conquête de l'égalité ;
énumérer rapidement les grandes conquêtes ; puis
expliquer, par la corruption de la constitution primitive et la décadence des mœurs, l'établissement de
l'empire.

Ces quelques leçons sur la période de l'antiquité auront pour effet de donner aux enfants l'idée, qu'il est nécessaire de laisser dans leur esprit, que les peuples nouveaux sont solidaires des anciens, et que chaque peuple laisse à ceux qui viennent après lui les fruits de son travail et de son expérience.

. A la fin du ve siècle de l'ère chrétienne, l'empire romain commence à s'écrouler en Occident, et une nouvelle période s'ouvre, celle du moyen âge, qui dure jusqu'à la fin du xve siècle.

Pendant cette période naissent les nations modernes, péniblement et confusément. Leur véritable histoire n'a pas encore commencé. Or c'est l'histoire des nations modernes qu'il importe de connaître. On n'insistera donc pas trop sur cette période préparatoire. On tracera les grandes lignes de l'histoire générale, et l'on marquera les très grands faits. Voici les grandes lignes de l'histoire : une nation qui avait vécu en dehors du monde ancien civilisé, celle des Germains, apparaît et verse sur l'empire romain des peuples qui s'établissent dans toutes les provinces, Wisigoths en Gaule et en Espagne, Burgondes et Francs en Gaule, Vandales en Afrique, Anglo-Saxons en Grande-Bretagne, Ostrogoths et Lombards en Italie. Ils mettent, à la place de l'ordre et de l'unité, le désordre et la variété. Mais un peuple rétablit l'unité : c'est le peuple des Francs qui a, sous les Mérovingiens, conquis la Gaule et une partie de la Germanie, puis, sous les Carolingiens, l'Italie, la Germanie entière et une partie de l'Espagne. L'empire, qui a été détruit en 476 par un Germain, est rétabli par un autre Germain, Charlemagne, en 800. Voilà l'Occident réorganisé.

Au même temps, l'Orient s'organise : les Arabes, réunis en un seul peuple depuis Mahomet, conquièrent une grande partie de l'Asie, toute l'Afrique du Nord, toute l'Espagne, et ils attaquent la Gaule : les Carolingiens les repoussent et leur prennent une partie de l'Espagne. Mais le grand combat n'est pas près de finir : Arabes et Francs ne se perdent pas de vue; les premiers sont les sectateurs de Mahomet, les seconds sont chrétiens; les premiers sont maîtres de l'Orient, les seconds sont le peuple le plus puissant de l'Occident. Il y a donc guerre entre deux races, deux religions, deux régions du monde. La guerre a duré très longtemps, parce que les deux empires, celui des musulmans et celui des chrétiens, se sont subdivisés et qu'ils ont combattu l'un contre l'autre, non par grandes masses, mais par parties et fragments. Chez les Arabes, démembrement de l'empire en khalifats, des khalifats en principautés : chez les Francs, démembrement de l'empire en royaumes, par le traité de Verdun et les traités qui suivent; puis démembrement des royaumes en seigneuries par l'action de la féodalité. Mais il y a en Occident l'unité faite par l'Église ; si les nations existent à peine, l'Église est dans toute sa force; les rois sont petits, mais le pape est grand; les hommes de tous ces pays sont grossiers et barbares, mais ils ont la foi et le goût des aventures. Les papes commencent donc la guerre contre l'Orient; cette guerre, c'est la croisade, qui dure depuis la fin du XIe siècle et jusqu'à la fin du XIIIe.

Cette unité de l'Occident est bientôt détruite. Les papes, qui en sont les représentants, ont des rivaux redoutables en la personne des rois allemands, qui portent le titre d'empereur et règnent sur l'Italie en même temps que sur l'Allemagne. La lutte des papes et des empereurs, appelée querelle du sacerdoce et de l'empire, commence au temps où s'ouvre la période des croisades, à la fin du xi⁰ siècle, et se poursuit jusqu'au milieu du xiii⁰ . Les empereurs sont vaincus; l'Allemagne et l'Italie qu'ils gouvernaient sont remplies de désordres et morcelées en nombreux États. La papauté, à peine victorieuse au xiii⁰ siècle, est affaiblie au xiv⁰ par le grand schisme, et l'Église perd l'autorité qu'elle avait dans le monde. L'Orient reprend alors l'offensive. Ce ne sont plus les Arabes qui le menacent : ce sont les Turcs. Ils s'emparent de Constantinople en 1453 et commencent la conquête des pays de la Méditerranée.

L'unité occidentale ayant disparu, des nations se forment, distinctes les unes des autres. Si l'Allemagne est divisée en centaines et l'Italie en dizaines d'États, l'Angleterre, conquise par les Normands au x⁰ siècle, la France, gouvernée par les Capétiens depuis 987, sont deux royaumes déjà puissants. Ils se sont fait la guerre presque sans interruption depuis le xi⁰ siècle. Pendant la guerre de Cent ans, qui finit en 1453, le roi d'Angleterre a failli conquérir le royaume de France. Mais Charles VII est demeuré victorieux, et les Anglais sont retournés chez eux. Cependant, en Espagne, les chrétiens ont peu à peu repoussé les Arabes. Ils ont formé plusieurs petits royaumes. Ces royaumes ont été réunis en un seul, à la fin du xv⁰ siècle. L'Espagne est, comme l'Angleterre et la France, un puissant royaume, quand finit le moyen âge.

Ainsi, au début de la période, confusion et désordre amenés par les invasions des Germains; rétablissement de l'unité occidentale par Charlemagne ; invasion d'une partie de l'Europe par les Arabes ; dislocation de l'empire arabe ; dislocation de l'empire des Francs, mais maintien de l'unité par l'Église que le pape gouverne ; lutte deux fois séculaire de l'Occident contre l'Orient; discorde dans la Chrétienté occidentale et lutte du sacerdoce et de l'empire; affaiblissement de l'Église et de l'unité; retour offensif de l'Orient et conquête de Constantinople; formation des nations modernes; puissance de la France, de l'Espagne, de l'Angleterre : voilà les grandes lignes de l'histoire; il suffit de les bien montrer. Invasions des barbares, conquêtes de Charlemagne, croisades, formation des monarchies occidentales; voilà les grands faits : il suffit de les nommer, de les placer à leur date, d'en dire le caractère par quelques mots. Si nous perdons notre temps à donner des noms de rois d'Angleterre ou de France, des noms de papes et d'empereurs, à citer des batailles de la croisade ou des guerres de France et d'Angleterre, à suivre le détail de la formation des royaumes espagnols, nous n'apprendrons rien aux enfants de ce qu'il importe qu'ils sachent, et, sous prétexte de mettre dans leurs mémoires des faits historiques, nous leur cacherons l'histoire.

Il faut nous hâter d'arriver aux temps modernes, que nous ferons commencer en 1453 et finir en 1789.

Toutes sortes de signes annoncent qu'on entre dans des temps nouveaux, et il faut bien faire comprendre ces signes. On fera donc connaître les grandes inventions et les grandes découvertes, en marquant les effets qu'elles ont eus sur la civilisation. On expliquera que l'emploi de la poudre à la guerre et la création de l'artillerie ont accru la puissance des rois en leurs royaumes, et aussi les moyens dont ils disposaient de se combattre les uns les autres. Après l'histoire des découvertes on en dira les résultats généraux : le monde entier révélé aux Européens; le commerce centuplé; les produits de l'Amérique et de l'Asie apportés en Europe; la richesse publique accrue; la bourgeoisie

fortifiée par la richesse, et les résultats particuliers,
c'est-à-dire l'importance des nations qui ont fait les
premières des découvertes et des conquêtes, comme
le Portugal et surtout l'Espagne, qui, ajoutant à ses
États continentaux un empire transatlantique, devient
la puissance la plus redoutable de l'Europe. Il y a aussi
des signes intellectuels qui annoncent les temps nouveaux ; de grands mouvements se produisent dans les
esprits : c'est la Renaissance, c'est-à-dire l'étude et
l'imitation des chefs-d'œuvre de l'antiquité ; c'est la
Réforme, c'est-à-dire une tentative pour ramener
l'Église en l'état où elle se trouvait dans les premiers
siècles du Christianisme, alors que son dogme était
simple et que le clergé ne possédait ni biens ni honneurs. Renaissance et Réforme, aidées par l'imprimerie,
éclairent les esprits, les affranchissent de la domina-
tion de l'Église, et préparent la liberté de conscience,
mais la Réforme achève de diviser l'Europe, où l'on
professait jadis une religion unique, et, dans presque
tous les États, elle allume la guerre civile.

Ces préliminaires bien exposés, retracer à grands
traits l'histoire de la période moderne.

Les grands États, qui sont sortis tout formés de la
période du moyen âge, la France et l'Espagne, cherchent l'un et l'autre à s'agrandir au dehors. C'est
l'Italie, divisée et faible, qui est le théâtre où se rencontrent les armes de Charles VIII, puis de Louis XII,
et de Ferdinand le Catholique. Mais voici que par une
série de mariages se forme cet immense empire de
Charles-Quint, qui embrasse l'Allemagne, les Pays-
Bas, la Franche-Comté, l'Espagne, une partie de l'Italie
et le Nouveau-Monde. Il importe d'insister beaucoup
sur ce fait, dont les conséquences ont pesé sur toute
l'histoire moderne. Contre cet empire, la France

entre en lutte. Aidée par la Réforme, qui divise les forces de Charles-Quint et lui cause de grands embarras en Allemagne, elle tient tête à l'empereur, qui est obligé d'abdiquer en 1558.

La maison d'Autriche est séparée en deux branches : le frère de Charles-Quint et ses successeurs règnent sur l'Allemagne; son fils et ses successeurs sur le reste de l'empire de Charles-Quint. De 1555 à 1618, l'Allemagne vit en paix; mais le fils de Charles-Quint, Philippe II, veut gouverner l'Europe et le monde et se fait le défenseur du catholicisme. Contre lui la France ne peut rien, pendant la période de ses guerres religieuses, qui commence en 1562 pour finir en 1598, à l'édit de Nantes. Tous les États de l'Europe sont troublés par l'ambition de Philippe; mais il ne réussit nulle part, et, quand il meurt, l'Espagne épuisée descend pour toujours du premier rang où elle était montée. Elle est ainsi punie d'avoir abusé de sa puissance.

La France lui succède au premier rang. Henri IV, Louis XIII et Louis XIV, aidés par leurs grands ministres, détruisent la puissance de la maison d'Autriche. A la fin de la guerre de Trente ans, l'empereur d'Allemagne perd toute autorité sur l'Allemagne, divisée en centaines d'États souverains. Quant à l'Espagne, elle perd plusieurs provinces et elle finit, en 1700, par passer sous le sceptre d'un Français, petit-fils de Louis XIV.

Ainsi la France a terminé ce qui a été son œuvre principale pendant les temps modernes : elle a brisé la puissance de la maison d'Autriche; mais elle a bientôt abusé de sa force, et le règne de Louis XIV, qui l'a vue arriver au plus haut point de la grandeur, l'a vue aussi déchoir.

Il faut ici introduire les puissances nouvelles : et d'abord l'Angleterre, dont on rappellera en quelques mots l'histoire antérieure, pour faire comprendre comment, après toutes sortes de luttes et de révolutions, elle est devenue, à la fin du XVIIᵉ siècle, un pays libre et puissant. C'est elle qui tient tête à Louis XIV et réunit toute l'Europe contre lui. Sous Louis XV, pendant que la France commet faute sur faute sur le continent, elle fonde un empire colonial, fait en grande partie des débris du nôtre. Le XVIIIᵉ siècle voit encore se former deux puissances redoutables. C'est la Russie, qui devient un État européen, en démembrant la Suède, qui lui barrait le chemin de la Baltique; la Turquie, qui lui barrait celui de la mer Noire; la Pologne, qui la séparait de l'Europe. C'est la Prusse, qui, ayant formé avec quelques provinces médiocres un État militaire fortement organisé, devient dans l'Allemagne, toujours faible et divisée, le principal adversaise de la maison d'Autriche.

La France essaye un moment, sous le règne de Louis XVI, de réparer les désastres du règne de Louis XV; elle aide les États-Unis à conquérir leur indépendance; mais le monde était attentif aux progrès de l'Angleterre, aux conquêtes de la Russie et aux exploits de la Prusse, quand éclata la Révolution française, qui allait ouvrir une ère nouvelle dans le monde.

Tel est le sommaire d'une histoire moderne, telle qu'elle doit être enseignée à des enfants qui ne doivent apprendre que les grandes lignes de l'histoire des grands peuples, et dont il faut épargner avec le plus grand soin le temps et les forces, pour leur pouvoir expliquer avec quelque détail l'histoire contemporaine.

Si l'on dispose d'une centaine d'heures pour l'enseignement de cette histoire des principaux peuples, il en faut donner au moins cinquante à cette période.

D'ailleurs, le système doit être toujours le même ; il faut dominer le sujet, le diviser en quelques grands chapitres, sacrifier tous les détails.

Le maître commencera par dire quels étaient les principes de la Révolution, et comment ils mirent la France en opposition avec toute l'Europe, où il n'y avait, si l'on excepte l'Angleterre, que des gouvernements absolus. Il racontera les guerres de la République, ses conquêtes, et comment elle fonda autour d'elle, sur les ruines des États vaincus par elle, d'autres républiques. Dans un second chapitre, il exposera les guerres de l'Empire, les grandes victoires, les grandes défaites et l'état où les rois vainqueurs, en 1814, ont mis l'Europe. Dans un troisième chapitre, il retracera toute l'histoire des révolutions et des réformes politiques en Europe depuis 1815 jusqu'à nos jours : la Sainte-Alliance formée pour le maintien de l'œuvre de 1815 ; les grands mouvements dont la France a donné le signal en 1830 et en 1848 ; il montrera le progrès, à peine arrêté pendant quelques années, des institutions libérales dans tous les États, et il fera une place honorable à ces grandes conquêtes de la civilisation : l'affranchissement des serfs en Russie et l'abolition de l'esclavage. Dans le quatrième et le cinquième chapitre, il fera l'histoire des guerres de 1815 à nos jours : d'abord celle des guerres politiques comme les guerres d'Orient, dont le dernier épisode est, à l'heure qu'il est, l'occupation de l'Égypte par les Anglais ; puis celle des guerres nationales, faites par des peuples qui ont voulu conquérir leur indépendance ou faire leur unité : Grèce, Belgique, Italie, Allemagne. Il montrera le rôle héroïque de la France qui a successivement aidé, dans son admirable générosité, Grèce, Belgique et Italie à s'affranchir. Dans ces guerres nationales, il fera une place à part aux deux guerres allemandes de 1866 et 1870, pour montrer que la Prusse, en faisant l'unité de l'Allemagne, s'est servie d'un sentiment patriotique depuis longtemps répandu dans ce grand pays, mais s'en est servie au profit de son ambition; qu'elle a annexé des provinces allemandes, où l'on ne voulait pas devenir Prussien; qu'après sa victoire de 1870, elle a annexé à l'empire allemand l'Alsace et la Lorraine, où l'on ne voulait pas devenir Allemand; qu'elle a ainsi violé des droits proclamés par la France en 1789, et fait une œuvre d'injustice et de violence. Dans un sixième chapitre, le maître représentera l'état présent de l'Europe; il insistera particulièrement sur les dangers que court la paix du monde, et qui viennent, soit des compétitions de puissances acharnées à se disputer les débris de la Turquie, soit des aspirations à l'indépendance des peuples slaves, non encore affranchis, soit des protestations que les opprimés élèvent contre leurs oppresseurs : Irlandais contre Anglais; Danois du Schleswig contre les Prussiens; Alsaciens et Lorrains contre les Prussiens et les Allemands; Polonais contre les Prussiens, les Russes et les Autrichiens. Il décrira cet état, dit de la paix armée, où les nations s'épuisent à nourrir des soldats, fabriquer des armes et bâtir des forteresses, et il dira comment le devoir, par excellence, du citoyen, dans un temps comme le nôtre, est le devoir militaire. .

Enfin, en deux chapitres, il décrira les œuvres et travaux de la paix et la lutte pacifique entre les nations : dans le premier, les progrès de la science et les applications qui en ont été faites à l'industrie, machines, chemins de fer, télégraphes, etc.; les principales théories de l'économie politique, la querelle de la protection et du libre échange, la puissance du crédit; dans le second, il racontera les conquêtes des Européens hors d'Europe : Anglais dans l'Inde, Russes dans l'Asie centrale, Français en Afrique et en Indo-Chine, et les grandes explorations qui frayent la route à la civilisation européenne.

Un tel enseignenment ainsi compris rendra aux écoliers les plus grands services; Il leur mettra dans la tête un résumé clair de l'histoire du monde. Les noms des grands peuples de l'antiquité éveilleront dans leurs esprits quelques idées nettes. Ils suivront, depuis l'obscure période du moyen âge jusqu'à nos jours la formation et le développement des nations modernes. Ils sauront enfin, sur l'état du monde à notre époque, sur les grandes questions engagées, sur les œuvres de guerre et sur les œuvres de paix, ce que doit savoir et comprendre un jeune Français, qui sera soit un ouvrier, soit un industriel, soit un commerçant, et, à coup sûr, un citoyen et un soldat.

L'enseignement à l'École normale. — Mais n'est-ce point une chimère que d'enseigner à des enfants tant de choses et si difficiles? Non, si l'on a de bons maîtres : tout dépend de l'École normale. Il est inutile de donner ici un programme : ce serait répéter ce qui vient d'être dit. On enseignera donc à l'École normale selon les principes et la méthode qui ont été exposés. Mais le devoir du professeur d'histoire est, par-dessus tout, d'apprendre aux élèves-maîtres la façon d'enseigner. Après une série de leçons où il aura traité un sujet, il leur fera chercher les diverses manières de l'approprier à un auditoire d'enfants. Il leur fera faire une sorte de traduction, ou, si l'on veut, de transposition de l'histoire en langue enfantine. Nul exercice pédagogique ne sera plus utile, surtout si l'on passe tout de suite à l'application, et si un élève-maître va,

de temps à autre, faire une leçon sur le même sujet à
chacun des trois degrés de l'enseignement historique,
devant les élèves de l'école annexe. C'est seulement
après avoir ainsi tâté l'intelligence des enfants et
après avoir discuté sa méthode avec ses camarades
sous la direction du professeur, que l'instituteur apprendra à graduer son enseignement et à le rendre intelligible.

Le professeur d'histoire ne laissera pas les élèves
quitter l'École normale sans résumer en quelques leçons
les conseils pédagogiques qu'il leur aura donnés au
cours des études.

Surtout il leur dira qu'à l'enseignement historique
incombe le devoir de faire aimer et de faire comprendre la patrie.

Le patriotisme a besoin d'être cultivé, nous entendons
le vrai patriotisme, trop rare, hélas! dans notre pays.
Nous avons connu jadis un faux patriotisme, celui de
Français fiers de la naturelle beauté de cette France,
que la nature a parée de tous ses dons, au premier
rang desquels est l'intelligence. Pour l'étranger, qu'ils
ignoraient, ils n'avaient que du mépris. C'était une
vanité frivole et, nous l'avons bien vu, très fragile.
Elle s'est effondrée dans nos désastres : chez plusieurs
elle a été remplacée par le mépris de soi-même, l'admiration de l'étranger vainqueur, la résignation aux
hontes subies, la renonciation même à toute idée de
dignité nationale. Ne regrettons pas ce sentiment misérable, qui nous a fait tant de mal, et qui a laissé, en
s'évanouissant, ce résidu impur.

Le vrai patriotisme est à la fois un sentiment et la
notion d'un devoir. Or, tous les sentiments sont suscep-
tibles d'une culture, et toute notion, d'un enseignement.
L'histoire doit cultiver le sentiment et préciser la

notion. C'est pourquoi le maître rejettera les conseils de ceux qui prétendent réduire l'enseignement historique à l'étude du dernier siècle et de l'âge contemporain. Il y a dans le passé le plus lointain une poésie qu'il faut verser dans les jeunes âmes pour y fortifier le sentiment patriotique. Puisque nos poètes, même quand ils sont démocrates, n'écrivent point pour le peuple ; puisque la religion ne sait plus avoir prise sur les âmes ; puisque le peuple court risque de n'être plus occupé que de la matière et passionné que pour des intérêts, cherchons dans l'âme des enfants l'étincelle divine ; animons-la de notre souffle et qu'elle échauffe ces âmes réservées à de grands devoirs.

Les devoirs, il sera d'autant plus aisé de les faire comprendre, que l'imagination des élèves charmés par des peintures et par des récits rendra leur raison enfantine plus attentive et plus docile. Tout l'enseignement du devoir patriotique se réduit à ceci : expliquer que les hommes qui, depuis des siècles, vivent sur la terre de France, ont fait, par l'action et par la pensée, une certaine œuvre, à laquelle chaque génération a travaillé ; qu'un lien nous rattache à ceux qui ont vécu, à ceux qui vivront sur cette terre ; que nos ancêtres, c'est nous dans le passé ; que nos descendants, ce sera nous dans l'avenir. Il y a donc une œuvre française, continue et collective : chaque génération y a sa part, et, dans cette génération, tout individu a la sienne.

Enseignement moral et patriotique : là doit aboutir l'enseignement de l'histoire à l'école primaire. S'il ne laisse dans la mémoire que des noms, c'est-à-dire des mots, et des dates, c'est-à-dire des chiffres, autant vaut donner plus de temps à la grammaire et à l'arithmétique, et ne pas dire un mot d'histoire. Rompons avec les habitudes acquises et transmises ; n'enseignons point l'histoire avec le calme qui sied à l'enseignement de la règle des participes. Il s'agit ici de la chair de notre chair et du sang de notre sang. Pour tout dire, si l'écolier n'emporte pas avec lui le vivant souvenir de nos gloires nationales ; s'il ne sait pas que ses ancêtres ont combattu sur mille champs de bataille pour de nobles causes ; s'il n'a point appris ce qu'il a coûté de sang et d'efforts pour faire l'unité de notre patrie, et dégager ensuite du chaos de nos institutions vieillies les lois qui nous ont faits libres ; s'il ne devient pas un citoyen pénétré de ses devoirs et un soldat qui aime son fusil, l'instituteur aura perdu son temps. Voilà ce qu'il faut que dise aux élèves-maîtres le professeur d'histoire à l'École normale comme conclusion de son enseignement.

UNIVERSITÉS ALLEMANDES

ET

UNIVERSITÉS FRANÇAISES

Les Allemands, par le père Didon. Paris, 1884. — *Les Universités allemandes*, par le docteur Blanchard. Paris, 1884.

Il a fallu qu'un dominicain allât se faire étudiant au pays de la Réforme et en rapportât un livre où il donne, avec la description des Universités allemandes, une théorie superbe de l'enseignement supérieur, pour que le public français parût prendre intérêt à un sujet qui l'a jusqu'ici laissé indifférent ; car ces Universités ne sont connues que dans un cercle d'initiés, et l'opinion publique ne sait pas que, l'enseignement supérieur ayant un devoir national à remplir, il existe envers lui un devoir national. Le livre du père Didon, répandu par vingt éditions, l'a remuée un moment : il fait estimer à son prix cet instrument de culture générale et de culture nationale qu'on appele une Université ; mais plus grand a été le succès du livre, plus impérieuse est l'obligation de le critiquer avec exactitude. Peu importe qu'en vrai Français qu'il est, le père Didon soit parti pour l'Allemagne sans s'éclairer, et qu'ignorant

1. Extrait de la *Revue des Deux-Mondes* du 15 juin 1884.

la littérature d'informations que nous possédons sur le sujet même qu'il a traité, il ait cru découvrir l'Amérique le jour où il est entré à l'Université de Berlin. Il importe, au contraire, d'examiner s'il a bien vu les choses qu'il décrit et si, d'ailleurs, certaines de ces choses ne sont pas tout indigènes, c'est-à-dire inimitables. On voit bien en effet qu'il voudrait emprunter à l'Allemagne ses belles institutions, mais ne faut-il point, pour cela, savoir ce qu'elles sont et s'il est possible de les transporter? Nous avons une raison sérieuse pour nous efforcer d'acquérir en cette matière des idées justes. Le ministère de l'instruction publique a manifesté l'intention de créer des Universités, et nos Facultés délibèrent sur un questionnaire qu'il leur a proposé. Il est clair que l'exemple de l'Allemagne sera invoqué au cours de cette discussion, où il peut guider les esprits, mais aussi les égarer. La critique d'un livre sur les Universités allemandes a donc, en ce moment, un intérêt tout particulier : elle est une occasion de retracer la physionomie de ces Universités allemandes, de faire voir que quelques-uns des traits qu'on y admire sont purement germaniques, de chercher à quelles conditions nous constituerons des Universités françaises, de dire enfin quels services notre pays en pourrait attendre.

I

« L'enseignement supérieur, dit en très beaux termes le père Didon, s'étend à tout le savoir humain, quel qu'en soit l'objet, aussi bien à la nature, dont la raison expérimentale observe les phénomènes et formule les lois, qu'à l'homme intelligent, libre, actif, et à Dieu même, que la raison métaphysique et le sens intime nous révèlent et nous démontrent. La théologie et la philosophie, la métaphysique et les sciences positives, les systèmes et les faits, la doctrine et l'histoire, la littérature et les langues, les individus et les sociétés : tout entre dans son domaine encyclopédique. Il y a mieux ; certains arts d'ordre plus idéal, ou plus nécessaire à la vie humaine et dont l'exercice suppose souvent des esprits de premier ordre : la peinture, la sculpture, l'architecture, la musique, l'agronomie, la guerre, sont encore compris dans le royaume sans limites de l'enseignement supérieur, tel qu'il est cultivé dans nos sociétés civilisées. A vrai dire, ce royaume contient tout ce qui sert à former les grands cerveaux. » C'est l'enseignement supérieur ainsi défini que donnent, d'après le père Didon, les Universités allemandes. Bien différentes des écoles spéciales, qui n'étudient qu'une partie du savoir, les Universités en rapprochent toutes les parties pour en composer la synthèse. Les écoles recherchent l'application de la science : les Universités aspirent à la science pure ; les écoles forment les grands ouvriers qui appliquent les découvertes : les Universités élèvent les chercheurs qui vont à la découverte. Au lieu que les écoles sont le règne de l'action, les Universités sont le règne de la lumière. En un temps où les limites du savoir reculent sans cesse, un esprit isolé désespérerait de trouver par ses seules forces l'unité de la science : les Universités, groupe d'hommes associés pour une œuvre de géant, la font voir à tous les yeux. « Comme les circonvolutions du cerveau se replient sur elles-mêmes et arrivent à former l'organe de la pensée, les diverses sciences doivent se rapprocher en un seul faisceau qu'on nomme les Facultés, lesquelles se resserrent dans l'Université pour former le grand organe de la science collective et nationale. »

Le père Didon nous montre aussi comment les Universités allemandes sont à la fois libres et organisées. Point de programme : liberté de la science, liberté des méthodes, liberté pour le professeur, liberté pour l'étudiant, *Lehrfreiheit* et *Lernfreiheit* : mais l'anarchie n'est pas à craindre : les Universités soumettent cette liberté aux règles d'une harmonie supérieure. Les professeurs, vivant sous le même toit, se connaissent, et dans les conseils des Facultés, présidés par le doyen élu, dans le sénat de l'Université, présidé par le recteur également élu, ils exercent en commun la discipline intellectuelle et morale de la corporation des maîtres et des étudiants. Quant à ceux-ci, ils se connaissent comme les maîtres : théologiens, juristes, médecins, philologues se mêlent dans les salles de cours et dans des fêtes, où ils échangent, avec de gais propos et des chansons, des idées qui enrichissent le savoir de chacun. L'Université élargit donc l'esprit de la jeunesse ; par la culture générale qu'elle donne, elle prépare aux tâches diverses les intelligences de ceux qui dirigeront bientôt les destinées de l'Allemagne. Mais cette culture générale est en même temps une culture nationale. L'éducation patriotique, commencée à l'école, poursuivie au gymnase, s'achève à l'Université ; le jeune homme y apprend à connaître le génie de sa race ; il se nourrit de la pensée des ancêtres : histoire, littérature, philosophie, théologie même et philologie sont employées à glorifier la vie allemande, l'esprit allemand. Aussi cette martiale jeunesse des Universités confond-elle dans son cœur le culte de la science et celui de la patrie.

Nous croyons avoir rendu avec fidélité le sentiment

que le spectacle de la vie universaire a fait éprouver
au père Didon; mais n'est-il pas vrai que la splendeur
même de la description qu'il en donne met en défiance
et qu'on ne peut se retenir de douter qu'il existe encore,
à la fin de notre xix⁰ siècle si affairé, de grandes com-
munautés intellectuelles où l'étudiant soit une sorte de
philosophe, occupé, non pas du métier qu'il faudra
faire, mais de cultiver son esprit; dédaigneux des connaissances pratiques, et passionné pour la science universelle dont ses maîtres sont les serviteurs et les pon-
tifes? Le père Didon n'a-t-il pas été trompé par
l'apparence? Car il faut, en Allemagne, se défier de
l'apparence; il n'est peut-être pas de pays au monde
où l'on souffre aussi aisément la contradiction entre la
théorie et la pratique. Les Allemands ont accordé à
leur empereur pendant des siècles les plus beaux honneurs dont un prince ait jamais été paré; ils le pro-
clamaient chef du Saint-Empire, monarque universel,
source de tout droit et de toute justice; dans la pratique,
il lui marchandaient hommes et deniers, et le budget
de l'empire ne suffisait pas pour habiller et nourrir
l'empereur. Ne se peut-il pas que la science universelle soit honorée ainsi que le monarque universel
l'était autrefois, sans que cette vénération empêche
ceux qui la professent de vaquer à leurs affaires? On
croirait qu'il en est ainsi à lire les jugements que des
Allemands portent sur les Universités. Un homme qui
a joué un grand rôle pendant sa vie et qui vient de
faire beaucoup de bruit après sa mort, le député Lasker,
écrivait en 1874 :

« L'Université se démembre en écoles spéciales, les
spécialités mêmes se morcellent. L'étudiant devient un
écolier, et, depuis que les leçons obligatoires sont
abolies, il s'accorde tacitement avec son professeur sur

un maigre programme de cours généraux indispensables pour les examens. Il ne veut pas être tiré en plusieurs sens et, par crainte d'éparpiller son travail dont la matière grossit sans cesse, il s'attache étroitement aux cours directement pratiques. Quiconque n'étudie pas les sciences naturelles quitte l'Université sans une idée des découvertes les plus importantes des naturalistes. Les principes élémentaires d'économie politique, de littérature, d'histoire, sont, à un degré effrayant, étrangers à la plupart de ceux que leurs études spéciales n'y ont pas amenés. Les salles de conférences sont à côté les unes des autres ; les Instituts appartiennent à un ensemble ; les professeurs sont encore liés par les Facultés et le Sénat, le personnel par des statuts et une organisation extérieure ; mais le lien intellectuel fait défaut : les rapports personnels se relâchent, et les étudiants se séparent, comme si l'Université était déjà divisée en un système d'écoles spéciales entièrement distinctes [1]. »

Un autre écrivain, qui a gardé l'anonyme, confirme en termes pittoresques l'opinion de Lasker. D'après lui, les étudiants ne se mêlent pas, au pied des chaires professorales, autant que le père Didon le veut bien croire, et chaque Faculté a son auditoire distinct. Entrez dans un auditoire où le *gentleman* domine, vous êtes à la Faculté de droit. Voyez, dans cette autre salle, « une réunion étrangement mêlée de têtes de mouton et de quelques figures à caractère », vous êtes chez des théologiens. Dans une troisième salle, « les lunettes trônent sur le nez de la plupart des assistants ; la coupe des cheveux varie entre la coiffure à la brebis et les boucles à la Raphaël ; on n'a pas ici l'ambition de précéder la

---

1. *Deutsche Rundschau*, 1874.

mode, mais on a la mauvaise fortune de donner une
collection presque complète des modes des quinze dernières années. On y voit des chapeaux roussis, des
devants de chemise et des cravates rebelles, de grandes
oreilles, de grosses pommettes, des coudes longs. Il y
a des exceptions, mais rares : dans ces auditoires se
font des cours de philologie, d'histoire, de mathématiques, de sciences naturelles. » Ces auditoires sont
ceux de la Faculté de philosophie, qui correspond à nos
deux Facultés des sciences et des lettres; ces étudiants
sont des futurs professeurs de gymnases. Chacun vit
donc chez soi, et même la Faculté de philosophie se
divise et se subdivise en compartiments : les philologues n'étudient pas la littérature; les historiens
n'étudient pas la philologie; à plus forte raison, littéraires et scientifiques, pour parler comme en France,
vivent isolés les uns des autres.

Voilà des Universités et des étudiants qui ne sont
point ceux du père Didon, et des critiques par lesquelles
ses éloges sont contredits de point en point. Où est la
vérité? Elle est des deux côtés à la fois, et nous rencontrons ici une de ces « choses allemandes » que
l'histoire seule peut expliquer.

Tout le monde sait que la France a donné à l'Allemagne, au déclin du moyen âge, le modèle des grandes
corporations universitaires. Or le moyen âge pouvait
aisément cultiver la science, parce que la plupart des
métiers, dont l'apprentissage s'impose aujourd'hui à la
jeunesse, n'y existaient pas, et il embrassait aisément
la science universelle, l'universel étant alors très restreint. Il a donc imaginé les quatre Facultés des arts,
de théologie, de droit et de médecine, et mis sans
scrupule, dans la première le *trivium*, grammaire,
rhétorique, dialectique, et le *quadririum*, arithmé-

tique, musique, géométrie, astronomie. Ce système a été introduit en Allemagne après qu'il avait donné en France ses plus beaux fruits et qu'on avait commencé à y sentir une décadence que la guerre de Cent ans, le triomphe de la monarchie, la disparition de la vie provinciale, d'autres causes encore allaient précipiter. Nouvelles en Allemagne, au moment où des idées nouvelles se levaient dans les esprits, les Universités les ont accueillies. Elles n'ont pas seulement fêté « l'humanisme », c'est-à-dire la renaissance : de Wittemberg est parti le cri de guerre contre la vieille Église, et c'est en qualité de docteur et de professeur que Luther a conclu contre Tetzel, comme savant et en remontant aux sources qu'il a cru retrouver le vrai Christianisme. Dans les Universités aussi, le catholicisme s'est défendu, faiblement d'abord, comme un ennemi surpris par une attaque, puis avec vigueur. A ce moment, les Universités acquirent pour jamais le droit de cité dans la vie nationale, et elles franchirent la passe difficile de cette période où sombrèrent tant de débris de l'ancien monde.

Il est vrai que lorsque les luttes de la Réforme furent closes, après avoir épuisé l'Allemagne, les Universités semblèrent avoir perdu toute raison d'être : théologie querelleuse, érudition pédantesque, formalisme et formules en toutes choses, stérilité, ces mots résument un siècle de leur histoire. Pourquoi n'ont-elles pas disparu? Parce qu'alors rien ne disparaissait en Allemagne. Ce pays dormait d'un sommeil où ses forces, — forces redoutables longtemps méconnues, — se conservaient dans une sorte d'engourdissement. Les Universités étaient comme ce château sur lequel un génie avait versé un assoupissement séculaire : la mauvaise herbe croissait dans les parvis; les broussailles encombraient portes et fenêtres, mais elles étaient toujours là et elles attendaient. Lorsqu'à la fin du xvIII^e siècle, l'esprit qui allait renouveler l'Allemagne apparut, il n'eut qu'à écarter les broussailles, à extirper les herbes folles, et la vieille maison, en gardant son air vénérable, s'anima d'une vie nouvelle. Ce fut un grand bienfait pour la science allemande que l'Allemagne, au lieu d'être transformée tout d'un coup, évoluàt lentement vers ses destinées futures. Si nos armes et nos idées y avaient fait table rase; si le peuple allemand s'était trouvé uni sous un chef, après Leipzick et Waterloo, il eût fait de la besogne moderne; l'État, qui ne se soucie guère de la science, aurait tout réglé sur son utilité : il aurait créé des écoles d'ingénieurs, d'officiers, de juges, d'avocats, de prêtres, de professeurs, et dressé à son service les générations nouvelles, en gardant peut-être pour la parure scientifique, dont il veut bien d'ordinaire faire quelque cas, des corps savants et des académies. Il aurait à coup sûr laissé les broussailles recouvrir les vieilles maisons et abandonné à la mort *trivium*, *quadrivium* et Facultés. Mais l'Allemagne ne dépouilla pas en 1815 tout son passé. Elle garda maintes institutions surannées, contre lesquelles protestait l'esprit nouveau, et, parmi ces institutions, les Universités, où l'esprit nouveau, banni de la politique, allait se répandre à l'aise.

Alors la science moderne agrandit et peupla les vieux ordres. Les anciennes Facultés se transformèrent, et les Universités devinrent des Instituts de science universelle. Le moment était favorable : l'Allemagne était dans sa période héroïque; l'inspiration de Kant ennoblissait les âmes; Mozart et Schiller venaient de mourir, mais Beethoven vivait; Goethe était dans la force de son génie; Hegel et Schelling expliquaient le monde à leurs élèves. Si la mauvaise politique des souverains avait dissipé les grandes espérances du peuple allemand, l'esprit national se portait vers la vie spéculative et planait dans cet empire du ciel que les Allemands se réservaient au temps où ils abandonnaient la mer aux Anglais et à nous la terre. Il fut aisé à des philosophes comme Schleiermacher d'écrire la théorie de la culture scientifique, d'assigner pour rôle à l'Université le développement de l'esprit philosophique, de lui interdire le « particulier », sa tâche étant de « faire ressortir d'une façon saisissable l'esprit du tout et de tracer l'image la plus complète et la plus frappante de son étendue et de la cohésion de ses éléments ».

Ce caractère imprimé alors aux Universités n'a point disparu; il leur donne ce magnifique aspect qui a surpris et charmé le père Didon, et qui n'est point, nous le dirons tout à l'heure, une vaine apparence. Mais, depuis le commencement du siècle, une révolution s'est accomplie dans les idées et dans les choses; l'enthousiasme a faibli; l'esprit philosophique a perdu de sa vigueur; la science, se défiant des théories générales, a prétendu se suffire à elle-même; elle s'est mise à la recherche des faits sans se soucier de la doctrine. Puis l'activité de la vie matérielle a été centuplée : le banquier, l'ingénieur, le chimiste, gens qui ne sont philosophes que par accident, sont entrés en scène; la politique qui a donné à l'Allemagne la grandeur a, par son éclat, attiré les esprits; celle qui s'efforce de lui donner la liberté commence à la diviser. Après le règne de la théorie et de la lumière est venu celui de la pratique et de l'action : M. de Bismarck a succédé à Humboldt et à Stein; le professeur philosophe, l'étudiant philosophe, l'amant désintéressé de la pure science sont devenus de rares personnages. Il est

vrai que les Universités étant toujours là, florissantes
et renommées, on n'a pas songé à leur enlever la clientèle de la jeunesse ; l'État n'a point fait concurrence à
ces vieux Instituts en créant des écoles professionnelles ;
il s'est contenté de mettre à l'entrée des carrières publiques des examens où il est le juge. Il s'est fait alors
un compromis entre la théorie et la pratique, entre
l'idéal et le réel : le plus grand nombre des jeunes gens
recherchent dans l'enseignement ce qui peut être utile
pour les examens d'état, mais l'Université continue
d'enseigner comme elle estime que cela est utile pour
la science. C'est pourquoi les Universités ne sont, au
juste, ni comme les dépeignent leurs détracteurs, ni
comme le père Didon les a vues. Elles méritent et les
éloges qu'on leur adresse et les critiques qu'on leur
fait, et il est naturel que les uns les considèrent comme
de grands Instituts scientifiques, les autres comme un
composé d'écoles spéciales. Il fallait bien interroger
l'histoire pour expliquer cette contradiction.

Plus encore que l'organisation de l'enseignement, la
vie des étudiants a étonné le père Didon ; des scènes
qu'il a vues ont troublé son âme de patriote ; ceux qui
en ont vu de semblables ont été troublés comme lui,
et, dans son émotion, reconnaissent la leur. C'est, en
effet, avec une angoisse patriotique que l'on assiste à
de certaines manifestations dans les villes universitaires. Cette jeunesse libre qui se discipline elle-même ;
cette foule qui, sans effort, se transforme en régiment ;
ces allures diverses qui se fondent dans l'uniformité
d'un mouvement militaire ; ces voix qui s'unissent en
des chœurs formidables, tout cela étonne, émeut, et,
pour dire le mot, fait peur. Le père Didon a vu les
étudiants de Berlin célébrer l'inauguration de la statue
d'un professeur illustre : « Ils étaient là, dit-il, près de

quatre mille, s'avançant en colonne, bannières déployées. Les chefs de chaque association ouvraient la marche, montés sur des chevaux blancs, l'épée nue au poing. Les fanfares emplissaient l'air d'une harmonie guerrière. Après avoir assisté à l'inauguration de la statue, le cortège, en silence, s'est dirigé vers *Kœnigsplatz*. C'est là que s'élève la colonne commémorative des victoires de la Prusse en 1864, 1866, 1870. Les fanfares avaient cessé. Un chant national retentit tout à coup, grave et profond, jaillissant de mille poitrines :

> Nos biens et nos vies,
> A te donner,
> Nous sommes prêts.
> Nous mourrons avec plaisir à toute heure ;
> Nous mépriserons la mort,
> Si la patrie le demande.

Sur un signe de l'épée, au chant national succéda le chant de la jeunesse, avec le gai refrain :

> Gaudeamus, juvenes dum sumus...

Aussitôt après, la foule s'écoula, silencieuse. Ce spectacle me serrait le cœur d'une angoisse intraduisible. Dans mon patriotisme attristé, je songeais à la jeunesse de mon pays ; je me demandais pourquoi elle ne se montrait pas, elle aussi, à la façon de la jeunesse allemande, rangée en bataille, sous le drapeau de la vraie science, autour des monuments de nos gloires, ou au pied de quelque statue en deuil de nos provinces perdues, et je cherchais en moi-même ce qui pourrait, dans un prochain avenir, en faire une grande famille dans le large culte de la vérité, de la liberté, de la patrie. »

« Je songeais à la jeunesse de mon pays ! » Tous ceux qui ont assisté à de pareils spectacles y ont aussi

songé. Mais nous voici une fois encore en présence
d'une « chose allemande », et il faut nous garder de
croire que l'on puisse transporter en France des mœurs
germaniques. Le Germain, être froid et lent, individu
clos et retranché, n'est pas sociable à notre manière ;
il n'offre pas à tout venant son sourire avec sa parole,
et pourtant il n'aime pas la solitude ; il vient au monde
membre futur d'une corporation. Si loin qu'on regarde
dans le passé de sa race, on le voit vivre en groupes
et en troupes : païen, il peuple d'une cohue de dieux
et de héros son Walhalla ; chrétien, il ne donne guère
d'ermites à la vie religieuse, mais il tire de son imagination l'armée des onze mille vierges de Cologne et
peuple les monastères de légions de moines. Dans la
vie politique et sociale, il est toujours agrégé à un
groupe : le roi germain est un chef de groupe : il combat avec ses compagnons, vit avec eux pendant la
paix, leur servant les larges repas dont parle Tacite ;
devenu roi en pays romain, il peut bien vêtir la pourpre
impériale, mais il ne comprend rien au gouvernement de
Rome, abstrait et impersonnel ; il s'entoure de compagnons, de fidèles, et c'est en leur distribuant des terres
et des droits qu'il prépare la féodalité. Nulle part la
féodalité, ce groupement de fidèles autour d'un chef,
n'a été aussi vivante qu'en Allemagne : la cour de tout
grand seigneur allemand est un lieu public bruyant et
joyeux : on y vit les uns avec les autres, les uns sur les
autres. Le prince ne voyage qu'en grande troupe : s'il
descend le Rhin, il est escorté par une flotte : s'il che-
vauche, une armée le suit ; tout un peuple vit auprès
de lui, mange avec lui ; chaque jour, on fournit à sa table
les bœufs par dizaines, par centaines les moutons, porcs
et poules : par voiturées énormes le fourrage pour les
chevaux. Le peuple fait comme les princes : pendant

longtemps, l'histoire d'Allemagne n'a pas été autre chose
que l'histoire d'associations de villes, de chevaliers, de
princes, chacune bien ordonnée au sein de cette anarchie
nationale à laquelle présidait le collège des sept électeurs.
Sans doute, avec le temps et par l'action de la vie moderne, qui tend à effacer les groupes dans la masse et
les hauts reliefs dans la régularité d'une surface aplanie,
ces traits du caractère allemand se sont atténués ; mais
aujourd'hui encore l'Allemagne est le pays du monde
où l'on aime le mieux à vivre en commun et où l'individu respire le plus librement dans la foule de ses
Lebensgenossen, c'est-à-dire des compagnons qui lui sont
associés dans le même genre d'existence.

Ce sont encore des phénomènes de vie germanique,
ces conversations animées autour des verres de bière
et ces chants où chacun fait sa partie. Les héros des
vieux poèmes boivent et dialoguent sans cesse. Les
Germains chantaient dans toutes les occasions de la
vie : ils attribuaient au chant entonné par les soldats
avant la bataille une puissance mystique ; s'il éclatait
plein et sonore, la victoire était certaine. Chanter en
chœur, c'est un des traits particuliers du Germain : le
barde celtique chante seul, les Germains chantent ensemble ; le prêtre catholique fait comme le barde, la
communauté protestante fait comme les vieux Germains, et c'est par les chœurs qu'aujourd'hui encore
on entend chanter avec tant de recueillement, que
Luther a le mieux parlé aux âmes allemandes.

Phénomène germanique encore ce plaisir à verser le
sang d'autrui ou à répandre le sien, à montrer ses cica-
trices. Les Germains aimaient à faire montre de leurs
blessures. Phénomène germanique cette joie de marcher
rangé en bataille et cet amour du métier militaire :
l'Allemand, dès qu'il apparaît dans l'histoire, réhabilite

la profession des armes avilie sous les Romains; il a trouvé la chevalerie, inventé la poésie de la vie militaire; il a toujours été soldat : soldat sous Charlemagne, soldat pendant la période impériale du moyen âge, alors que ses chevaliers combattent en Italie ou dans les pays slaves et que ses marchands associés forment une grande puissance militaire; soldat contre lui-même, quand l'Allemagne devient, au xvi⁰ et au xvii⁰ siècles, le champ de bataille de l'Europe; soldat au service de l'étranger, très recherché sur le marché militaire depuis le xv⁰ siècle : soldat encore et exporté comme tel pendant cette période du xviii⁰ siècle où l'Allemagne s'assoupit dans le despotisme de ses petits princes. La grande popularité de Frédéric est née de sa gloire militaire, qui a réveillé les vieux instincts, et lorsque enfin les souverains ont été réduits à faire appel au peuple contre Napoléon, le peuple entier s'est retrouvé soldat. Aujourd'hui il n'est pas au monde un peuple aussi militaire que le peuple allemand : la guerre a conservé pour lui la grande poésie d'autrefois; des philosophes en démontrent la nécessité, la vertu, la beauté.

Qu'on nous pardonne ces réminiscences historiques : il faut toujours regarder dans le passé quand on veut comprendre l'Allemagne. Pour des raisons que donne l'histoire de leur pays, les Allemands sont demeurés proches de leur passé, très jeunes, par conséquent. N'est-ce point d'ailleurs l'histoire qui apprend à reconnaître que telles mœurs de tel pays sont des mœurs indigènes? Le père Didon a compris qu'il faut placer les Universités allemandes dans leur milieu; il a essayé d'étudier le caractère allemand, mais il l'aurait mieux jugé s'il avait consulté l'histoire de l'Allemagne. Par exemple, il a signalé les contradictions qu'on rencontre dans ce caractère et qui étonnent des esprits simplifiés comme les nôtres : mais il n'en a point vu toutes les causes. Si l'Allemand rêve à perte de vue et s'il agit avec une sagesse pratique : s'il chante l'hymne à la joie où Schiller convie à la fraternité les innombrables phalanges qui vivent sous la voûte étoilée et s'il est aussi peu soucieux que l'Anglais de se sacrifier par une politique de sentiment pour la fraternité universelle, c'est bientôt fait d'expliquer ces antinomies en attribuant au Germain deux têtes et en décrivant la bizarrerie de cet être bicéphale. Il serait plus vrai de dire qu'il y a, en Allemagne, l'Allemagne et la Prusse, une région et un État : une région où l'on s'est laissé vivre sans connaître l'effort de l'action collective, et un État qui a dû, pour vivre, faire un effort continuel et violent, — un pays du songe et un pays de l'action, un organisme et une machine. A cette distinction fondamentale il faut ajouter la remarque essentielle (elle n'a pas échappé au père Didon) que l'Allemand, au milieu de cette civilisation moderne à laquelle il contribue pour sa large part, garde le tempérament, le caractère, les instincts primitifs : il est compliqué comme étaient ses vieux ancêtres, à la fois naïfs et retors, sensibles à la poésie de la nature, mais grossiers, généreux et cupides, enthousiastes et égoïstes, rêveurs et pratiques. Voilà pourquoi l'Allemand nous ressemble si peu, à nous qui avons reçu de notre histoire et de la fusion de nos races un caractère opposé. Voilà pourquoi on peut réunir notre jeunesse dans quelques villes universitaires sans qu'elle vive comme la jeunesse allemande.

En faisant cette réserve d'ailleurs, ce n'est pas un regret que nous exprimons. Certes, nous voudrions que notre jeunesse vécût plus juvénilement, plus virilement qu'elle ne fait aujourd'hui: mais il y a des ombres épaisses sur ce tableau de la vie universitaire que l'on propose à notre admiration.

Dans un livre récent, composé au jour le jour pendant un voyage d'études en Allemagne, M. Blanchard décrit des scènes de cette existence, ces duels stupides dont le répugnant spectacle attire, sans les dégoûter, des femmes et des enfants: ces orgies de cabaret, quotidiennes, réglementaires et obligatoires au moins pour les *gentlemen* de l'Université, qui font partie des *Corps*. M. Blanchard est sévère sur ces abus, mais moins encore que l'opinion publique allemande. Au cours de la récente discussion du budget de l'instruction publique en Prusse, M. Reichensperger a flétri les duels et les habitudes d'ivrognerie. Il a constaté que la coutume d'aller le matin à la brasserie prendre le *Frühschoppen* rend incapable d'un travail sérieux et qu'elle est un mauvais exemple pour les autres classes de la société. M. Windthorst a insisté sur ces plaintes et déclaré que le *Frühschoppen* et l'abus de la bière abrutissent la nation. Ces deux députés, catholiques tous deux, sont peut-être prévenus contre les Universités; mais le savant M. Virchow, à la fois professeur et député progressiste, a reproché aux étudiants buveurs de bière d'accréditer ce préjugé que la bière est indispensable comme le sel et qu'il en faut boire au déjeuner, au dîner, au souper et entre les repas. Enfin le ministre de l'instruction publique, M. de Gossler, a déchargé les Universités du reproche d'avoir communiqué à la nation le goût de boire le matin: il croit que c'est la nation qui le leur a donné; mais il a énergiquement blâmé, lui aussi, cette habitude « qui rend entièrement impropre au travail » ; il s'est dit très mécontent de la manière dont les étudiants distribuent leur

journée dans les petites villes. « Au lieu de prendre
leur repas à midi, dit-il, ils prolongent le *Frühschoppen*
et ne mangent que vers cinq ou six heures; ils passent
trop peu de temps à l'air; » et le ministre de l'instruction publique de ce pays, que nous croyons le paradis
de la gymnastique, se voit obligé à dire qu'il faut
encourager la gymnastique et les exercices physiques
chez les étudiants. En somme, à part une protestation
faite en faveur du duel par un député qui a représenté que ces exercices donnent du caractère aux
jeunes gens, et l'essai tenté par un autre de plaider les
circonstances atténuantes en faveur des excès de bois-
son, — Tacite les signalait déjà, a-t-il dit, et les Allemands d'aujourd'hui ne sont pas plus ivrognes que leurs
ancêtres, — l'opposition de droite, l'opposition de
gauche et le gouvernement s'accordent pour nous apprendre qu'ici encore il faut nous garder d'admirer
sans examen.

Est-il besoin de dire qu'en critiquant ainsi que nous
venons de le faire le livre du père Didon, nous ne
cédons point à la mesquine passion de rabaisser les
mérites d'une institution étrangère? Il se trouve, en
France, Dieu merci! des esprits assez libres pour admirer l'admirable partout où il se rencontre, et nous
voudrions en toute sincérité que les Universités fussent
telles qu'on les décrit. D'ailleurs, si le respect de la
vérité nous a obligés à faire des réserves, le même
sentiment nous commande d'ajouter tout de suite qu'il
nous reste beaucoup à envier aux Universités allemandes. Elles sont riches, elles sont libres, elles sont
puissantes, elles sont honorées. Quelques sacrifices
qu'aient faits maîtres et étudiants à l'esprit de notre
temps et aux exigences du travail scientifique, elles
n'en sont pas moins de grandes écoles où, par de

puissants efforts individuels, le savoir est cultivé dans toute son étendue : chacun est attaché à son labeur particulier, mais la somme de ces labeurs représente tout le travail de l'esprit humain. Puis ces grands foyers, qui projettent une si abondante lumière, attirent les regards de la nation et de l'étranger, et font sentir même à la foule l'éclatante dignité de la vie intellectuelle. Les étudiants ont beau se diviser et se subdiviser comme la science elle-même ; le goût des études désintéressées et l'amour pur du savoir ont beau être, en Allemagne comme partout, des vertus exceptionnelles ; quand ces vertus se rencontrent, elles ne se heurtent pas, comme en France, à des obstacles et à des barrières, et quiconque veut sortir d'une étroite étude professionnelle pour embrasser toute une science trouve à satisfaire sans effort sa curiosité. Le système des Universités demeure donc préférable au système des Facultés isolées qui s'imaginent former un tout et dont chacune n'est, en réalité, qu'une collection de fragments. Enfin, malgré ses défauts et ses vices, la jeunesse allemande a sur la nôtre cet avantage qu'elle vit au grand jour, tout ensemble, et qu'on n'a point imaginé de faire souhaiter aux meilleurs des étudiants le privilège du casernement dans une école spéciale. Tous ces jeunes gens sont au même titre membres de la grande corporation universitaire : futurs régents de collège ou futurs cavaliers, étudiant ou n'étudiant pas, riches ou pauvres, beaux ou laids, ils s'imprègnent de l'orgueil de vivre et d'être jeunes ; ils sont les étudiants d'Allemagne, une classe de la nation à laquelle la nation s'intéresse, et s'il paraît quelque penseur, s'il se produit quelque grande idée ou quelque noble passion, penseur, idée, passion savent où trouver la jeunesse allemande pour l'éclairer ou la soulever.

Nous arrivons donc à cette conclusion qu'il serait fort souhaitable que nous pussions reprendre à l'étranger le modèle, autrefois prêté par nous, des Universités. Mais la critique du livre du père Didon nous a fait voir qu'il ne faut pas espérer bâtir en un jour des institutions semblables à celles que les siècles ont lentement édifiées chez nos voisins. C'est bientôt fait que de dire : les Universités allemandes sont une source de forces intellectuelles et nationales; créons des Universités françaises. C'est bientôt fait que de rédiger un projet de loi, voire même de le voter. Le père Didon a son projet tout prêt : il voudrait accroître le Collège de France, puis le couper en cinq parties dont l'unité serait maintenue par le titre pompeux de Collège universel de France. Écartons ces solutions faciles : il nous faudra mériter les Universités par une longue série d'efforts coordonnés avec rigueur et dirigés avec fermeté vers un but clairement défini. Voyons d'abord où nous sommes et quelle route nous reste à parcourir.

II

Il y a vingt ans, nous en étions à un régime qui est le plus opposé du monde à celui des Universités : budget misérable, dispersion de l'enseignement entre les grands établissements scientifiques, les écoles spéciales peuplées d'internes destinés à une profession, les Facultés presque exclusivement professionnelles de droit et de médecine, les Facultés des sciences et des lettres sans élèves et organisées de telle façon qu'elles n'en pouvaient avoir. Depuis vingt ans, nous nous efforçons de sortir de ce régime et nous avons, somme toute, fait quelques pas dans une voie nouvelle.

M. Duruy a eu l'honneur de l'initiative. Avant de
procéder à la réforme de notre enseignement supérieur, il avait institué une double enquête sur les institutions étrangères et sur la situation du haut enseignement dans notre pays. La statistique publiée par
lui en 1868 est précédée d'un rapport à l'empereur où
sont décrits en termes énergiques l'état misérable de
notre outillage scientifique, le dénûment des laboratoires où travaillaient, au risque d'y perdre leur santé,
nos maîtres les plus illustres, l'insuffisance de la Sorbonne, où la première pierre de bâtiments nouveaux,
posée en 1855, attendait encore la seconde, de l'École
de médecine, où il n'y avait place ni pour les travaux
des maîtres ni pour les exercices des élèves. Cette
misère des bâtiments, qui dans le nouveau Paris « con-
trastait si fort avec la grandeur imposante d'édifices
consacrés à d'autres services », était le moindre des
maux dont nous souffrions alors. Le ministre signalait
l'urgente nécessité de provoquer le progrès dans l'enseignement scientifique dépourvu de tous les moyens
de travail, et dans l'enseignement littéraire, exposé à
la décadence s'il dédaignait l'érudition qui féconde les
lettres. Il avait déjà, lorsqu'il écrivait ce rapport, créé
l'École des Hautes études, où il avait appliqué les deux
règles essentielles de la réforme : donner au maître les
instruments de travail et grouper autour de lui les
élèves. Aux Facultés des sciences et des lettres, réduites
à faire devant un auditoire inconnu des leçons de
vulgarisation, il rappelait que « l'enseignement supérieur est fait pour mettre l'étudiant au courant des
méthodes et lui apprendre la science que les méthodes
ont créée ». Il proposait de revenir à la règle ancienne
des trois leçons hebdomadaires, dont une serait « pour
le public qui veut entendre parler de science et de lit-

térature », les deux autres étant des « conférences
intimes » réservées aux élèves. Le ministre avait commencé à trouver ces élèves en instituant auprès des
Facultés des Écoles normales secondaires où de futurs
professeurs se préparaient aux grades universitaires.
Il demandait la création de bourses d'enseignement
supérieur pour accroître ce premier groupe d'étudiants,
et, en même temps, pour aider les Facultés dans leur
tâche nouvelle, il proposait d'y introduire de jeunes
docteurs ou même des agrégés, qui accroîtraient le
personnel si restreint des maîtres. Enfin, comme conclusion de ce beau programme, M. Duruy réclamait un
effort énergique pour attirer les esprits vers la science
et souhaitait que cet effort s'étendît aux provinces,
« où nos anciennes Universités ont jeté un vif éclat et
où quelques foyers se rallumeront peut-être un jour ».

Ce programme, dont on peut dire qu'il est la charte
de notre enseignement supérieur, a été suivi jusqu'à
présent, de point en point, dans ses moindres détails.
Il a inspiré les diverses administrations qui se sont
succédé, et, depuis 1868, un progrès continu s'est
fait, grâce à la patriotique clairvoyance de ministres
comme MM. Waddington et Jules Ferry et à l'habile
et persévérant travail de deux hommes qui ont continué,
à travers des difficultés de toute sorte, la bonne tradition : M. du Mesnil, qui a dirigé l'enseignement supérieur jusqu'en 1879, et M. Dumont, qui lui a succédé [1].

---

1. Je me suis contenté dans cet article de prononcer le nom
de M. Dumont, parce qu'il était mon ami et mon chef. Ces deux
qualités m'empêchaient de le louer. Tout le monde sait d'ailleurs
l'étendue des services qu'il a rendus. Ses notes sur l'enseignement
supérieur en France, qui ont paru dans le numéro du 15 septembre 1884 de la *Revue internationale de l'Enseignement*, montrent
comment il savait embrasser l'ensemble des institutions qui lui
étaient confiées, et avec quelle lucidité il mesurait ce qui a été
fait et ce qui reste à faire.

L'histoire de notre enseignement supérieur depuis 1868, que l'on pourrait écrire, à l'aide de la statistique de 1878, dont la remarquable préface est de la main de M. du Mesnil, et, à l'aide des lois, décrets. arrêtés, circulaires, conventions avec les départements et les villes, qui se sont accumulés depuis cette date, montrerait que notre pays, au sortir d'une crise terrible, alors que l'armement national et l'enseignement populaire lui imposaient de si lourds et si pressants devoirs, s'est honoré par des sacrifices faits pour développer en France la haute culture intellectuelle.

En 1868, l'État, lorsqu'il avait perçu les droits d'examen et d'inscription, se trouvait dépenser en tout et pour tout 200,000 francs pour l'enseignement supérieur: le budget de cet enseignement est aujourd'hui de 11 millions; mais nous avons aussi un budget extraordinaire fourni par les cotisations de l'État, des départements et des communes. Depuis 1868, une somme de 82 millions a été votée par les Chambres, par des conseils généraux et des conseils municipaux, pour la reconstruction des bâtiments affectés au service de l'enseignement supérieur : la part de l'État est de 30 millions. celles des villes de 49. Quelques villes de province : Bordeaux, Grenoble, Lille, Lyon, Marseille, Montpellier, se sont distinguées entre toutes les autres. A Paris, l'École de médecine, qui étouffait autrefois dans les 2,500 mètres carrés qui lui étaient attribués, va s'étendre à l'aise sur une superficie de 16,000 mètres. Elle rejoindra presque la Sorbonne, qui verra s'élargir son emplacement de 2,000 à 20,000 ou même 24,000 mètres carrés. La Sorbonne nouvelle touchera le Collège de France, qui va s'agrandir, et elle confinera d'autre part à l'École de droit. L'Université de Paris reprend donc possession de la montagne universitaire,

au sommet de laquelle se dresse l'immense monument
bâti pour l'École de pharmacie.

Tous ces sacrifices sont un bel hommage rendu à
l'enseignement supérieur; mais l'argent qu'on emploie
au service des hautes études n'est qu'un auxiliaire, et
l'État a d'autres devoirs envers la science; s'il ne peut
ni créer la science ni faire des savants, il doit aménager
les institutions de telle sorte que la science et les savants
soient pour ainsi dire incités à se produire. L'État a été
bien inspiré quand il a fondé des Instituts scientifiques :
l'École archéologique de Rome [1], qui est, comme en Grèce
l'École d'Athènes, une grande mission permanente en
Italie, et l'École du Caire, où M. Maspéro continue la
tradition de ses grands devanciers. Il a fait exactement ce qu'il fallait faire, quand il a doté le Collège de
France de chaires nouvelles d'un caractère scientifique,
élevé de nouveaux observatoires à Paris et en province, inauguré des enseignements dans les Facultés de
droit et de médecine et surtout dans les Facultés des
sciences et des lettres.

Ces deux dernières Facultés ont été l'objet privilégié
de la sollicitude de l'État; c'est en elles qu'il y avait le
plus à réformer; c'est d'elles et des grands établissements scientifiques qu'il y a le plus à espérer. On a peine
à s'imaginer aujourd'hui combien leur situation était
misérable, il y a vingt ans. Cinq et même quelquefois
quatre professeurs enseignaient dans les Facultés des
sciences les mathématiques avec l'astronomie, la chimie,
la physique, la minéralogie, la géologie, la zoologie,
la physiologie; dans les Facultés des lettres, les littératures grecque et latine, française et étrangères,
l'histoire, la géographie, la philosophie, chaque pro-

1. Voir *l'École française de Rome*, par M. Geffroy. Paris, 1884.

fesseur faisant deux cours par semaine. Il fallait dé-
doubler ces chaires pour que le maitre ne se perdît
plus dans l'immense domaine qu'on lui attribuait, et,
en même temps, introduire dans ces cadres rigides les
sciences nouvelles. On a commencé de le faire : la
statistique de 1878 constatait que, depuis 1868,
30 chaires avaient été instituées dans les Facultés des
sciences et des lettres, qui avaient en outre reçu leur
large part des 42 cours complémentaires et des 47 conférences récemment créés. De 1878 à 1884, les Facultés
des sciences ont reçu 4 chaires nouvelles et plusieurs
laboratoires ; les Facultés des lettres, 15 chaires nouvelles ; il y a aujourd'hui dans les premières 43 maîtrises de conférences et 35 cours complémentaires,
dans les secondes 65 cours complémentaires et 46 maîtrises de conférences. Parmi les cours complémentaires,
beaucoup sont des chaires en expérience où l'on
essaye des enseignements comme celui du sanscrit, des
langues sémitiques, des langues romanes, de la littérature du moyen âge, qui prendront ou même ont déjà
pris place dans les cadres officiels. Quant aux maîtrises
de conférences, elles complètent l'enseignement donné
dans les chaires magistrales, et ceux qui en sont
chargés ont pour fonction particulière la préparation
des étudiants aux grades universitaires. La présence
de ces élèves auprès des Facultés est la grande innovation de ces dernières années. On les a trouvés là où
M. Duruy avait montré qu'il les fallait chercher et où
les trouvent les Facultés analogues de l'étranger, c'est-
à-dire parmi les candidats au professorat. Les bourses
d'études, demandées par M. Duruy, ont été fondées au
nombre de trois cents par M. Waddington : il y en a
aujourd'hui cinq cent soixante-seize ; autour des boursiers se sont groupés en quelques endroits d'autres

élèves: il y a aujourd'hui en Sorbonne un millier d'étudiants en sciences et en lettres, corporation nouvelle qui a, si nous le voulons bien, un grand avenir.

Ne méconnaissons point, par un effet de cette habitude que nous avons d'être ingrats envers nous-mêmes, la valeur de ce qui a été fait jusqu'aujourd'hui : on a fait beaucoup et l'on a marché dans la bonne voie. Mais il s'en faut que nous touchions au but, et il reste à faire plus que nous n'avons fait. D'abord la construction et l'aménagement des bâtiments ne sont pas terminés. Dans la plupart des Facultés des sciences, l'insuffisance des laboratoires fait rougir ceux qui ont admiré l'installation magnifique des laboratoires étrangers. L'état de presque toutes les Facultés des lettres est misérable: il en est où les professeurs sont réduits à se succéder pour leurs cours dans une ou deux pièces; ils n'ont pas un cabinet pour recevoir les élèves; ceux-ci n'ont pas une salle qui puisse leur servir de lieu d'étude ou de réunion; les bibliothèques ne peuvent admettre de lecteurs, n'ayant pas de place pour les livres.

Mettra-t-on des Universités dans des villes qui logent si misérablement leurs Facultés? Fera-t-on l'Université de Lyon, tant que le doyen de la Faculté des lettres pourra dire « qu'elle ne sait où recevoir tes étudiants, où faire passer les examens, où loger les livres? » tant que la Faculté de droit sera reléguée, pour parler comme son doyen, « dans un vieux bâtiment, à l'extrémité de ruelles étroites et infectes, dans lesquelles les étrangers doivent vraiment hésiter à s'engager, et que les Lyonnais ne connaissent même pas de nom? » Encore le vieux bâtiment n'appartient-il pas à la Faculté. Elle est « entassée dans des greniers, » au sommet « d'escaliers sombres et humides, aux mu-

railles imprégnées de toutes les eaux qui découlent des
terrasses supérieures, escaliers si longs, si rudes à
gravir qu'on a le temps nécessaire pour y gagner
quelque refroidissement dangereux. » Fera-t-on l'Université de Nancy tant que les laboratoires y seront si
médiocres et que les Facultés n'auront point une bibliothèque où ranger les quelques centaines de volumes
dont elles disposent? Ne serait-ce pas aller au-devant
de l'humiliation d'une comparaison avec l'Université
voisine de Strasbourg, installée dans un palais, possédant une bibliothèque riche de 500.000 volumes, et
pour laquelle l'économe Allemagne a, sans hésiter,
dépensé 11 millions?

Avant de parler d'Universités, il faut donc savoir
si l'on a dressé le devis des dépenses qui restent à
faire et si l'on est résolu à y pourvoir. Les villes vou-
dront-elles s'imposer de nouveaux sacrifices? L'État,
pour leur venir en aide, trouvera-t-il les 40 millions
qui semblent nécessaires pour achever ce qui est commencé? M. Fallières, ministre de l'instruction publique,
à qui M. de Fourtou reprochait, dans la séance du
Sénat, le jeudi 24 janvier 1884, l'indifférence de l'État
pour l'enseignement supérieur, a nié cette indifférence
en rappelant les progrès accomplis, mais il a dû confesser que les besoins de l'enseignement supérieur
ne sont pas satisfaits: il a prononcé à la tribune
le chiffre de 40 millions de francs nécessaires pour
donner à nos Facultés « un outillage qui lui permette
de rivaliser avec l'étranger ». Enfin, il s'est engagé à
répartir cette somme en plusieurs budgets, et s'est fait
fort de la bonne volonté du Parlement. Le Parlement
ne démentira-t-il pas le ministre? A défaut de crédits
nouveaux malaisés à trouver, fera-t-il participer,
comme l'a proposé M. Berthelot, l'enseignement supé-

rieur à la caisse créée pour subvenir aux constructions des maisons d'école et des lycées? La dépense prévue à l'heure qu'il est pour les constructions de lycées et de collèges est encore de 80 millions ; elle est de 716 millions pour les écoles : les pouvoirs publics voudront-ils faire dériver de ce Pactole un maigre filet de 40 millions? Voilà ce qu'il faut savoir avant toutes choses et la première des questions préalables qu'il convient de poser. A la Sorbonne, on a construit, en attendant la réédification, des baraques en bois, et la Faculté des lettres possède quelques salles décentes qui peuvent soutenir la comparaison avec les classes d'une bonne école de chef-lieu de canton : mais des Facultés de province peuvent aujourd'hui encore regarder avec envie les écoles communales. Ne vaut-il pas mieux retarder l'institution d'Universités, tant que dureront ces misères, que de les rendre plus visibles et plus déplorables en les affublant de la pompe d'un grand nom? Pauvreté n'est pas vice, à moins qu'elle ne s'enfle d'orgueil et n'enveloppe ses guenilles d'un manteau doré.

Bien d'autres questions préalables sont à résoudre, et nous allons en énumérer quelques-unes.

Le gouvernement est-il décidé à ne s'inspirer jamais que des intérêts du haut enseignement lorsqu'il instituera des Universités? Établira-t-il qu'une Université ne peut exister que là où les quatre Facultés sont réunies, non pas seulement dans un même ressort, comme dit la circulaire ministérielle, mais dans la même ville, de sorte qu'un train, même rapide, entre Douai et Lille, entre Aix et Marseille, ne soit pas réputé suffisant pour faire de deux tronçons un corps? Aura-t-il assez d'énergie pour vaincre les résistances de Douai et celles d'Aix, condamnées à perdre leurs Facultés le jour où l'on voudra doter d'Universités la Flandre et la Provence? Le gouvernement est-il résolu à ne jamais concéder à une ville, quelque importunes que soient les sollicitations de son maire et de ses députés, une Faculté de droit ou une Faculté de médecine, de façon à compléter le système et à créer, au cours d'une période électorale par exemple, une Université, sans se préoccuper de savoir si cette Faculté nouvelle sera capable de vivre? Ne sacrifiera-t-il jamais l'apparence à la réalité ni l'intérêt de la science à des ambitions de clocher?

Le gouvernement comprendra-t-il que, l'enseignement supérieur recrutant ses élèves dans l'enseignement secondaire, il est nécessaire d'établir entre les deux ordres d'enseignement une harmonie qui n'existe pas? En France, comme partout, l'enseignement secondaire cherche à résoudre un problème difficile : former les esprits par la culture classique, mais en même temps les initier aux idées et aux faits du monde moderne : car il ne se trouverait personne, même dans les rangs des défenseurs les plus convaincus de l'éducation classique, pour prétendre que nos contemporains puissent être élevés comme le furent les contemporains de Louis XIV. La solution n'est pas aisée : aucun pays ne peut se flatter de l'avoir trouvée, et l'on a entendu, dans la dernière discussion du budget de l'instruction publique en Prusse, des orateurs reprocher à l'enseignement secondaire d'être si exigeant qu'il retient ses élèves jusque passé vingt ans et qu'il les envoie à l'Université fatigués et dégoûtés du travail. Du moins les envoie-t-il à l'Université, car l'enseignement secondaire classique en Allemagne ne donne à personne l'idée qu'il soit la fin de l'éducation, et il prépare ses élèves à une culture supérieure. Chez nous, le baccalauréat est réputé le terme de l'éducation proprement dite : on a donné tant de solennité à cette épreuve, de si gros privilèges à ce diplôme, on a si imprudemment accru les exigences des programmes qu'un bachelier s'imagine en avoir fini avec toute étude préparatoire désintéressée ; le diplôme en main, il va s'inscrire parmi les candidats aux écoles spéciales ou bien au secrétariat des Facultés de droit ou de médecine et, tranquillement, sans scrupule, sans inquiétude, il se prépare au métier qu'il a choisi. Le gouvernement étudiera-t-il les moyens de combattre ce préjugé funeste qui empêche les jeunes Français de devenir de vrais élèves d'enseignement supérieur, de vrais étudiants d'Universités ?

Le gouvernement est-il convaincu de l'incompatibilité du système des Universités et de celui des écoles spéciales qui enlèvent aux Universités les maîtres, l'argent, et, ce qui est plus grave, l'élite même de la jeunesse ? De supprimer ces écoles il ne peut être question ; elles se défendraient trop bien, et l'on n'imagine pas un ministère assez fort pour détruire ou même transformer l'École polytechnique. D'ailleurs, ce serait une imprudence que de ruiner des institutions qui vivent et prospèrent au détriment d'institutions dont le succès, dont l'existence même est problématique. Mais il y a lieu de rechercher si quelques-unes de ces écoles ne doivent pas faire dès à présent aux Universités futures le sacrifice de privilèges nuisibles.

Elles ne prêtent point toutes aux mêmes critiques. Comparez, par exemple, l'École normale et l'École polytechnique : toutes les deux ont le tort d'être des maisons fermées et de condamner des jeunes gens, majeurs et électeurs, au déplorable régime de l'internat [1] ; mais l'École normale est en contact intime

---

1. Ce mot m'a été reproché : je ne le regrette pourtant pas, mais je voudrais l'expliquer. Ce qui est déplorable, à mon avis,

avec les Facultés : la section des sciences, fidèle à l'esprit de l'institution, a des conférences et des laboratoires, mais elle reçoit l'enseignement de la Faculté des sciences ; la section des lettres s'est organisée comme une Faculté, mais aujourd'hui elle se recrute en partie à la Faculté des lettres : elle reçoit de la Sorbonne quelques élèves qui ont été, pendant une ou même deux années, étudiants et qui ont conquis leur diplôme de licencié ; les élèves de troisième année suivent les cours de la Faculté, où ils prennent part à des exercices préparatoires à l'agrégation. Enfin, l'École normale n'a pas d'autres examens ni d'autres diplômes que les examens et les diplômes publics. Elle sort de chez elle pour aller disputer à tout venant le grade de licencié ou le titre d'agrégé. L'excellence de son recrutement en fait une rivale redoutable, et la concurrence de plus en plus vive que lui feront les élèves des Facultés stimulera son travail.

Il n'en est pas de même de l'École polytechnique ; celle-ci, antérieure à l'organisation de l'enseignement supérieur, est une véritable Faculté des sciences ; entre le lycée et les écoles techniques des ponts et chaussées et des mines, elle donne un enseignement scienti-

dans l'internat de l'École normale, ce n'est pas que les élèves soient obligés d'y habiter et d'y passer la nuit, c'est qu'ils soient privés par le règlement du droit d'organiser leur travail comme ils l'entendent, de préférer tel maître à tel autre, de profiter de toutes les ressources d'enseignement et de travail que Paris offre aux jeunes gens laborieux. C'est faire une chose bien hardie que de supposer que les élèves de l'École normale n'aient rien à apprendre au Collège de France, à la Faculté de droit, à la Faculté des lettres, à l'École des Hautes études, de les enfermer pendant deux ans, et de ne leur permettre de suivre les cours extérieurs que pendant la troisième année, où ils sont tout occupés de la préparation au concours d'agrégation. Une simple modification au régime actuel ferait tomber les critiques adressées aujourd'hui à l'internat.

fique analogue de tous points à celui de cette Faculté. Elle fait littéralement double emploi, et, de plus, elle garde un monopole auquel elle n'a aucun droit : elle seule fournit au recrutement du haut personnel des ponts et chaussées et des mines. Il faut avoir le courage de le dire : cette grande école fait beaucoup de mal. Il n'est presque pas de bourgeois en France qui ne rêve de voir un jour son fils coiffé du tricorne et portant au côté l'épée du polytechnicien. La limite d'âge indiquée pour l'entrée devient la règle des études d'une foule d'écoliers : on les entraîne, on les surmène. Le ministère de l'instruction publique est sollicité d'accorder des dispenses à des enfants de quinze ans qui demandent à se présenter au baccalauréat, afin d'avoir plus de temps devant eux pour préparer le grand examen. L'extrême fatigue que s'imposent ces jeunes intelligences est funeste à tous, mortelle à quelques-uns. Dans ce grand nombre des appelés, beaucoup ne sont pas élus, qui se voient exclus à vingt ans et pour jamais des carrières auxquelles ils se destinaient. Parmi les admis, ceux qui renoncent à disputer les rangs qui assurent un emploi civil se découragent ; ils acceptent comme un pis-aller la carrière militaire ; les moins résignés essayent de s'y soustraire, et se tournent les uns vers l'industrie, les autres vers l'Université, ceux-ci au prix de nouveaux efforts et après avoir conquis les grades nécessaires. Et pendant que l'école privilégiée demeure la cause de ces désordres, les Facultés des sciences sont privées d'une grande partie de leurs élèves naturels.

Mettre l'École polytechnique, en attendant qu'elle devienne une école purement militaire, dans la même condition que l'École normale, c'est le moins que l'on puisse faire : ses élèves n'auraient accès dans les administrations des ponts et chaussées, des mines, des tabacs, des télégraphes, qu'après un concours ouvert aux candidats du dehors et pour lequel la limite d'âge pourrait être reculée : on ne l'a si fort avancée que parce que, l'École étant à la fois militaire et civile, le ministre de la guerre, qui veut avoir des officiers jeunes, y fait la loi. Une pareille réforme serait un bienfait pour tout le monde : bienfait pour les écoliers, car leur cerveau serait affranchi de la tyrannie d'un examen prématuré ; ils garderaient plus longtemps la liberté précieuse du choix de la carrière, et s'ils manquaient le but à la fin, ils seraient préparés à d'autres emplois : bienfait pour les corps des ponts et chaussées, des mines et des télégraphes, où la concurrence apporterait des forces nouvelles : bienfait pour les Facultés des sciences, qui joindraient une élite à leurs étudiants actuels et prendraient ainsi dans la vie nationale la place qui leur revient [1].

Pour conclure, le gouvernement voudra-t-il mettre les institutions anciennes en harmonie avec les nouvelles ? Fera-t-il ce qui est en son pouvoir pour que la jeunesse qui se destine aux carrières libérales soit élevée en commun dans les Universités françaises ? Il a groupé autour des Facultés des sciences et des lettres un premier noyau d'étudiants : mais il ne pense pas assurément qu'il ait fait assez. Il n'est pas trompé par les statistiques officielles : il sait bien que, si la Sorbonne et cinq ou six Facultés de province commencent à être entourées de véritables élèves, ailleurs le rôle des étudiants est joué sans succès par une petite troupe de boursiers.

---

1. Je reproduis ici des arguments présentés dans des discussions de la *Société d'Enseignement supérieur* par mon collègue, M. Dastre. Voir *Études de 1879* publiées par la *Société d'Enseignement supérieur*, p. 318 et suivantes.

Ce ne sont là que les principales parmi les questions que le gouvernement doit préalablement résoudre. Il n'en est pas une seule qui n'offre les plus grandes difficultés ; mais nous les voulons supposer résolues : serons-nous après cela au bout de nos peines ? Nous serons seulement en présence d'une autre série de questions. Admettons que, dans quelques chefs-lieux académiques où il aura été satisfait à toutes les conditions exigées, on fasse des quatre Facultés une Université : aura-t-on du jour au lendemain des Universités véritables ? Non, car si les Universités doivent être de grandes écoles intellectuelles et scientifiques, elles ne naîtront point de la juxtaposition de quatre Facultés, dont deux, celles de droit et de médecine, sont, avant tout, des écoles professionnelles, pendant que les deux autres, celles des sciences et des lettres, menacent de devenir des écoles préparatoires au professorat.

Le doctorat en droit et le doctorat en médecine ne sont ni l'un ni l'autre des épreuves scientifiques. Depuis longtemps, des hommes autorisés, des professeurs de la Faculté de médecine de Paris ont émis le vœu que le doctorat actuel fût réduit à la condition d'un certificat d'études et qu'il fût institué un doctorat ès sciences médicales : à leur avis, cette institution exigerait la création de laboratoires, peut-être même de chaires nouvelles constituant une sorte de Faculté du haut enseignement médical. La question est difficile : récemment soumise par le ministre de l'instruction publique à la délibération des écoles et des Facultés de médecine, elle a provoqué les opinions les plus diverses ; mais les procès-verbaux du débat et les rapports qui le résument démontrent que l'enseignement scientifique de la médecine est encore à créer. Quant aux Facultés de droit, elles rendent de grands services par la préparation aux carrières juridiques, mais on y a fait jusqu'à présent une trop petite place à la science, qui, dans cet ordre d'études, est représentée par l'histoire du droit et par la comparaison entre les législations des différentes époques et des différents pays. Ici encore, il faut organiser un enseignement scientifique. Sans doute ces enseignements nouveaux s'adresseraient à un petit nombre d'élèves : mais la quantité n'importe guère et nulle part il ne faut autant que dans l'enseignement supérieur se préoccuper des minorités : c'est dans ces minorités qu'il doit recruter ses maîtres.

Les Facultés des sciences et des lettres ont sur les deux autres cet avantage que les épreuves de leurs doctorats ont un caractère scientifique ; mais ces doctorats ne sont pas des examens subis à la fin des études : la thèse doctorale est une œuvre personnelle, le premier acte de la vie scientifique, et la plupart des candidats sont déjà des professeurs. Les étudiants préparent à la Faculté les diverses licences et les diverses agrégations, et naturellement ils demandent à leurs maîtres de les aider. Ceux-ci leur donnent une large assistance : à cause de cela, ils sont accusés de préparer eux-mêmes la décadence des Facultés, en les soumettant à la discipline des examens. Il serait trop aisé de les venger du reproche et de prendre en même temps la défense des étudiants en sciences et en lettres, ces nouveaux venus un peu exigeants, mais qui ont apporté dans la maison leur jeunesse et ouvert devant nos yeux la perspective d'un bel avenir pour nos Facultés. Mais il est certain qu'il y a des mesures à prendre pour que l'éducation professionnelle de ces jeunes gens ne nuise pas à l'enseignement scientifique et que l'examen des agrégations, par exemple, n'opprime pas comme il fait aujourd'hui les deux grands enseignements de l'histoire et de la philosophie. Que l'on prenne donc ces mesures : le corps enseignant les désire et il les a lui-même étudiées à l'avance. Il ne faut pas les lui faire trop attendre : on compromettrait l'avenir de Facultés qui doivent être les principales dans le système des Universités, puisqu'elles ont la charge de dispenser la culture générale.

Lorsque chacune des Facultés renouvelées aura été rendue digne de devenir membre d'une Université, il faudra encore déterminer quelles sortes de relations doivent être établies entre elles, car si elles persistaient à vivre, comme aujourd'hui, isolées et indépendantes, chacune se suffisant à elle-même et gardant pour elle seule ses élèves, nous aurions encore une fois des Facultés juxtaposées, mais point d'Universités. Aussi faut-il reprendre la question, souvent étudiée, des rapports entre les Facultés de droit et des lettres, d'une part, de médecine et des sciences, d'autre part. Les deux premières ne peuvent se passer l'une de l'autre ; elles sont intimement unies par l'histoire et par la philosophie ; toute éducation de juriste confinée dans la pure étude du droit est incomplète et fausse. Aussi s'est-on demandé s'il ne conviendrait pas d'exiger des étudiants en droit qui vont jusqu'au doctorat un diplôme de licencié ès lettres ; il a semblé que ce serait une trop grande exigence, mais il reste à chercher si l'on ne peut pas, sans employer cette forme solennelle des examens et de la collation d'un diplôme, intéresser les étudiants en droit à l'enseignement des lettres. Il semble qu'il soit plus aisé de rapprocher les Facultés de médecine et des sciences : en effet, on demande aux élèves en médecine et en pharmacie des notions de sciences physiques et naturelles supérieures à celles qu'ils ont reçues dans les lycées, et c'est aux Facultés des sciences qu'il appartient de les leur donner ; mais, jusqu'à présent, la Faculté de médecine, comme s'il y avait deux sortes de chimie, de physique et d'histoire naturelle, a enseigné ces sciences en les qualifiant de médicales. Les conséquences sont singulières et déplorables : car il est singulier que des chaires de même titre répètent les mêmes cours et que le même professeur aille faire les mêmes leçons, comme il arrive dans plusieurs villes universitaires, à la Faculté des sciences, à l'École de médecine, à l'École de pharmacie : il est déplorable que le même cabinet de physique, avec les mêmes instruments insuffisants et démodés, soit répété en trois ou quatre exemplaires dans la même ville, parfois sous le même toit, et que nos ressources, qui sont si petites, soient ainsi gaspillées.

III

Nous voici parvenus au terme de cette longue série de questions qu'il faut préalablement résoudre si l'on veut instituer des Universités en France, et notre conclusion est que le ministre de l'instruction publique a sagement fait de donner à entendre, dans la circulaire qui accompagne le questionnaire envoyé aux Facultés, que la tentative pourrait bien être prématurée : elle l'est incontestablement. Mieux vaut mille fois ajourner une telle réforme que de la compromettre, et on la compromettrait si l'on se donnait les apparences et le mot pour se faire croire qu'on a la chose ; mais il faut l'ajourner avec la résolution bien arrêtée de l'accomplir un jour et de la préparer sans relâche dès à présent.

Le ministère a inauguré dans les dernières années une manière de procéder nouvelle : il interroge sur tous les projets de réforme les Facultés compétentes et publie dans une série de brochures les réponses à ses questions. Il comprend que ce qui intéresse l'enseignement supérieur doit être discuté par les membres du corps enseignant, qu'on n'obtient point de progrès par des décrets, que les vraies réformes doivent être voulues par ceux qui les appliqueront; enfin que l'expression libre d'une opinion provoque le sentiment de la responsabilité dans le corps qui la produit. Faire discuter par une Faculté ses affaires, c'est la préparer à l'autonomie. N'est-il pas possible d'habituer dès maintenant les Facultés à se rapprocher les unes des autres, à délibérer ensemble? Les conseils académiques réunissent les représentants des diverses Facultés : ils sont bien organisés pour discuter les grandes questions d'enseignement, mais leurs courtes sessions sont encombrées d'affaires diverses et il n'a point paru jusqu'à présent qu'ils comprissent l'importance de leur rôle. On obtiendrait de meilleurs résultats si l'on invitait les Facultés à constituer, sans pompe ni cérémonie, un conseil où chacune serait représentée par des délégués et qui étudierait les affaires communes. Dans ces conseils, on pourrait dresser, après mûre délibération, une sorte de cahier des charges où seraient énumérées toutes les conditions que l'État et telle ville, d'une part, les Facultés, d'autre part, doivent remplir avant qu'une Université soit établie en tel ou tel lieu. Et, pendant cette période préparatoire, il appartiendrait à tous les hommes éclairés de faire une propagande ardente et patiente en faveur de l'enseignement supérieur et des Universités futures, en montrant les bienfaits qu'on en pourrait attendre.

Pour parler d'abord des services qu'il est le plus aisé d'apprécier, les Universités françaises, justement parce que chaque Faculté sera pourvue de meilleurs moyens d'enseignement, donneront aux fonctions publiques et aux carrières libérales des hommes mieux instruits. Elles renouvelleront le corps de l'enseignement secondaire, où se trouve, au-dessous d'une élite, la foule de maîtres qui, pourvus du simple grade de bachelier, n'ont reçu ni éducation professionnelle, ni éducation scientifique et ne peuvent avoir aucun souci (n'en ayant pas même le sentiment) des grands intérêts intellectuels confiés par le pays à leur corporation. On ne sait pas assez qu'il n'y a en moyenne que deux licenciés dans chacun de nos collèges et que c'est là une situation humiliante. Or l'institution d'Universités aurait sans doute pour effet d'achever ce groupement aujourd'hui commencé des futurs professeurs autour des chaires des Facultés, et de rendre ainsi plus facile l'action que l'enseignement supérieur doit exercer sur tout l'enseignement public. Ne sont-ce pas en effet les grands établissements scientifiques et les Facultés qui renouvellent sans cesse la matière de l'enseignement ? Et ne peut-on pas espérer que, lorsque les Facultés feront faire à tous les candidats au professorat l'apprentissage de la vie intellectuelle, ceux-ci sentiront le besoin de tenir leur esprit au courant des travaux et des découvertes, au lieu de cheminer, comme ils font aujourd'hui, en sommeillant dans l'étroite routine de leur métier ?

N'oublions pas que l'enseignement supérieur, en d'autres pays, pénètre l'enseignement secondaire, même l'enseignement primaire, soit directement par l'éducation donnée aux professeurs, soit indirectement par le livre. Il importe aux enfants assis sur les bancs d'une école de village, à plus forte raison aux élèves des lycées et collèges, que l'on étudie en Sorbonne les sciences dont leurs maîtres et leurs livres ne leur donnent que les éléments, et que maîtres et livres soient attentifs à tout progrès. Autrement, ils demeurent stationnaires : le maître enseigne comme il a été enseigné lui-même : grammaires, histoire, se répètent et se copient : le travail qui se fait en haut, et qui devrait être le patrimoine commun de la nation, ne profite qu'à un petit nombre, et n'est mis en valeur que dans les pays étrangers. L'enseignement supérieur enfin ne remplit pas sa mission, qui est d'assurer le progrès perpétuel de la science, mais aussi de la rendre populaire en la faisant pénétrer partout.

Les Universités, quand elles prospèrent, ne préparent pas seulement aux pays qui les possèdent des juges, des magistrats, des médecins, des professeurs : elles prêtent à l'agriculture et à l'industrie le secours de la science étudiée dans leurs laboratoires. La puissance productive de la science s'est révélée de nos jours. Les plus ignorants savent qu'à la science sont dus les progrès de la métallurgie, par lesquels a été transformée l'industrie, ceux de la mécanique et de la chimie, qui ont renouvelé l'art de la guerre, et ils admirent chaque jour quelque application nouvelle de l'électricité. Toutes ces choses, grandes, belles ou terribles, ne se préparent-elles pas dans les laboratoires ? Le monde entier connaît le nom de M. Pasteur, ce grand nom qui honore la France. N'est-ce pas dans son laboratoire de l'École normale que M. Pasteur a trouvé le remède à ces maladies qui prélèvent sur nos industries agricoles un si lourd tribut ? Sans doute les Pasteur, les Bernard, les Dumas, les Wurtz se sont formés sans que nous ayons d'Universités en France, et les Universités n'absorberont jamais en elles toute la vie intellectuelle du pays ; l'esprit continuera de souffler où il veut, et le génie demeurera chose individuelle et mystérieuse ; mais encore faut-il que le pays qui produit de grands inventeurs paye sa dette au génie en lui donnant des instruments de travail et la foule des disciples.

Un écrivain qui appartient à cette pléiade de nos savants illustres, M. Berthelot, a montré ce qu'il en coûte à un pays de reléguer dans l'isolement de laboratoires insuffisants les hommes dont les travaux créent la richesse industrielle[1]. Après avoir parlé de la découverte de matières colorantes, due aux recherches scientifiques poursuivies depuis quarante ans dans les laboratoires, et marqué la part considérable que la science française y a prise, il ajoute : « La France n'en a pas tiré le même profit matériel que ses voisins, parce que nos laboratoires, trop petits, trop mal outillés, n'ont pu fournir aux fabriques et aux ateliers ces nombreux ingénieurs qui font la force des usines allemandes. Nous sommes des généraux sans soldats. Nous soutenons la lutte, comme pourrait le faire un peuple qui a conservé l'usage des routes ordinaires contre une nation pourvue de chemins de fer. Dans cet état de choses, il n'est pas surprenant que l'Allemagne produise aujourd'hui pour 50 à 60 millions de francs de matières colorantes, tandis que la production de la France est tombée à 5 ou 6 millions. L'indifférence avec laquelle les producteurs de garance ont regardé pendant longtemps les progrès de la chimie moderne est aujourd'hui frappée de la façon la plus cruelle par la ruine d'une de nos industries les plus fructueuses. »

Il n'est pas nécessaire d'insister sur cette démonstration si probante. Souhaitons seulement que les pouvoirs publics comprennent que l'enseignement supérieur rend au centuple l'argent qu'on lui prête. Mais il est besoin, au contraire, de dire et de démontrer que l'en-

1. *L'Enseignement supérieur et son outillage*, par M. Berthelot, au tome V de la *Revue internationale de l'enseignement*, p. 383 et suiv.

seignement supérieur est la source d'autres bienfaits non moins grands, bien que moins aisément appréciables. Les Universités seront bienfaisantes, en recueillant, afin de lui inspirer certains sentiments, certaines idées et certaines habitudes d'esprit, notre jeunesse aujourd'hui moralement abandonnée au sortir du collège.

Cette jeunesse a besoin que l'on s'intéresse à elle : arrivée à la vie intellectuelle en un temps où toutes les doctrines qui étaient en possession des esprits depuis de longues années avaient perdu leur crédit, elle a trouvé sur le sol les débris de la philosophie éclectique, ceux des théories historiques qui employaient l'histoire à démontrer la légitimité de régimes successivement emportés par l'orage, et des théories politiques qui, nous ayant promis le bonheur et la paix, ne nous les ont point donnés. Elle a pris l'horreur des idées générales et le dégoût de l'éloquence qui les exprime; elle n'aime que le réel, n'a de curiosité que pour le fait démontré. Il est inutile de récriminer contre ces dispositions : il arrive toujours que les esprits sont attirés, comme par une force fatale, vers les recherches positives aux époques où, les anciennes opinions étant reconnues fausses, la nécessité s'impose d'un nouvel effort à la recherche de la vérité. Mais, s'il est un lieu où le défaut peut être corrigé, c'est l'Université : l'étroite faculté, l'école spéciale, sont faites pour le rendre incurable.

L'Université ne donnera point seulement à chacun la dose de connaissances qui lui est nécessaire ; elle élargira les esprits par le spectacle de son enseignement et par le contact qu'elle établira entre des jeunes gens de vocations diverses; elle les fortifiera par la méthode même de l'enseignement supérieur; car l'enseignement supérieur, c'est, en fin de compte, une méthode : son objet suprême est d'élever les esprits au-dessus des connaissances de détail et de les rendre capables de cette haute dignité qui est la faculté de juger par soi-même et de produire des idées personnelles. « Tu es affranchi du joug de l'autorité d'autrui ; tu es libre. Tu ne considéreras plus comme vrai que ce que tu auras puisé aux sources mêmes de la vérité. Tu ne jureras plus sur les paroles d'un maître. Tu consulteras les livres pour savoir ce qu'on a pensé avant nous, mais tu les fermeras pour penser par toi-même. » Ainsi parle en Allemagne le doyen qui remet à un jeune homme quittant l'Université le bonnet de docteur en philosophie. Que le professeur ou l'étudiant soit chimiste, philologue, physicien, philosophe, astronome, le discours est le même, et cette formule est faite pour rappeler à tous que l'enseignement supérieur, à quelque partie que s'attache le maître ou l'élève, peut et doit, par sa méthode, affranchir l'esprit du joug de l'autorité d'autrui et le faire libre en lui apprenant à puiser la vérité à sa source. Un pays a besoin d'hommes libres de cette sorte : ce sont eux qui s'élevant, pour les dominer, au-dessus des habitudes acquises, sont capables d'entretenir cette faculté d'initiative sans laquelle on voit tomber en décadence lettres, sciences, industrie, politique, tout ce qui fait vivre une grande nation moderne.

Le père Didon semble attendre des Universités deux sortes particulières de services. Il les voudrait charger de réconcilier l'État et l'Église, la science et la religion, et il a écrit de très belles pages sur l'enseignement religieux à l'école primaire et au gymnase, sur l'enseignement de la théologie dans les Universités, sur l'importance de la religion dans la vie et de la théologie dans la science ; mais, lorsqu'il convie le clergé de France à sortir de son isolement pour se mêler à la vie

nationale ; lorsqu'il proclame hardiment que ce serait
un bienfait pour la science divine de sentir le contact
vivifiant de la science humaine, et, qu'ambitieux de
nous rendre les grands esprits qui furent à la fois les
lumières de notre Église et l'honneur des lettres françaises, il convie respectueusement la hiérarchie catholique à prendre place dans le collège universel de
France, quel beau rêve de moine, mais quel rêve ! Ici
encore il se trompe en invoquant l'exemple de l'Allemagne. L'Allemagne a été lente dans son évolution
religieuse ; elle a procédé par transformations et par
transitions : elle a prolongé, par la Réforme, la vie du
Christianisme, et l'histoire peut seule expliquer la formation de cet état d'esprit bizarre, exprimé par le mot
religiosité, où se rencontrent en ce pays des croyants
sans formule précise, des sceptiques que le doute n'a
pas rendus haineux, des athées même, car on a en
Allemagne une façon religieuse d'être athée. Et c'est
pourquoi on y conserve encore les vieilles formes et
l'on fait réciter le catéchisme à l'école et au gymnase.
Pour nous qui, sans traverser cet état d'esprit, avons
sauté d'un bond, selon notre façon, de Bossuet à Vol-
taire, nous sommes fort au delà du point où l'Allemagne
s'est arrêtée. Retourner en arrière est impossible : il
nous faut laisser le passé dans l'histoire comme un sujet
d'études et n'en pas encombrer notre marche. L'Université de l'avenir étudiera toutes les religions, les
mortes et les vivantes, comme de nobles phénomènes
par lesquels se manifeste la vie de l'humanité : elle les
comparera les unes aux autres, déterminera les conditions diverses qui leur ont donné cette grande diversité
de formes, découvrira les relations de ce prétendu absolu
avec le relatif et le contingent. Il ne sera pas besoin
d'instituer pour cela une Faculté des sciences religieuses :

l'étude des religions fait partie de l'histoire et de la philosophie. Le principal caractère de nos Universités sera d'être des écoles de science et de raison, comme il convient chez un peuple que l'on dit enthousiaste et léger, mais qui est condamné à faire avant tous les autres et sous leurs yeux la redoutable expérience de vivre sous la conduite de la seule raison.

Le père Didon voudrait encore que les Universités fussent des lieux d'entraînement patriotique. Mais il faut bien savoir que notre histoire et notre caractère diffèrent trop de l'histoire et du caractère des Allemands pour que notre patriotisme ressemble au leur et se puisse enseigner de la même façon. Nous avons eu nos heures de vanité, même de vanité intolérable, mais jamais nous n'avons conçu cet immense orgueil et cette admiration de soi-même, que les Allemands concilient si aisément avec leur prétention d'être seuls capables de comprendre l'universel et « l'objectif ». Lisez leurs historiens : ils font apparaître les Germains, au déclin du monde antique, comme des sauveurs et les révélateurs d'une civilisation nouvelle ; l'invasion avec ses brutalités néfastes est admirée par eux comme le premier grand acte de la force allemande ; l'extermination ou l'assujettissement des peuples slaves en est un autre ; à cette force ils prêtent je ne sais quelle grâce farouche, aux guerres où elle se déploie une vertu propre, comme si, lorsqu'ils font la guerre, ils remplissaient par délégation divine un sacerdoce. Tous les grands faits de la civilisation générale sont revendiqués par les Allemands comme leur bien propre ; le Christianisme avait eu ses martyrs et ses grands docteurs avant que la politique de Clovis et les terribles guerres des Carolingiens l'imposassent aux Francs et aux Allemands ; il aurait, sans l'invasion des barbares, produit nos grands chrétiens

de France et d'Italie; mais c'est chose convenue en
Allemagne qu'il n'a été bien compris que par les Allemands et que Jésus de Nazareth s'est révélé, non sur le
Thabor, mais dans les montagnes de la Thuringe. Les
conceptions philosophiques les plus générales sont ap-
pliquées tout de suite par les Allemands à la glorification de l'Allemagne : l'universel esprit des hégéliens
eut à peine apparu que les disciples de Hegel l'incor-
porèrent comme une recrue dans l'État prussien. Enfin
nous entendons dire, nous qui avons bien eu quelque
mérite, chèrement payé, à faire la Révolution française,
qu'il est réservé aux Allemands de révéler au monde la
révolution. Heine n'a-t-il pas prédit que l'Allemagne
enseignerait aux deux nations régicides, l'Angleterre
et la France, la vraie manière de couper la tête d'un
souverain? Ce peuple, si content de lui, n'aime pas
l'étranger et n'a pas souci d'en être aimé. C'est pour
cela qu'il prêche à ses enfants, dans la famille, à l'école,
à l'Université, l'amour et l'admiration de lui-même; c'est
pour cela qu'il y a une philologie, même une théologie
allemande, et que les savants d'outre-Rhin ont une
façon particulière de prononcer les mots *deutsche Wis-
senschaft*. Ils disent : la science allemande comme on
dit : mon pays, mon domaine, ma propriété.

Notre France a eu des destinées différentes; elle a un
tout autre génie. Nous étions de l'empire romain lorsqu'il a été détruit, et nous nous étions approprié la civilisation ancienne, qui est demeurée la civilisation
humaine, après qu'elle a reçu du Christianisme les vertus qui l'ont achevée. Cette civilisation, nous avons été
des premiers à la retrouver et à la remettre en honneur
au sortir de la période toute germanique du moyen âge.
La faculté que nous avons de nous assimiler ainsi ce
qu'on peut appeler les idées et les mœurs générales n'a

point permis que nous missions notre orgueil à ne pas
ressembler aux autres et à nous déclarer inimitables :
il nous a toujours plu d'imiter et d'être imités. Si la
vertu nationale allemande est la force, la nôtre est la
sympathie. Nous avons eu sans doute nos guerres d'ambition, et les victoires de nos rois nous ont réjouis ; mais
nous n'hésitons pas à flétrir les excès et les violences
que quelques-uns d'entre eux ont commis. Nos véritables
guerres sont des guerres d'enthousiasme, dont la première a été, dans les temps modernes, la guerre d'Amérique, et la dernière, la guerre d'Italie. Nous seuls avons
eu cette prétention naïve de combattre, de vaincre, de
conquérir moins encore pour la glorification de la
France que pour le triomphe de certaines idées. C'est
pourquoi nous sommes incapables d'instituer l'enseignement d'un patriotisme qui soit le culte de nous-
mêmes et la haine ou le mépris de l'étranger. Sans doute
ce sera un devoir pour nos Universités d'instituer et de
poursuivre, en province comme à Paris, une enquête
sur nos origines, notre race, notre langue, notre littérature, nos institutions, nos actions, notre rôle dans le
monde, de façon que les esprits éclairés puissent concevoir la synthèse de la France et que les professeurs
d'histoire soient mis en état de donner à l'enfance et à
la jeunesse autre chose que ces froides et sèches notions
qu'on leur distribue aujourd'hui sous le nom d'histoire
de France. Par là les Universités seront des écoles de
patriotisme, mais elles auront bien d'autres façons de
servir la patrie française.

Elles serviront la patrie française par cela même
qu'elles accroîtront l'activité scientifique de la France.
Dans cette discussion du budget de l'instruction publique
en Prusse à laquelle il a été fait allusion tout à l'heure,
M. Virchow a prononcé de curieuses paroles. Au cha-

pitre de l'enseignement secondaire, il a demandé que l'on renonçât à enseigner dans les écoles l'écriture allemande et qu'on y substituât l'écriture latine. Il ne faut point que nous maintenions, a-t-il dit, « une forme d'écriture qui rend difficile aux peuples étrangers les rapports étroits avec nous. Dans la littérature scientifique, nous avons depuis longtemps dû sacrifier l'écriture allemande, parce que nous avons un grand intérêt à nous rendre aisément intelligibles à nos collègues des autres nations. *C'est beaucoup déjà d'exiger qu'ils apprennent l'allemand,* mais vouloir qu'ils le lisent écrit en caractères allemands, c'est trop leur demander. »
Paroles à méditer, car elles expriment cette vérité que les travailleurs ne peuvent se passer avec sécurité de la langue allemande : aussi l'apprenons-nous comme on l'apprend dans toute l'Europe, et l'universalité de la langue française est menacée. C'est chose naturelle que les peuples apprennent la langue du peuple qui a le plus à enseigner aux autres; mais n'est-ce point une parole plus dure à entendre que celle d'un politique enorgueilli par la victoire, celle de ce vieux savant, qui, sans phrases, tout naturellement, proclame que nous sommes les tributaires de l'Allemagne et propose charitablement que l'on nous facilite les moyens d'acquitter le tribut? On ne saurait mieux dire qu'un peuple occupe dans le monde une place proportionnée à la richesse de sa production scientifique. Enrichir la science française, ce sera donc agrandir la France.

Dans la même discussion, au chapitre de l'enseignement supérieur, comme on parlait de l'encombrement des maîtres dans les Universités et d'un prolétariat de savants qui semble s'y former, M. Virchow a rappelé que l'Allemagne a toujours eu « ce titre de gloire spécial de produire assez de maîtres pour faire

occuper chez les nations voisines, et même dans les
régions les plus éloignées, en Amérique, en Australie,
des chaires par des sujets allemands ». Mais, a-t-il
ajouté, « la politique allemande, en nous aliénant une
nation après l'autre, en exposant de plus en plus à la
haine le nom des Allemands, a eu pour effet de refroidir
l'empressement de nos voisins à demander des savants
à l'Allemagne. On ne veut plus avoir d'Allemands. La
puissance de l'Allemagne pèse sur son exportation. La
Russie était, il y a quelques années, sur presque toute
son étendue, ouverte à cette exportation de savants,
qui devient bien plus difficile. La Hollande, qui, pendant
quelque temps, s'est fournie chez nous, ne veut plus
d'Allemands. La Belgique, que nous pourvoyions autrefois, nous est fermée ». Et M. Virchow regrette ce bon
temps d'autrefois, où l'on disait à ces émigrants :
« Jeune homme, pars à l'étranger et sois le messager
de la science allemande ! » Il y a peut-être quelque exagération dans ce discours du député progressiste, et le
ministre l'a contredit en citant quelques faits, car en
Allemagne comme partout, à la statistique de l'opposition le gouvernement trouve à opposer une statistique
bien pensante ; mais M. de Gossler n'a réfuté que très
imparfaitement les dires de M. Virchow, et nous pourrions démontrer que, pour quelques pays au moins,
celui-ci a raison. Dès lors, pourquoi n'aurions-nous pas
l'ambition d'occuper un jour ces places restées vides ?

Certes, l'ambition serait aujourd'hui prématurée :
nous ne pouvons, à l'heure qu'il est, satisfaire nos
besoins les plus pressants. Nombre de nos chaires sont
mal occupées, et des enseignements, sans lesquels il
n'y aurait pas d'Universités complètes, ne sont pas
même représentés par des maîtres ; mais il faut bien
qu'on sache que la jeunesse française est disposée au

travail. Les cadres de nos Facultés se remplissent de jeunes maîtres desquels nous concevons de belles espérances ; il se manifeste un empressement extraordinaire à conquérir le titre scientifique du doctorat, et la Faculté des lettres de Paris fera cette année près de vingt docteurs : depuis le 1er janvier 1883, elle a inscrit soixante et un sujets de thèses doctorales. Des publications comme celles des Écoles d'Athènes et de Rome sont de nature à relever notre renommée scientifique ; des Facultés de province publient des recueils dont l'autorité s'établit ; nous voyons enfin les étudiants de nos Facultés se préoccuper déjà de leur travail futur et manifester l'ambition de s'honorer par des études personnelles. Ce n'est donc point céder à l'envie d'espérer à tout prix que d'entrevoir un jour où, les regards de l'étranger étant attirés vers nous par notre travail, sa sympathie nous revenant, nous pourrons prendre, nous aussi, notre place sur le marché intellectuel ouvert à l'exportation des grands pays producteurs, et dire à quelques-uns de ces jeunes gens, qui ne trouveraient pas place dans nos cadres : « Va, jeune homme : on t'appelle en Suisse, en Belgique, en Hollande, en Roumanie, en Russie, en Amérique ; pars et sois le messager de la science française [1] ! »

Le messager sera bien accueilli, si les Universités françaises reprennent une vieille tradition de la France, qui était de présider, dans le concert européen, à l'échange des idées, des doctrines et des sentiments dont se compose la civilisation générale. Dans une allocution adressée récemment aux étudiants de la Faculté des lettres de Paris, M. Gebhart leur rappelait le temps où notre pays instituait au centre du monde

---

1. Un célèbre établissement d'enseignement supérieur étranger cherche en ce moment, sans les trouver, six professeurs français.

l'hospitalité de l'esprit : il prodiguait à toutes les nations « son génie, ses fables chevaleresques et ses inspirations lyriques, les modèles de ses artistes, l'érudition de ses grands lettrés, la sagesse de ses moralistes, l'expérience de ses philosophes ét de ses économistes, les vues sociales de ses réformateurs et les réformes de ses hommes d'État, » et recherchant « à son tour l'éducation des peuples du dehors, » il accueillait tout ce qu'ils lui pouvaient donner de libéral et de grand : au xvie siècle, la Renaissance italienne ; au xviie, les lettres espagnoles ; au xviiie, Shakspeare et la philosophie anglaise ; de telle sorte qu'il acquérait un esprit universel, et par sa langue universelle révélait les peuples les uns aux autres. M. Gebhart regrette que ce concert intellectuel faiblisse, et que la France n'y joue plus son rôle. Pourtant plus d'un signe annonce que nous voulons reprendre notre curiosité d'autrefois. Nos enfants apprennent les langues étrangères mieux que nous ne l'avons fait, et les bibliothèques publiques ou privées de la France s'enrichissent de tous les livres étrangers de quelque valeur; mais nous procédons, ici encore, par efforts confus, et notre enseignement supérieur a son rôle marqué, qui est de suivre l'activité intellectuelle partout où elle se manifeste, d'étudier l'histoire, la littérature, les arts des différents peuples, de mesurer leurs génies, de les comparer et de les juger. La haute impartialité nécessaire à cette enquête, nous l'avons beaucoup plus que l'Allemagne, car l'Allemagne connaît l'étranger (la France en particulier) beaucoup moins qu'elle ne se l'imagine et que nous le croyons nous-mêmes, empêchée qu'elle est par son propre orgueil. Si nous appliquons à cette œuvre notre esprit honnête et clair, et que, pensant par nous-mêmes, nous repensions ce que les autres ont pensé, nous verrons bientôt s'élargir dans le monde notre place, que notre incurie intellectuelle autant que nos malheurs, a réduite.

Tels sont les grands services que nous pourrions attendre d'une organisation sérieuse du travail intellectuel dans les Universités. On ne manquera point de nous accuser d'être facile à l'espérance et de rêver nous-même, après avoir reproché au père Didon ses rêves. Mais nous avons commencé par dire toutes les difficultés de l'œuvre entreprise, par exprimer la crainte que nous ne nous payions de mots et d'apparences, par confesser que de longues années s'écouleront avant que l'épi sorte du grain que nous jetons dans le sillon. Nous savons bien d'ailleurs que quiconque espère une moisson doit aussi craindre l'orage. Un orage nous menace, à l'heure où nous sommes, et qui pourrait ruiner nos espérances.

Comment ne point parler, au terme de cette étude sur l'avenir des Universités françaises, du projet de loi soumis à la délibération du Parlement et qui prétend retenir toute notre jeunesse sans distinction, pendant trois années, sous les drapeaux? Certes, il ne faut point parler légèrement ni avec amertume de ce projet : il était inévitable que, dans ce pays qui a la passion de l'égalité, disons aussi le sentiment de la justice, le jour vînt où l'opinion réclamât comme chose juste l'égalité de tous devant le service militaire. Le souvenir encore récent de cette grande injustice du rachat de l'impôt du sang, la mauvaise organisation du volontariat d'un an, auquel on a donné le caractère d'un privilège pécuniaire et social, le progrès continuel du sentiment démocratique, ont contribué à précipiter ce mouvement d'opinion contre lequel il faut lutter aujourd'hui. Mais il faut lutter avec la plus grande énergie, et nous gagnerons notre cause, si nous savons bien la plaider. Il s'agit, en effet, non pas de protéger un privilège, mais de défendre le droit et le devoir de l'État : droit et devoir de veiller au recrutement de certaines professions publiques, dont l'apprentissage veut un certain nombre d'années d'études faites à un certain moment de la vie; droit et devoir de protéger la haute culture intellectuelle et de garder ainsi l'honneur même de la démocratie française, car notre démocratie se frapperait de déchéance si, au lieu de se conduire par des règles idéales, supérieures à elle-même, elle se contentait de déduire logiquement les conséquences du principe d'égalité et d'en poursuivre servilement les applications : ce serait instituer une sorte de scolastique où les mots supplanteraient les idées, et qui serait plus fatale à la vie politique que l'ancienne n'a fini par l'être à la vie intellectuelle.

Accordons, exigeons même pour tous les jeunes Français le contact avec l'armée pendant le temps nécessaire à l'apprentissage des armes, puis et surtout la présence en temps de guerre sur le champ de bataille; mais faisons sortir des rangs, au nom de l'État, ceux qui ont à faire l'apprentissage des professions nécessaires à l'État. Exiger trois années de service militaire de ceux à qui l'enseignement du droit, de la médecine, des sciences et des lettres impose trois ans au moins, et le plus souvent cinq ans d'études, c'est, à coup sûr, abaisser ces études mêmes, et les réduire à l'étroite préparation professionnelle dont on sait les déplorables effets. Si jamais cette loi est votée, on verra les jeunes gens, au sortir de la caserne, se précipiter et se bousculer sur les routes les plus courtes qui mènent à l'exercice des professions, et nos Facultés ne seront plus que des ateliers où l'on dressera des contremaîtres. Où donc seront les maîtres? Il n'en est pas de même en Allemagne, dans ce pays qui protège avec un soin extrême sa culture scientifique, et où la caserne est assez libérale pour laisser l'étudiant à l'Université, même pendant l'unique année de service qu'elle lui demande. Il est inadmissible que des Chambres françaises, au moment même où l'Allemagne récolte les fruits de la haute éducation intellectuelle, veuillent couper à sa racine l'arbre qui les doit porter; qu'au moment où l'industrie de l'Allemagne, fécondée par sa science, fait une si redoutable concurrence à la nôtre, on vide nos laboratoires; qu'on nous expose enfin à nous apercevoir un jour que l'Allemagne, en demeurant aussi formidablement armée que nous-mêmes, a continué de pourvoir au service de son industrie, de ses laboratoires, de ses bibliothèques, de son enseignement; d'entretenir la terrible force morale qu'elle tire de ses hautes écoles et d'étendre sur le monde que nous aurions abandonné à son empire intellectuel l'autorité de sa science. Aussi ne voulons-nous pas croire que le gouvernement ait parlé tout entier par la bouche du ministre de la guerre, et que cette grande question soit tranchée par le calembour que ce soldat a fait sur les carrières libérales. M. le président du conseil n'a pas oublié qu'il terminait récemment un discours à la Sorbonne par ces mots : « L'enseignement supérieur, ce n'est pas le superflu, c'est le nécessaire! » Et le ministre de l'instruction publique a le strict devoir de défendre avec énergie les intérêts qui lui sont confiés, sa maison même et le titre qu'il porte : car s'il laisse frapper d'un coup mortel les études désintéressées, son office n'aura plus de raison d'être, et il pourra laisser la place à un ministre des arts et métiers.

CHARLES GRAUX[1]

Charles Graux est né à Vervins (Aisne), le 23 novembre 1852. Fils unique, après le décès d'une sœur morte en 1856, son éducation fut considérée par ses parents comme le grand devoir de leur vie, et le premier mot de cette biographie doit être un hommage rendu au père de Charles Graux; car M. Henri Graux a découvert chez son fils, pour les cultiver avec une suite admirable, les qualités qui devaient faire de lui l'homme dont la trop courte existence nous a laissé de si beaux exemples[2].

1. Cette biographie a paru en tête des *Mélanges Graux*, recueil de travaux d'érudition classique, auquel ont collaboré les plus illustres savants de la France et de l'Europe, et qui a été dédié à la mémoire de Charles Graux. (Paris, Thorin, 1884.) Elle trouve tout naturellement place dans ce volume. L'exemple de Charles Graux montre mieux que toutes les théories ce que doivent être et un étudiant et un professeur d'enseignement supérieur.

2. M. Henri Graux était alors greffier du tribunal de Vervins. Il a cédé sa charge en 1876. Bien qu'il n'ait fait que des études primaires, il a pu diriger toutes les études de son fils. Il n'a point appris avec lui les langues anciennes et n'est jamais entré dans les détails de son travail. Il a fait mieux : il s'est rendu un compte exact des règles et de la méthode du travail intellectuel. Il n'a pas eu de peine à y plier l'esprit docile de son fils; mais il a eu le mérite de discerner toujours à l'avance ce qu'il convenait de faire, et d'éclairer par ses informations et ses réflexions le chemin qu'il voulait faire parcourir au jeune écolier. Quand l'écolier fut devenu un maître, le père continua de se faire expliquer tout son travail et de lui donner des conseils que Charles Graux de-

Au mois d'octobre 1858, Charles Graux commençait ses études primaires dans une école libre de Vervins [1]. C'était une de ces modestes maisons qui rendent de grands services, lorsqu'elles sont dirigées par un maître assez éclairé pour voir ce qu'il peut faire, assez sage pour ne vouloir faire que ce qu'il peut. Un enseignement primaire complet, comprenant la langue et la littérature française, l'histoire, la géographie, le dessin linéaire et les premiers éléments des sciences était donné à tous les élèves; ceux qui se destinaient aux études secondaires y étaient préparés par des exercices sur les racines latines et grecques. Cet enseignement était donné simplement, selon les règles d'une méthode réfléchie. Charles Graux profita de ces premières leçons, comme il devait profiter de toutes celles qu'il reçut. Ses parents avaient soin de lui faire donner à l'avance, sur les parties les plus difficiles, des leçons particulières qui préparaient celles de l'école et les rendaient plus intelligibles. Dans les notes de son premier maître, je trouve ces mots : « Réponses nettes, claires et précises... candeur, naïveté charmante, sincérité, grande lucidité d'esprit, ardeur au travail et travail bien ordonné. » Charles Graux promettait déjà ce qu'il devait donner.

Au mois d'août 1862, il quittait l'école primaire. Il avait dix ans moins deux mois.

Son père avait pour maxime que dans la vie il faut, sans jamais se presser, ne jamais perdre une minute: aussi approuva-t-il l'idée qu'eut Mᵐᵉ Graux de demander

mandait toujours dans les circonstances importantes, ne voulant rien publier sans que son père eût vu et corrigé les épreuves. Ainsi, très instruit de la marche des études philologiques, M. Henri Graux aura son rôle dans la publication des œuvres posthumes de son fils.

1. Cette école était dirigée par M. Courtebotte.

à un jeune élève du collège de Vervins, qui venait de gagner son diplôme de bachelier, des leçons de latin pour les vacances d'août et septembre 1862. C'est ainsi que Charles Graux fit sa huitième : il entra donc en septième au collège.

Le collège de Vervins, fondé au XVIe siècle par un Coucy [1] et devenu collège universitaire après la Révo-

---

1. Voir sur le collège de Vervins une note instructive lue par M. Papillon, le 3 janvier 1879, à la Société archéologique de Vervins, et publiée dans *la Thiérache*, recueil de cette société. Le collège a été fondé par le « bon prélat » Jean de Coucy, protonotaire apostolique, aumônier de François Ier, abbé de Bonnefontaine, etc., etc., membre de la famille de Coucy, qui possédait, entre autres seigneuries, celle de Vervins. Ce Jean de Coucy, troisième fils de Raoul II de Coucy, lequel mourut en 1515, avait été mis par son père « aux escolles à Paris ». Il voulut faire goûter à la ville de Vervins les bienfaits de la Renaissance. « Se ressentant de la vertu de ses ancêtres, comme dit Laloüete, l'historien de Coucy, qui ont acquis tant de gloire et de réputation, mêmement en la ville de Vervins, que l'un, comme un Pyrrhus, a fondée par sa force et sa puissance... lui l'a voulu faire florir et estimer par les lettres en bâtissant un collège et temple des Muses, pour instruire et enseigner la jeunesse du lieu et du païs par bons et savants précepteurs qu'il y doit mettre... On dira dorénavant par proverbe, pour remarque d'une œuvre insigne et de singulière utilité *Collège de Vervins, édifice de Coucy*, comme on a autrefois dit de Hipparcus, pour beaucoup moindre occasion, ayant seulement clos de murs une académie. » En l'année 1578, Jean de Coucy donna en effet à la ville de Vervins, en *bonne étrenne*, une maison pour y loger le collège, antérieurement fondé par lui à une date incertaine. Le collège vécut jusqu'à la Révolution, d'une existence modeste et utile, grâce à la sollicitude de la municipalité, des seigneurs de la ville et de l'intendant de Soissons. Au dire de Dupeuty, qui y était régent au commencement du XVIIIe siècle, ce collège « petit » et qui n'était « rien en apparence », a toujours été « fécond en gens de lettres »; mais il fournissait surtout des recrues à l'Église : « On en voit tous les jours sortir, comme du cheval de Troie, ajoute le même Dupeuty, des jeunes gens qui embrassent l'état ecclésiastique. » Les régents du collège (il n'y en eut qu'un jusqu'en 1714, et deux depuis cette date) étaient prêtres et remplissaient divers offices à l'église. Il est assez curieux que, soixante ans après la Révolution, la ville, voulant relever le collège, ait de-

lution, avait vécu péniblement dans la petite ville, avec trois ou quatre pensionnaires et une vingtaine d'externes, jusqu'en l'année 1851. Profitant alors de la retraite d'un principal septuagénaire, la ville résolut de transformer son collège universitaire en un établissement privé, auquel elle donnerait un concours officieux. Elle offrit la direction de la maison à M. l'abbé Joseph Tourneux, vicaire à Vervins, et à son frère aîné, M. l'abbé Polydore Tourneux, curé de Cuffies depuis dix ans, et qui avait professé pendant un an au séminaire dans la classe de cinquième. Avec l'autorisation de l'évêché, les deux frères acceptèrent les propositions de la ville. Comme ni l'un ni l'autre n'étaient bacheliers et qu'il fallait satisfaire pour le grade et pour le stage aux précriptions de la loi de 1850, la maison fut d'abord placée sous la direction nominale d'un professeur de l'ancien collège : les abbés Tourneux prirent, l'un après l'autre, le grade de bachelier ès lettres ; M. l'abbé Polydore Tourneux, ayant le premier accompli son stage, devint en octobre 1855 supérieur du collège ; l'année d'après, un troisième frère, M. l'abbé Théophile Tourneux, vicaire d'Origny et bachelier ès lettres, vint rejoindre ses aînés. Les trois frères se partagèrent toute la charge de l'enseignement, avec le concours de quelques maîtres auxiliaires. Leurs deux sœurs, les demoiselles Tourneux, dirigeaient l'une la lingerie et l'autre la cuisine. En 1855, la ville concéda par un bail à cette famille ecclésiastique le vieux bâtiment en briques,

---

mandé ses maîtres à l'église de Vervins. Aujourd'hui le collège n'a plus la prospérité dont il jouissait au temps de Charles Graux : le nombre des élèves a considérablement diminué. Le bail des abbés **Tourneux**, d'abord fait pour quinze années, et renouvelé pour une égale période en 1871, finira en 1886, et, à ce qu'il semble, ne sera pas renouvelé par la ville.

dont la haute porte flanquée de tourelles rappelle la
noble origine. Le collège ainsi transformé prospéra :
les abbés Tourneux furent secondés par les curés des
environs; ils avaient quatre-vingts pensionnaires quand
Charles Graux commença ses études.

C'est un avantage de ces modestes maisons que l'écolier y appartient davantage à sa famille et à lui-même.
Il y est vraiment quelqu'un, et non point une sorte
d'être de raison, que l'on force à passer par un certain
nombre de salles, à la porte desquelles sont écrits des
numéros : 7e, 6e, 5e, *et cætera*, et qui doit mériter l'*exeat*
par une présence d'un nombre fixé d'années. Charles
Graux fit en une seule année sa sixième et sa cinquième;
plus tard, sa rhétorique et sa philosophie. A seize ans,
il avait terminé ses études secondaires, littéraires et
scientifiques. Il est vrai qu'elles avaient été bien conduites. Son père lui interdisait cette résignation à ne
point comprendre, qui est la philosophie de tant d'écoliers. Il lui faisait expliquer ses versions, l'arrêtant
quand le sens n'avait pas été bien trouvé : « Je ne
comprends pas, tu dois te tromper; cherche encore. »
Dans ces leçons paternelles, Charles Graux prit l'habitude de ne point se payer de mots.

En même temps ses parents s'emparaient de tous les
auxiliaires qui s'offraient à eux. Au collège, on n'enseignait que l'anglais, mais un employé de la recette
des finances de Vervins avait épousé une Badoise : cette
dame devint, sur la prière de Mme Graux, la première
maîtresse d'allemand de l'écolier: elle avait un livre
de messe allemand : Charles en eut un, et, à l'église, il
lisait ses prières dans un *Missal und Vesperal*. Un journal donna un jour une annonce de la librairie Lacroix,
proposant un abonnement à ce charmant journal des
familles, *die Gartenlaube* : Charles y fut abonné. Il

commença donc à apprendre l'allemand, sans efforts et comme par récréation.

Les leçons de grec données au collège n'étaient pas suffisantes : il y fallait le secours des traductions interlinéaires; mais à Fontaine-lès-Vervins, petit village de quelques centaines d'âmes, vivait un curé qui avait reçu le don des langues. Entre toutes, il aimait le grec, et, qui mieux est, il le savait : Mme Graux lui présenta son fils, qui, à partir de la troisième, devint l'élève de M. le curé Magnier [1] : deux fois par semaine, le jeudi et le dimanche, Charles prenait le chemin de Fontaine ; en seconde, en rhétorique surtout, les voyages devinrent plus fréquents : c'est que l'écolier lisait Platon avec le maître, et souvent le maître ramenait l'écolier jusqu'auprès de la ville, en parlant de

1. M. l'abbé Joseph-Aristide Magnier est né à Tavaux (Aisne) en 1829; après avoir commencé ses classes chez le curé de son village, il les continua au petit séminaire de Laon et les acheva au grand séminaire de Soissons; professeur de seconde au séminaire de Laon, en 1853, et professeur de rhétorique au collège ecclésiastique de Saint-Léger de Soissons, en 1854, il s'y appliqua à l'étude du grec, qu'il enseigna suivant une méthode personnelle; professeur d'écriture sainte et d'histoire ecclésiastique au grand séminaire de Soissons, en octobre 1855, il apprit l'hébreu, afin de connaître les textes qui devaient faire la base de son enseignement. En septembre 1858, il fut nommé curé de Fontaine-lès-Vervins, petit village de 900 âmes. Il y est demeuré jusqu'en février 1879, très aimé de tous pour sa bonté, pour sa simplicité, donnant à l'étude les loisirs que lui laissait sa fonction sacerdotale, et quelquefois distrait dans cette fonction même, comme le jour où il publia au prône les bans d'un jeune couple, marié par lui un an auparavant, et qui l'entendit avec stupéfaction : la note était sans doute demeurée au milieu de notes de grec. Plusieurs fois M. l'abbé Magnier déclina l'honneur que voulut lui faire Mgr l'évêque de Soissons, en l'appelant à des cures importantes. En 1879, il fut nommé chanoine honoraire et appelé à Soissons, en qualité d'aumônier de l'Hôtel-Dieu. Il y est encore aujourd'hui, travaillant toujours. Il connaît les principales langues sémitiques. Il est au séminaire de Soissons le professeur des séminaristes qui se destinent à l'enseignement.

Platon. Charles Graux fit sa philosophie dans ces
entretiens.

L'étude des sciences n'était pas négligée. Ici encore,
Charles eut la fortune de rencontrer un maître excellent, M. Rogine, un de ces savants comme on en trouve
quelquefois au fond de la province : ils se sont formés
eux-mêmes; ils n'ont ni les instruments ni les dispositions d'esprit nécessaires pour être des inventeurs,
mais leur curiosité se satisfait tranquillement par une
lecture et une étude continuelles, et leur modeste cabinet s'éclaire de la lumière qu'envoient de loin les
Académies, les Universités, tout ce qui pense et travaille. M. Rogine était l'ami de la maison Graux :
c'est chez lui, plus encore qu'au collège où il était professeur, qu'il donnait des leçons au jeune écolier.

Telles furent ces études secondaires, très bien enten-
dues et dont l'objet était la formation d'un esprit préparé à la vie intellectuelle, non point à tel diplôme ou
à tel métier. Le diplôme ou même les diplômes se pla-
cèrent d'eux-mêmes sous la main de l'écolier. Comme il
n'avait pas seize ans, au commencement de novembre 1868, son père demanda pour lui une dispense
d'âge, qu'il obtint; le 10 novembre, Charles Graux
était reçu bachelier ès sciences; le 14, il était reçu
bachelier ès lettres [1]. Ce fut la première récompense.

Quand un écolier s'élève fort au-dessus de la moyenne,
dans un de ces petits collèges, où l'on a le respect des

---

1. Les deux examens furent subis à la Sorbonne. L'année
d'avant (1867), M. Graux avait amené son fils à Paris. Le père et
le fils y venaient pour la première fois. Ils étudièrent ensemble
avec le plus grand soin l'Exposition universelle. M. Graux se
rendit compte de ce que son fils comprenait et nota les lacunes
qu'il remarqua dans sa curiosité. Il attribue une grande importance à ce voyage dans l'histoire du développement intellectuel
de son fils.

grades universitaires, il arrive qu'un maître se met en tête la grande ambition de le pousser jusqu'à la licence ès lettres. M. l'abbé Joseph Tourneux eut cette ambition pour Charles Graux. Les parents approuvèrent. Ils désiraient pour leur fils une vie honorable et tranquille, conforme aux goûts qui se manifestaient en lui. Ils choisirent à ce moment pour lui, et d'accord avec lui, la carrière du professorat : du licencié on ferait un docteur, et le docteur demanderait quelque jour une chaire de Faculté. Le lendemain de l'examen du baccalauréat, on se munit des instruments nécessaires pour la préparation à la licence. On acheta des livres. Charles Graux vit alors avec son père les libraires allemands de Paris ; le premier catalogue qu'il feuilleta fut celui de la librairie Haar et Steinert. On alla aussi faire visite au libraire Vieweg, que l'on connaissait parce qu'il servait l'abonnement à la *Gartenlaube*. Vieweg fut frappé de l'air sérieux des deux visiteurs : « Si votre fils, dit-il à M. Graux, veut faire de bonnes études, demandez-moi des conseils. Je lui dirai comment il faut s'y prendre. » Il ajouta que la philologie était très négligée en France et qu'il y avait là une fortune scientifique à faire. Le conseil plut à M. Graux, qui souhaitait à son fils une carrière point trop encombrée. La collection Teubner fut alors acquise en partie, et l'annonce d'éditions nouvelles où le texte des auteurs devait être remanié donna à Charles Graux la première idée du travail philologique appliqué à l'établissement des textes.

Au retour à Vervins, en décembre 1868, commença la préparation à la licence. Elle dura longtemps : le candidat ne devait réussir qu'après deux échecs. Il y eut à ces échecs plusieurs raisons. D'abord l'idée ne vint même pas à l'écolier qu'il dût enfermer tout son

esprit dans la préparation à la licence. Son père, pour
l'instruire, se tenait au courant de l'activité intellectuelle en France. Tous les jours, il consacrait une ou
deux heures à la lecture des journaux et revues que
recevaient le *Journal de Verrins* et le cercle de la ville.
Il menait Charles au cercle, et, après la partie de
billard faite entre jeunes gens, lui donnait à lire des
articles de la *Revue des Deux Mondes* qu'il avait choisis.
Dans la liste de ces articles que j'ai sous les yeux, je
trouve un seul roman, le *Roman d'un jeune homme
pauvre*, d'Octave Feuillet; quelques articles d'histoire,
de M. Boissier, sur le « Testament politique d'Auguste »
(à propos de la découverte de M. Perrot) et sur « Juvé-
nal et son temps »; d'Amédée Thierry sur « Jean Chrysostome et Eudoxie »; de M. A. Maury sur « Ninive et
Babylone »; quelques articles de philosophie : de
Vitet à propos des « Méditations sur l'essence de la
religion chrétienne de M. Guizot »; de Littré, sur la
Philosophie positiviste; de Guizot, sur la Science et le
surnaturel; de M. Janet, sur le Cerveau et la pensée;
de M. Laugel, sur Darwin et ses critiques; enfin et
surtout des articles sur les grandes découvertes et les
grandes questions scientifiques : de M. de Quatrefages
sur « l'Unité de l'espèce humaine », sur « l'Acclimatation
des races humaines » et sur « la Physiologie comparée »;
de M. Laugel sur « les travaux de M. Pasteur »; de
Claude Bernard, sur « le Progrès des sciences physio-
logiques », sur « la Physiologie du cœur » et sur « le
Problème de la physiologie générale »; de M. Saveney,
sur « l'Équivalence de la chaleur et du travail mécanique » et sur « l'Unité des phénomènes naturels »; de
F. Papillon, sur « la Lumière et la Vie », sur « l'Ana-
tomie générale et les travaux de M. Ch. Robin »; de
M. Martin, sur « la Période glaciaire »; de M. Grimard,

sur « le Chêne, essai de physiologie végétale »; de M. Laugel, sur « la Voix, l'oreille et la musique, d'après Helmholtz »; etc., etc. [1].

C'étaient là des lectures variées, sérieuses, sérieusement faites : elles donnaient au père et au fils matière à de longues conversations qui se prolongeaient jusqu'à ce que toutes les notions principales fussent clairement perçues par l'un et par l'autre. Excellente méthode par laquelle la curiosité de toutes les choses intéressantes était tenue éveillée dans l'esprit de ce jeune homme, qui, en 1870, écrivait sur un cahier ces mots : « Ma devise, *Quasdam artes haurire, omnes libare debeo*, je dois approfondir quelques parties, toucher à toutes. » Excellente méthode, dis-je, mais qui ne préparait pas à la licence ès lettres.

Il fallait aussi tous les jours donner du temps à la musique. L'éducation musicale avait commencé dès la première enfance. Dans la famille, du côté maternel, on était musicien de père en fils. Le bisaïeul de Charles Graux et un arrière-grand-oncle, nés à Saint-Quentin, avaient été de bons élèves de Bernard Jumentier, maître de chapelle à la collégiale de Saint-Quentin au commencement du règne de Louis XVI, et nommé par Fétis dans la *Biographie des musiciens*. Le premier devint chef d'orchestre du théâtre d'Orléans; le second dirigea pendant quelques années la maîtrise de la collégiale. L'aïeul maternel, Louis Pierre Dollé, était

---

1. Il y faut ajouter la lecture de la *Revue française* (1864-66), de la *Revue contemporaine* (1865-66), de la *Critique française* (1862-64), et celle de livres, comme *les Révolutions de la mer*, par Adhémar; *l'Homme fossile*, par H. le Hon; la *Grammaire générale indo-européenne*, par Eichhoff; *la Matière et la force*, deux conférences par Tyndall; *l'Acoustique*, par Radau; *la Nouvelle Ecole électrochimique* et *l'Atomisme opposé au dynamisme*, ces deux derniers ouvrages par M. Emile Martin, de Vervins.

violoniste; professeur de musique à Vervins, il avait donné et fait donner à Mme Graux une bonne éducation musicale. De son côté, le père de Charles avait quelque peu pratiqué la musique instrumentale et vocale. Grand-père, père et mère collaborèrent à l'éducation de l'enfant. A l'âge de sept ans, Charles Graux apprit à lire la musique sur le piano; le piano fut bientôt laissé pour le violon et l'enfant prit régulièrement chaque jour des leçons d'une demi-heure, qui, le jeudi et le dimanche, se prolongeaient. Bien qu'il n'eût point ces dispositions extraordinaires par lesquelles se manifestent les artistes prédestinés, il avait une aptitude réelle pour la musique; il y prit goût et y mit la même application qu'à ses autres études. Quand il eut onze ans, un *quatuor* fut organisé à la maison avec le concours de M. Camet, élève du grand-père et professeur de musique à Vervins. M. Graux père se mit au violoncelle, s'acquittant le mieux qu'il pouvait de ses parties. C'est ainsi que l'enfant apprit à connaître, pendant les années de collège, presque toute la musique d'opéra. Il puisait dans la bibliothèque du grand-père; mais comme elle était un peu surannée, M. Dollé ayant gardé un goût presque exclusif pour la musique française du xviiie siècle, M. Graux la mettait peu à peu au courant. On avait bien soin de ne pas choquer les idées du vieillard. Mme Graux s'aperçut que son fils craignait comme le grand-papa d'employer l'archet du talon à la pointe: pour l'affranchir de cette mauvaise habitude, elle l'envoya plusieurs fois par semaine prendre des leçons particulières chez M. Camet, et cette petite fraude fut pieusement cachée au grand-papa. Après la mort de celui-ci, en 1866, les exercices musicaux continuèrent, sous la direction et avec le concours des parents et de M. Camet. En même temps que les études littéraires supérieures commencèrent alors les études musicales supérieures. C'est à ce moment-là que Charles lut les articles sur la *Voix*, *l'oreille et la musique* et sur *l'Acoustique*, dont il a été parlé plus haut.

La musique devait être la grande joie de sa courte vie, et c'étaient des heures bien employées que celles qu'il y donnait alors; mais pour en revenir à notre sujet, cela non plus ne préparait pas à la licence ès lettres.

Il faut bien dire aussi que Charles n'avait qu'une médiocre aptitude pour les exercices littéraires proprement dits. Toute son éducation, qui se trouvait conforme à la nature de son esprit, l'éloignait de la rhétorique. Dès l'année 1869, alors qu'il commençait à se préparer à la licence ès lettres, son parti était pris : il annonçait non pas un rhétoricien, mais un érudit.

Un voyage qu'il fit à Paris avec sa mère, au mois de décembre 1869, décida tout à fait de son avenir. Il connut alors M. le professeur Egger, auquel il fut présenté par une carte du libraire Vieweg, et il assista aux premiers cours d'enseignement supérieur. M. Duruy venait de mettre la main à la réforme de notre haut enseignement. Il avait créé l'École des Hautes études et autorisé ces cours libres sur toutes matières que l'on professait dans les salles de la rue Gerson. Charles Graux alla tout droit rue Gerson et à l'École des Hautes études; il alla aussi à la Sorbonne et au Collège de France. Les lettres qu'il écrit à son père retracent ses sentiments à merveille, et j'y trouve quelques anecdotes, qui intéresseront ceux qui ont assisté aux débuts modestes d'une réforme qui va lentement, mais qui, tous les ans, fait quelques pas et garde le terrain gagné.

« J'assisterai, dit-il [1], jeudi, rue Gerson, à cinq heures

1. Lettre du 13 décembre 1869, à son père.

du soir, au cours d'ouverture de M. Hartwig Derenbourg sur la langue arabe. Je ne sais comment je serai
reçu ; mais je te cite ceci sans commentaire : vers
quatre heures et quart, heure, à ce qu'il paraît, de
l'ouverture du cours de M. ... (le nom m'échappe, mais
ne fait rien à la chose), je rôdais aux environs de la
salle Gerson, *pour voir* : or, comme j'étais entré pour
regarder de plus près une affiche, un monsieur (quelque appariteur sans doute) s'est approché de moi le
plus honnêtement du monde, et m'a demandé de son
ton le plus poli : « Vous voudriez assister au cours de
M. Girard de Rialle (le nom me revient)? » Je l'ai re-
mercié de mon côté, avec une égale politesse, car je
ne connaissais pas M. Girard de Rialle, je ne savais
pas de quoi il traiterait, et maman commençait à désirer rentrer. Je me suis rendu compte plus tard que
c'était une invitation à assister à l'ouverture du cours
sur les langues zende et sanscrite védique. »

L'écolier conclut de cette petite aventure qu'il serait
bien reçu dans des cours pour lesquels des appariteurs
zélés recrutaient des auditeurs à la porte des salles.
Il alla en effet au cours de M. Hartwig Derenbourg.
Il entendit successivement plusieurs professeurs du
Collège de France et de la Sorbonne. Il exprime dans
ses lettres le grand plaisir qu'il a éprouvé à écouter
M. Egger parler de Quinte-Curce, « ce premier roman-
cier d'Alexandre », et M. Boissier expliquer Horace et
se montrer si « fort sur la critique des textes, sur les
scholiastes et les interprétateurs ». Il a voulu voir
aussi un professeur à la mode, au Collège de France.
Voici le portrait qu'il fait de lui :

« M. ... est un professeur choyé; on l'applaudit à son
arrivée; on l'applaudit quand il a fini de parler... Ce
qui plaît chez lui, c'est le trait, quelquefois hasardé,

quelquefois un peu forcé, mais qui réussit toujours à exciter l'approbation de son auditoire. Moi, je lui reproche de trop parler de lui, de ses études sur l'auteur dont il traite et qu'il préfère sans scrupule à tout autre, qu'il a choisi pour le meilleur, le plus complet, en un mot pour le plus parfait du monde. Je n'aime pas qu'on relève tant, au détriment des autres, le sujet qu'on a choisi, et j'aimerais mieux aussi de belles considérations, douces, modérées et puissantes dans leur simple vérité, que ces défis qu'il jette à la tête de ses auditeurs de lui prouver qu'il a tort... Il a bien « sauté », mais en revanche il a été bien applaudi. »

C'est assez pour montrer que ce jeune homme, fraîchement arrivé de sa petite ville, s'était fait une idée nette de ce que doit être l'enseignement supérieur et de ce qu'il ne doit pas être. Je note aussi dans ces lettres du mois de décembre 1869 la haine, la sainte haine du profane, ce meuble gênant de nos salles de cours : Graux parle avec colère de « vieilles bêtes qui ne comprennent pas un mot de ce que dit le professeur, mais qui s'imaginent faire quelque chose de fort méritoire en assistant à ses leçons. »

Mais l'événement de ce voyage fut la première visite de Charles Graux à l'École des Hautes études, où il fut introduit par une carte de M. Vieweg :

« J'ai travaillé aujourd'hui [1] deux heures à l'École pratique des Hautes études [2], où j'ai été admis à la conférence de M. Tournier sur la paléographie grecque; j'ai participé au déchiffrement d'un texte grec que l'on se prépare à publier d'après un manuscrit inédit du IXe siècle, de la Bibliothèque impériale. »

---

1. Lettre du 15 décembre 1869.
2. Ces mots sont écrits en grosses lettres.

Deux jours après, il décrit ainsi cette conférence :

« Je me suis extrêmement amusé à voir rétablir, ou mieux chercher à rétablir, le texte du manuscrit qui faisait le sujet de la leçon. C'était aussi fort agréable de travailler ainsi en commun avec le professeur, qui ne vous impose pas son idée, mais qui, malgré la supériorité ordinaire des siennes, ne laisse pas de vous demander les vôtres et ne veut décider en sa faveur que lorsque c'est l'avis de tous. M. Tournier a, parmi ses six ou sept élèves, quatre abbés et un Allemand, qui commence à parler le français d'une manière suffisamment correcte, mais qui paraît pas mal fort (eu égard aux autres) en grec et en critique. Son érudition n'est pas prodigieuse, et, soit dit tout bas, je sais à peu près autant de grec que lui [1]. »

Dès le premier jour, Charles Graux se sentit chez lui, dans cette laborieuse conférence, et lorsque M. Tournier, après lui avoir demandé beaucoup de renseignements sur ses projets, voulut bien l'engager à venir s'installer à l'École des Hautes études, aussitôt après sa licence, il retint le conseil, et il entrevit son avenir.

Qu'on veuille bien remarquer que Charles Graux avait un peu plus de dix-sept ans lorsqu'il écrivait les lettres dont on vient de lire des extraits.

« Après la licence, » avait dit M. Tournier! Charles Graux retourna à Vervins pour s'y préparer. J'ai sous les yeux les devoirs qu'il faisait alors. Les vers latins sont mauvais; les dissertations, d'une langue mal assurée; mais ce sont de vraies dissertations : l'écolier veut tout dire sur son sujet. Un travail de cette sorte, *De philosopho Marone in sexto Æneidos libro*, a 27 pages grand in-4°. L'exposition est gauche, les transitions

---

1. Lettre du 17 décembre 1869.

sont pénibles; mais il y a une analyse complète du livre VI; des notes où sont relevés les passages où Virgile a imité et ceux qui ont été imités de lui; des discussions philologiques, de nombreuses citations grecques; deux citations en caractères hébraïques : M. Magnier avait donné quelques leçons d'hébreu à son élève et lu avec lui une cinquantaine de pages de la Bible. Qualités et défauts de ces premiers essais expliquent les deux échecs à l'examen de la licence. Charles Graux en eut quelque mauvaise humeur. Après le premier échec (en avril 1870), il écrit à sa mère [1] : « Il y a de la boutique dans ces examens-là. » Quand il se présenta une seconde fois en juillet 1870, il ne fut pas content des compositions qu'on lui donna. A propos de la composition latine, il écrivait à son père [2] :

« La dissertation latine de ce matin était : *Oratio Q. Cæcilii Epirotae grammatici.* J'ai mis pour la forme un *Quirites* en commençant, et, ne connaissant pas le grammairien Epirotas, j'ai exposé les idées des autres sous son nom; il lui était bien permis, j'espère, d'avoir de bonnes idées. Ces idées étaient sur l'histoire romaine : *Discipulos docet* (je cite en latin pour M. Magnier) *Æneida praelegens quanta cum arte Virgilius, in argumento a fabula petito, romanae historiæ, et recentiori quidem, locum fecerit.* » J'ai mis à contribution M. Patin, Tissot, Servius, Delille, Justinien même, l'empereur jurisconsulte, et c'est Epirotas qui porte tout, style et pensées. Je n'ai tiré qu'une idée de mon fonds, elle m'est venue au moment, et je l'ai trouvée bonne. Elle a formé une dizaine de lignes d'un mouvement assez réussi, m'a-t-il semblé. Il est vrai que le nouveau-né de M. Trissotin...! »

1. Lettre du 1er mai 1870.
2. Lettre du 25 juillet 1870.

L'idée ne sauva pas le candidat. Après le second échec il retourna à Vervins.

L'année terrible allait commencer. On ressentit vivement les douleurs publiques dans la famille Graux, où tout le monde était patriote. Charles se consola en travaillant plus que jamais, mais sans se renfermer plus qu'auparavant dans la préparation de cet examen, qu'il avait deux fois manqué. Il étudiait alors l'algèbre, la géométrie descriptive, la trigonométrie sphérique. Il allait prendre des leçons chez M. Rogine : le petit logement du professeur était rempli de soldats saxons; on travaillait sur le carré, malgré le froid et sans se laisser troubler par les allées et venues des soldats, qui s'arrêtaient un moment ébahis devant le tableau noir où se multipliaient les *sinus* et les *cosinus*. Pendant ces tristes jours (la Commune venait de succéder à la guerre), M. Georges Perrot, passant par Vervins, entendit parler de l'écolier qui était l'orgueil de sa ville natale : il le vit et lui donna pour le présent, c'est-à-dire pour la préparation à la licence, et pour l'avenir, les plus sages conseils. Charles l'alla voir à Paris au mois de juillet 1871. C'est à ce moment-là que fut prise par lui, du consentement de ses parents, la résolution de s'établir à Paris, pour y conquérir enfin le grade de licencié, mais aussi pour se préparer à la vie scientifique. Dans une lettre à ses parents [1], il résume ainsi ses projets :

« Il s'agit de prendre la licence à Pâques (de 1872), et, dans un temps plus ou moins rapproché, de faire une thèse. Voilà pour les titres universitaires : j'entends bien qu'après il est des titres à faire valoir, dont on ne peut se passer; ce sont les connaissances acquises. Il faut les acquérir. » Il appelait la préparation à

1. 7 juillet 1871.

l'examen « du métier ». Il devait faire du métier avec un professeur, indiqué par M. Egger pour corriger les dissertations, et en suivant les conférences de l'école des Carmes. Pour l'apprentissage scientifique, il comptait sur l'École des Hautes études : « Cette école, dit-il [1], est un bon instrument de travail : je ne veux pas trop savoir où elle me mènera. Savoir, d'abord ; on trouvera bien après le moyen d'être bon à quelque chose. »

Au mois d'octobre 1871, Charles Graux vint s'établir à Paris. Son père l'installa dans un petit appartement de la rue des Écoles et le quitta. C'était la première séparation et l'éloignement de cette maison, dont il était toute la vie. C'était l'isolement, après ces années d'adolescence où les parents et les maîtres avaient entouré l'écolier d'une sollicitude qu'il sentait à chaque minute de la journée ; mais l'écolier était un homme :

« J'ai vu partir papa hier à midi, écrit-il à sa mère [2]. Je ne sais quel effet a produit en lui la séparation, car on ne lit rien sur sa figure quand il ne le veut pas. Il est entré dans la salle d'attente, où je ne pouvais pas le suivre. Alors je m'en suis allé lentement ; il me sembla un moment que j'aurais eu du plaisir à pleurer ; mais je t'assure que je ne pleurai pas. Pourquoi l'aurais-je fait ? En avais-je sujet ? Puis il serait inexact de dire que j'eusse envie de pleurer. Suivant mon habitude, au lieu de m'abandonner à mes sentiments, j'étais occupé à les examiner. Cela fait qu'on en est le maître. »

Pendant ces premiers jours, il arrange son existence, et il arrête des règles de conduite avec la maturité et la sérénité d'un philosophe.

« Je n'ai pas encore ressenti le moindre moment

1. Juillet 1871, sans date de jour.
2. Lettre du 31 octobre 1871.

d'ennui, écrit-il encore à sa mère [1]. Je suis persuadé en outre que je ne m'ennuierai pas plus à l'avenir que je n'ai fait jusqu'à présent. La distraction qui m'est venue avec Garbe [2] m'a peut-être aidé à éviter l'ennui. Je ne suis pourtant pas assuré du tout que j'aurais dû m'ennuyer si je ne l'avais pas eu. Je me suis tracé ma route : les obstacles qui m'empêcheraient de la suivre ne peuvent pas venir de moi. Papa, qui n'a pas plus tort en cela qu'en tout le reste, trouve que les résolutions qui ne sont pas prises vite sont seules bonnes. Mes volontés ne sont pas actuellement affaire de sentiments; elles sont librement réfléchies, librement déterminées. Aussi sont-elles maîtresses. J'en suis à vouloir ce que je veux, à ne pas avoir d'ennui puisque ce n'est pas l'ennui que je suis venu chercher ici. » Et lui, qui était un fils doux et tendre, il se défendait avec fermeté contre l'amour

1. Lettre du 2 novembre 1871.

2. M. Paul Garbe, ancien élève de l'École normale, maître de conférences à la Faculté des sciences de Montpellier, né au Nouvion-en-Thiérache (Aisne), a été le camarade de Charles Graux au collège de Vervins; ils avaient contracté là une intime amitié à laquelle l'un et l'autre sont demeurés fidèles. A Paris, ils se voyaient fréquemment, pendant que l'un était élève de l'École normale et l'autre élève de l'École des Hautes études. Pendant les trois années que M. Garbe a passées à Paris, comme délégué au lycée Louis-le-Grand ou comme préparateur de M. Desains, il a vécu avec son ami. Tous les deux avaient reçu au collège de Vervins une libérale instruction qui les avait préservés des mauvais effets de ce déplorable système de la *bifurcation* qui faisait ses premières victimes au moment où ils commençaient leurs études. L'élève de l'École normale, section des sciences, lisait avec l'élève de l'École des Hautes études, section d'histoire et de philologie, du grec et de l'allemand, et celui-ci continuait par les conversations avec son ami son instruction dans les sciences mathématiques et physiques. Après que M. Garbe, nommé à l'École supérieure d'Alger, eut quitté Paris, les deux amis restèrent en correspondance régulière. Au moment où Charles rendait le dernier soupir, un télégramme arrivait d'Alger : « Pas reçu lettre. Es tu malade ? — Garbe. »

maternel, qui, un mois après la séparation, le rappelait à la maison, ne fût-ce que pour trois jours.

« Je regarde avec quelque frayeur, écrit-il à son père [1], l'idée de voyager trois jours... Je me suis pris au sérieux... Mes projets d'études sont vastes, nullement ambitieux pourtant : avec beaucoup d'ordre, mes études multiples doivent se poursuivre sans fatigue... Il s'agit aujourd'hui de me faire. Pour cela, il faut que je donne tout mon temps, *tout*, à la réalisation de mes projets. Laisser inoccupée derrière moi une journée qui, dans le plan, avait sa somme de travail indiquée, c'est me causer un regret. Ma besogne, à moi, n'est pas limitée; je ne puis pas me mettre en avance, pour être libre tel beau jour qu'il me plaira. Seulement je puis très facilement perdre l'occasion de faire un pas, *manquer d'acquérir*, pendant tant de temps que je voudrai. Voilà qui serait, je le crois du moins, à l'heure présente, une source de véritables regrets. Je ne crains qu'une chose, qui m'empêcherait d'être heureux, où que je sois, même auprès de mes parents : n'avoir pas fait ce que j'aurais pu. »

Ailleurs encore, il dit, toujours pour se défendre contre les instances maternelles : « Je ne puis marcher, s'il faut que je compte avec une volonté extérieure. » Encore une fois, la rigueur des principes qui dirigeaient la conduite de ce jeune homme de dix-neuf ans s'alliait en lui à la tendresse du cœur. Que de charmantes lettres je pourrais citer, comme celle qui, adressée à sa mère, commence par ces mots : « Si j'étais toi, comme je viendrais voir *moi!* »

Sa vie était, comme il disait, bien occupée. Il faisait de très lents progrès dans les exercices classiques pré-

---

1. Lettre du 5 novembre 1871.

paratoires à la licence; décidément, il ne s'y plaisait pas. Il y a, dans une lettre de mars 1872, de la mauvaise humeur, de la colère même. A la veille de l'examen, on en faisait aux Carmes la répétition générale : tous les candidats composaient sur toutes les épreuves.

« Ceci, pour trancher le mot, *m'embête...* Je suis hors de la dissertation latine, qui a été sur le sujet le plus rhétorique du monde. Il y a encore du faux et de l'artificiel dans cette frime-là, une sorte de petite guerre, qui n'est pas même une partie de plaisir, et que je ne puis considérer comme sérieuse... Je deviens, maintenant que j'ai ma portion de vérité à mettre en lumière, révolutionnaire dans l'empire de la routine universitaire et scolaire. Je me révolte facilement en moi-même toutes les fois qu'on attente à ma liberté d'esprit, et qu'on fait des empiétements sur un terrain qui lui est réservé ; or je voudrais lui réserver mes formes d'études et mes habitudes de travail et de division du temps. Je n'aime pas à passer six heures aux Carmes, faisant un travail d'imagination et de mémoire peu utile, parce qu'il ne s'appuie pas sur des documents ou des faits dont j'aie tous les moyens de vérification. Cela est écrire pour écrire et non pas écrire pour apprendre à soi-même et aux autres. »

Dans cette querelle entre Charles Graux et les maîtres qui le préparaient à la licence ès lettres, les torts étaient partagés.

L'écolier avait raison quand il se plaignait de l'abus de la rhétorique. C'est mal élever des jeunes gens que de leur donner à résoudre ce problème, qui se trouve dans presque toutes les matières à discours : Étant donné quelqu'un que vous ne connaissez pas, faites-le parler sur des choses que vous ne connaissez pas davantage. A cela répugnait le sens si droit de Charles

Graux. Il avait assurément l'instinct du style. Sa langue
(on en peut juger par ses lettres) sonne clair et franc.
Il dit très bien tout ce qu'il veut dire; mais sa plume
s'embarrasse à la première ligne d'une dissertation. Il
a comme cette gaucherie que l'on trouve dans le monde
aux gens qui ne sont pas du monde. Il se croit obligé
à faire des manières, et soutient mal ce rôle : le naturel
s'échappe par quelque geste et par quelque parole qui
plairaient ailleurs, mais qui, après tant de façons, font
l'effet de trivialités. C'est que, pour être à l'aise, il
avait besoin de ne parler que de choses qu'il connût :
là où d'autres se sauvaient par le seul mérite de la
forme, il se tourmentait inutilement et se perdait.

L'écolier avait tort, quand il n'admettait pas même
le légitime usage de la rhétorique, et ne sentait pas
l'indiscutable utilité que l'on peut tirer des exercices
de style, à condition que le sujet en soit pris, comme il
est si facile de le faire, soit parmi les maximes de la
morale et du goût, soit dans le domaine des connaissances acquises. Sa mauvaise humeur allait trop loin,
et l'on aurait de lui une idée fausse si l'on croyait qu'il
n'était en quête que de vérifications de faits et de documents. Il lisait aussi, et beaucoup, pour le plaisir de
lire. Il aimait sincèrement, profondément, les grands
Français : Bossuet, Pascal [1], Descartes, Corneille,
Racine, La Fontaine et Molière : j'ai sous les yeux de

---

1. Son exemplaire de Pascal (édition Havet) contient un certain nombre de notes de sa main, témoignant qu'il s'est con-
sciencieusement appliqué à comprendre les parties difficiles. Au
collège, ne possédant qu'une ancienne édition des *Pensées*, il
avait deviné que le nom Salomon de Tultie, qui se trouve dans
une des pensées sur l'éloquence et le style, était l'anagramme de
Louis de Montalte. Il fut très fier de cette découverte; mais,
lorsqu'il eut l'édition de M. Havet, il apprit qu'elle avait été faite
avant lui, dès 1854, par un pasteur hollandais.

nombreux extraits de ses lectures. Ses préférences me
paraissent être pour La Fontaine et Molière; car il y
avait dans son esprit un grain de malice; par là, il était
un vrai enfant de la France, comme par cet impérieux
besoin de voir clair en toutes choses.

Enfin, au mois d'avril 1872, il obtenait son diplôme
de licencié. Il était libre de se donner tout entier aux
études qu'il avait choisies.

Ces études avaient déjà commencé. Dès le mois de
novembre 1871, Charles Graux avait pris place à l'*École
des Hautes études*. A la première conférence de M. Tournier, celui-ci reconnut l'écolier; il l'emmena chez lui,
où il le garda plus de deux heures : « Le résultat est
que M. Tournier, ravi de me trouver dans les conditions qu'il faut, veut faire de moi son élève. Il s'agit de
faire de moi un philologue en langue grecque [1]... » Le
but était marqué. Il ne le perdit point de vue pendant
les trois années où l'École des Hautes études le compta
pour élève; mais on voit par la liste des cours qu'il a
suivis quelle large conception il avait de la philologie
grecque. En 1871-1872, cours de M. Tournier : deux
conférences par semaine, l'une consacrée à l'*Exposition
des principes de la paléographie et de la critique verbale*,
l'autre à des *Exercices pratiques de critique* auxquels les
élèves prenaient part; cours de M. Robiou : deux conférences par semaine, l'une consacrée à l'*Étude des
constitutions anciennes de la Grèce, d'après les monuments épigraphiques et littéraires, expliqués et commentés
par les élèves*, l'autre à l'*Étude topographique des expéditions grecques en Asie*. En dehors de l'École des Hautes
études, cours de M. Labbé à la Faculté de droit sur le

1. Lettre du 16 novembre 1871.

droit romain [1]; cours de M. Egger à la Faculté des lettres; cours de M. Boissier au Collège de France; au Collège de France encore, cours sur l'épigraphie grecque de M. Foucart, duquel il dit : « Je me livre avec une ardeur toute neuve à l'épigraphie grecque... Deux cours par semaine au Collège de France, et une séance pratique le jeudi au Louvre pour la lecture des inscriptions grecques... M. Foucart s'attache extraordinairement à moi, de préférence à tous autres [2]. » En 1872-1873, aux cours de M. Tournier (*Exercices de critique verbale et Paléographie*), de M. Robiou (*Monuments de l'Attique et Iliade expliquée au point de vue des coutumes et des croyances*), de M. Foucart (*Épigraphie grecque*), s'ajoutent ceux que professent à l'École des Hautes études M. Nicole (*Syntaxe attique et Bibliographie*), M. Louis Havet (*Histoire de la prononciation, de l'orthographe et de la flexion dans le latin archaïque, exercices de grammaire et de métrique*), et le cours de *Géologie* de M. Hébert, à la Faculté des sciences. En 1873-1874, cours, à l'École des Hautes études, de MM. Tournier (*Critique verbale*), Nicole (*Morphologie attique et explications*), Perrot (les *Institutions judiciaires à Athènes, d'après les Guêpes d'Aristophane*); au Collège de France, cours de M. Léon Renier (*Épigraphie latine*) et de M. Foucart (*Épigraphie grecque*); un cours d'architecture grecque à l'École des beaux-arts.

Sur la plupart de ces cours, il reste des notes en grand nombre et en bon ordre. Pour quelques-uns, les notes sont prises avant la leçon. Charles Graux préparait certaines conférences, comme s'il les devait faire

---

1. Il suivait en outre, mais moins régulièrement, le cours de M. Paul Gide, à la Faculté de droit, et la méthode de ce professeur, mort prématurément aussi, lui semblait un modèle.

2. Lettre du 9 mai 1872.

lui-même; il arrivait ainsi chez M. Robiou et chez M. Nicole, les mains pleines; maîtres et camarades puisaient dans ses provisions. Il s'initiait par là au professorat. M. Tournier, son maître préféré, l'y destinait : Graux raconte qu'il accompagnait souvent le professeur chez lui « comme faisaient les disciples de Socrate ». Ses lettres parlent sans cesse des conférences de paléographie et des exercices de critique verbale. Il y note avec joie ses premiers succès. « Hier, dit-il dans une lettre du 7 décembre 1871, à la conférence de critique des textes, j'ai eu, selon l'expression de M. Tournier, les honneurs de la soirée. C'était un premier devoir que nous présentions : il y avait dans les copies de chacun de nous naturellement bien de la gaucherie. Enfin, parmi mes conjectures, il y en avait une tout à fait heureuse, à laquelle M. Tournier lui-même n'avait pas pensé en dictant le texte, mais qu'il a, sans l'adopter définitivement, déclarée plausible, probable et bien trouvée. » Ce premier succès fut suivi de beaucoup d'autres; mais c'est en paléographie que Charles Graux se distingua le plus. Ses progrès furent si rapides que, dès le mois de novembre 1873, M. Tournier lui confia une part de son enseignement, à la grande joie du jeune étudiant, qui écrivait le 27 mars 1874 : « J'ai clôturé le premier semestre avec la leçon sur les palimpsestes. Auditoire au grand complet : MM. Tournier, Nicole, le ban et l'arrière-ban des élèves. Le temps nous a favorisés. Avec le soleil splendide qu'il faisait, on avait tout autant de lumière qu'on en pouvait désirer. Les expériences bien entendu ont réussi, parce que la chimie n'a pas de caprices et que tout était préparé dans de bonnes conditions. Il a réapparu de belles grandes lettres, de jolis petits accents et de gentils esprits, les uns noirs, les autres verts, au commandement, là où l'on ne soupçonnait pas la queue d'un iota en s'écarquillant les yeux. M. Tournier était fort content. »

Pour cette année 1873-1874, le rapport de l'École des Hautes études porte cette mention : « L'une des conférences de M. Tournier a été consacrée à la paléographie ; le cours a été fait par M. Graux. » Ce fut la dernière année d'étudiant de Charles Graux, qui allait prendre place parmi les maîtres de l'École.

Avant de le suivre dans cette nouvelle carrière, il faut s'arrêter encore sur ces trois années d'étude. On doit à ceux qui sont morts jeunes, de réparer l'injustice du sort, en cherchant jusque dans les détails de leur vie ce qui peut honorer leur mémoire, afin que le regret qu'ils laissent soit égal à l'espérance qu'ils donnaient.

Rien d'impur n'a souillé cette jeunesse. Elle appartenait tout entière à l'étude. Elle a été pourtant joyeuse, de cette joie sereine que donnent le travail, l'amour du chez soi, l'amitié de cœurs d'élite, la piété filiale, l'amour des lettres et la culture du plus poétique des arts, la musique. Comme ces lettres sont saines, ces longues lettres où toute son existence est racontée, presque jour par jour! Le jeune étudiant sent vivement la poésie du chez soi. Il aime la table où il lit du grec, le foyer devant lequel il s'assied pour jouer du violon ou pour lire, comme il fait tous les soirs, un peu de poésie française ou allemande ; le balcon de son petit appartement de la rue des Écoles, où il va de temps à autre faire quatre allées et quatre venues, « sans avoir, comme le Malade imaginaire, grand embarras de savoir s'il faut les faire en long ou en large », mais regardant « le clair de lune magnifique qui dessine une mosaïque

avec l'ombre de sa balustrade [1] ». Dans cet intérieur
paisible pénètrent des amis en petit nombre, des amis
de choix. Paul Garbe et Paul Bourget sont les plus
aimés. Paul Bourget, qui vient de finir ses études
secondaires, a plu, dès le premier jour : « Intelligence
vive, vaste, non routinière, dit Charles Graux en
présentant à ses parents son nouvel ami. Nous avons
philosophé, en sortant de la conférence de l'École des
Hautes études, très sérieusement pendant une heure et
demie ; partis de Platon, nous avons parlé une heure
et demie esthétique, comme des hommes... La philosophie est une si attachante et importante chose que
j'y reviens toujours volontiers... » Ce n'est pas que les
deux amis s'entendent toujours : tout va bien quand on
lit Aristophane ensemble, ou qu'ensemble on cherche
des conjectures pour M. Tournier ; mais en philosophie,
l'intelligence *non routinière* de l'un pousse un peu trop
loin, au gré de l'autre, l'horreur des routes frayées.
« *Paul Bourget en revient toujours au beau, douterait
presque volontiers du vrai!* » Là-dessus, « grand sujet
de discussion, enragé partisan que je suis de la vérité
que j'aime à poursuivre [2] »! Mais ces discussions
mêmes plaisaient à Charles Graux, et c'était un charmant contraste que faisaient les esprits de ces jeunes
gens de vingt ans, qui annonçaient bien ce qu'ils devaient être : l'un, un savant, en quête de vérités précises et démontrées, sans fermer son âme aux émotions
de l'art ; l'autre, un écrivain, semant à travers le monde la
curiosité de son esprit, mais qui a le droit, ayant beaucoup appris, de parler de beaucoup de choses, et même,
ayant beaucoup et sérieusement raisonné, de taquiner

1. Lettre du 20 janvier 1872, à sa mère.
2. Lettre du 3 février 1872.

la raison, comme il le fait de temps à autre avec sa grâce native.

Il fallait faire une sorte de violence à Charles Graux pour l'entraîner hors de chez lui, dans quelque soirée, où il « regarde pendant cinq ou six quarts d'heure des mines de gens qui jouent aux cartes ». Il allait pourtant au théâtre, à la Comédie-Française, les jours de Molière, de Racine ou de Corneille, et à l'Opéra. Son amour de la musique croissait sans cesse. « J'ai toujours été tranquille dans ma vie, a-t-il dit un jour, à proportion de la place qu'y a tenue la musique. » Un dimanche, sortant du concert Pasdeloup, où il était fort assidu, il écrivait à sa mère, avant de se mettre au grec :

« Cela m'a mis l'esprit dans une heureuse disposition d'avoir entendu le septuor de Beethoven. »

Il était un des plus anciens membres de la société *la Trompette* et il suivait, autant qu'il le pouvait, les concerts du Conservatoire. J'ai retrouvé dans ses papiers un grand nombre de programmes de concerts ; plusieurs sont annotés de sa main. Avant d'arriver à Paris, il n'avait joué que de la musique d'opéra ; à Paris, il prit le goût de la grande musique. « Sans posséder la virtuosité d'un artiste, il avait une remarquable facilité pour saisir et déchiffrer les classiques. Haëndel, Bach, Haydn, Mozart et Beethoven lui étaient familiers ; il les rendait avec précision et avec âme. Les maîtres modernes, tels que Mendelssohn, Chopin, Schumann et Rubinstein ne lui étaient pas moins accessibles. La modestie qui était habituelle au savant se retrouvait chez le musicien. Il jouait avec une grande simplicité, pour sa satisfaction personnelle et celle de ses amis,

nullement pour être écouté et admiré... La musique
faisait partie de sa nature et répondait à un besoin de
son intelligence [1]. »

Sur le travail un peu aride auquel il donnait toutes
ses forces intellectuelles, la musique versait sa poésie.
Elle charmait les loisirs que lui laissaient ses études
régulières, sans les remplir toutefois; car le vaillant
étudiant trouva le moyen de faire bien des choses
encore. Il acheva, pendant ces trois années, de se
rendre maître de la langue allemande; il apprit le danois et l'anglais [2]. On a vu qu'il suivait un cours de
géologie à la Faculté des sciences. Les notes qu'il y a
prises sont très abondantes. Deux fois, il accompagna
le professeur Hébert dans des excursions géologiques.
Il complétait ainsi l'excellente instruction que lui avait
donnée M. Rogine dans des leçons ou dans des excursions faites en Thiérache. Avec son ami Garbe, il étudiait le dimanche la méthode infinitésimale, l'astronomie et la physique céleste, faisait de la photographie,
et travaillait les palimpsestes, s'informant exactement
de l'action des produits chimiques sur l'encre, car il
n'était pas homme à pratiquer une opération, sans en
comprendre les moyens et les effets. Ces études, outre
qu'elles satisfaisaient la curiosité de son esprit et son

1. Extrait d'une note qu'a bien voulu me communiquer
Mme Bréal, chez qui Graux allait souvent faire de la musique.
« Ritschl aussi était musicien, dit M. Louis Havet dans un article
consacré à Graux. Graux en fait la remarque (Revue critique, 1881,
I. p. 68), peut-être en pensant à lui-même. » (Revue critique, 1882,
I, p. 145. note 2.)

2. Il avait appris un peu d'anglais au collège de Vervins.
En 1871, pendant la Commune, il avait pris à Vervins de bonnes
leçons d'allemand et d'anglais dans des conversations familières
avec M. Lucien Tricot, un jeune avocat qui a fait partie de ce
groupe de jeune gens sérieux et distingués avec lesquels vivait
Charles Graux.

goût pour les choses exactes, avaient pour lui des applications marquées à l'avance : il savait bien qu'il n'y a point de philologue complet sans instruction scientifique. De l'antiquité, il voulait tout comprendre, et, comme il devait le dire plus tard, « comment comprendre les *Géorgiques*, si l'on ne peut se rendre compte des levers et des couchers des étoiles? les sièges dans Polybe et dans Arrien, si l'on ne connaît le matériel poliorcétique des Grecs, et si l'on ne peut, à l'aide de calculs, restituer une hélépole ou une baliste? les mystères antiques, si l'on ne peut s'expliquer, à l'aide de l'hydrostatique, la machinerie des temples païens? la vie quotidienne des Grecs et des Romains, sans des connaissances métallurgiques, géologiques, etc., etc.[1]? »

Charles Graux se proposait donc d'arriver un jour à la connaissance exacte de la vie antique. Les projets de travail, dont il fait la confidence à ses parents, en 1872-1873, sont ceux-ci : étude sur les successions athéniennes; étude sur l'authenticité des pièces intercalées dans les plaidoyers de Démosthène; étude sur la théorie de la musique chez les Grecs; étude sur la guerre de sièges; étude sur la stichométrie. Parmi ces projets, le premier fut abandonné, après que Charles Graux, qui avait accumulé des notes sur le droit grec, vit la question traitée par M. le professeur Caillemer; il aurait sans doute poursuivi le second et le troisième; on verra bientôt qu'il a mené les autres à bonne fin. Son parti était donc pris; le 2 novembre 1873, dans une lettre à son père, il déclare « sa préférence ardemment marquée pour l'étude de la Grèce aux points de vue technique et scientifique, prenant ses points d'appui sur la paléographie et la critique verbale ».

1. Note lue à la Société pour l'étude des questions d'enseignement supérieur, le 17 mars 1879 (*Bulletin*, page 331).

C'est ce qu'il appelait avec raison, dans une lettre
citée plus haut, avoir de « vastes projets ». Il ajoutait
« pas trop ambitieux pourtant », parce qu'il connaissait la puissance du travail, et avait mesuré ce qu'il
pouvait porter de fatigue. Il trouvait encore le temps,
lui dont on vient de voir la vie habituelle, de donner
de longues heures à des collations de manuscrits grecs,
faites à la Bibliothèque nationale, soit pour des explications aux conférences de l'École des Hautes études,
soit pour des savants étrangers ; d'assister à des séances
de l'*Association pour les études grecques*, dont il était
membre depuis l'année 1870, et à celles de la *Société de
linguistique*, où il était entré en 1878; enfin de fonder
avec la collaboration de son ami, M. Louis Havet, la
Réunion périodique des élèves de l'École des Hautes études,
où il fit, plus souvent que tout autre, des communications [1], et notamment, le 10 janvier 1879, une commu-
nication sur le faussaire Simonidès et ses tromperies
littéraires, et, le 10 mai suivant, un compte rendu du
livre de M. Mézières, sur Gœthe.

Par un arrêté ministériel du 30 octobre 1874, Charles
Graux fut « chargé des fonctions de répétiteur pour la
philologie et les antiquités grecques près la section
d'histoire et de philologie de l'École des Hautes études,
en remplacement de M. Nicole, démissionnaire ». Son
enseignement a duré six années.

En 1874-75, il exposait dans ses conférences du jeudi
les *Éléments de la critique des textes*. Pour cela, il enseignait à ses auditeurs la lecture des manuscrits, figu-
rant au tableau les alphabets, les lettres liées et les
abréviations, employant comme texte d'exercice des

1. Notice par M. Chatelain, dans la *Revue de philologie*, 1882,
p. 106.

fac-similés soigneusement choisis. Il étudiait les con-
fusions de lettres, en citant comme exemples de nombreuses corrections, tant inédites que publiées, fournies
par les manuscrits ou dues à la conjecture. A partir
du mois de mars, il exposait les principes du classement des manuscrits, et les appliquait au classement
de dix-huit manuscrits de l'ingénieur Philon. Le samedi,
il expliquait au point de vue exégétique et critique des
chapitres des *Mémorables* de Xénophon, puis des para-
graphes du VIIᵉ discours de Lysias (sur l'*Olivier sacré*).
Pendant le second semestre, il donnait rendez-vous à
ses élèves deux fois par semaine à la Bibliothèque nationale, pour les exercer au déchiffrement et à la collation des manuscrits difficiles [1].

En 1875-1876, il consacrait son premier semestre à
un voyage en Espagne, où le ministère de l'instruction
publique lui avait donné mission de visiter les bibliothèques, pour y dresser le catalogue des manuscrits
grecs. Pendant le second semestre, il étudiait, le mardi,
les *Particules de la langue grecque*, dictant des exemples
que les élèves interprétaient à tour de rôle, réservant
toujours une partie de la conférence pour l'explication
du XXIIᵉ discours de Lysias (sur *les Marchands de blé*).
Le jeudi, il exerçait les élèves à la publication d'un
texte inédit; il avait choisi un traité militaire inédit de
l'empereur Nicéphore II Phocas, dont la Bibliothèque
nationale possède trois manuscrits. Les élèves copiaient
un chapitre sur un des manuscrits et collationnaient
leur copie avec les deux autres. En outre, un manuscrit
de la bibliothèque de l'Escurial, postérieur d'un demi-

---

1. *Rapport sur l'Ecole pratique des Hautes études*, section d'his-
toire et de philologie, 1874-75, p. 4. Élèves de cette année :
MM. Jacob, Marchand, abbé Montel, Basset, Paréja, Rouch,
Sturm, Lenel, Berthault. M. Ruelle suivait cette conférence.

siècle au plus à la mort de Nicéphore, et dont Charles Graux avait rapporté une collation, fournit une base solide à la constitution du texte. Sept chapitres ont été ainsi préparés comme pour une publication [1].

En 1876-1877, Charles Graux étudiait, le mardi, la *Déclinaison et la conjugaison dans le dialecte attique*, employant, pour éclaircir les points controversés, le témoignage des inscriptions, des grammairiens anciens et des manuscrits jouissant de quelque autorité, et expliquant en grand détail quelques pages du *Lexiphane* de Lucien, pour y chercher la distinction des mots du dialecte attique et de ceux de la langue commune. Le mercredi, *Conférence pratique de paléographie*, où les élèves déchiffraient des fac-similés, et où le maître traçait au tableau toutes les abréviations qui ont été en usage aux différentes époques de la paléographie grecque. La conférence était complétée par des exercices, faits à la Bibliothèque nationale, de déchiffrements de manuscrits datés et pouvant servir de types des variétés de l'écriture grecque. Le jeune maître était déjà secondé par ses élèves : M. Dulac présidait avec lui aux exercices de la Bibliothèque nationale. M. Dulac encore et M. Martin travaillaient sur les manuscrits de la Bibliothèque nationale pour le recueil des commentateurs d'Aristote, préparé par l'Académie des sciences de Berlin [2].

En 1877-1878, le mardi, *Exposition des principales règles et des cas particuliers les plus utiles à connaître*

1. *Rapport sur l'École pratique*, etc., 1875-76, p. 5. Élèves : MM. Bergaux, Dulac, Guilleminot, Jacob, Karels (Luxembourgeois), abbé Montel, Porcheret, Rouch.

2. *Rapport*, etc., 1876-77, pp. 140-41. Élèves : MM. Dulac, Martin, Angellier, Jacob, Krebs, Rébouis, Sudre, Nigoles, Mistchenko (professeur à l'Université de Kiew), Karels (Luxembourgeois), Jecklin (Suisse), Buser (Suisse), Lacoste, Marty, Mas, Porcheret.

de la syntaxe attique. Avant d'énoncer une règle, le maître dictait un exemple caractéristique, que les élèves expliquaient; des exemples étaient aussi présentés et expliqués, lorsqu'il s'agissait de faire ressortir la différence de construction entre deux ou plusieurs cas, si bien que les élèves entendaient expliquer les règles et les différences d'emploi, en ayant les exemples sous les yeux. Le mercredi, conférence de paléographie en deux parties : de 9 à 10 heures, exercices de déchiffrement de manuscrits, dirigés tantôt par le maître et tantôt par M. Dulac; de 8 à 9 heures, conférence où le maître dirigeait les élèves de seconde année dans l'étude des manuscrits grecs datés de la Bibliothèque nationale. MM. Nigoles, Jacob, Dulac, Martin, Omont, abbé Lepitre, ont étudié chacun un ou plusieurs manuscrits. Les élèves remettaient sur leur travail une monographie. Leur premier soin était de copier, d'étudier et de corriger la souscription du manuscrit, qu'ils soumettaient ensuite à un examen minutieux, en vue de répondre à un questionnaire dressé par le répétiteur, et composé d'une trentaine de questions relatives à l'écriture et à l'ornementation. Cette critique des souscriptions de manuscrits grecs permettait de corriger certaines erreurs et de montrer que tel manuscrit, qui passe depuis Montfaucon pour avoir été copié en 971, a été, à une époque bien postérieure, recopié, texte et souscription, d'un manuscrit datant en effet de cette époque. C'étaient là des questions neuves et qui n'avaient encore été traitées dans aucune publication concernant la paléographie grecque [1].

---

1. *Rapport*, etc., 1877-78, pp. 6 et 7. Élèves : MM. Dulac, Martin, Angellier, Jacob, Krebs, Schaefer, Sudre, Baudat, Doret, Blanchard, Nigoles, Omont, abbé Lechevallier, abbé Lepitre, abbé Letteron, abbé Schmitz (professeur à l'Athénée de Luxem-

En 1878-1879, le lundi, de 8 à 9 heures, *Éléments de paléographie grecque* : le maître exposait l'histoire de l'écriture grecque sur le papyrus et le parchemin, faisant déchiffrer aux élèves de nombreux fac-similés choisis. A la fin de l'année, les élèves lisaient couramment les manuscrits de toute époque. M. Jacob, qui, depuis trois années complètes, avait suivi assidûment les travaux de la conférence de paléographie, aidait le maître dans ces exercices réservés aux élèves nouveaux. Le même jour, de 9 à 10 heures, avec les élèves les plus avancés, continuait l'*Étude des manuscrits grecs datés de la Bibliothèque nationale*. Des travaux étaient remis sur vingt-sept manuscrits, par MM. Martin, Omont, Jacob, de Richemont. A propos d'un de ces manuscrits, qui contient des vestiges d'un système de sténographie, employé aussi dans un manuscrit de Londres et dans un manuscrit du Vatican, la conférence s'occupait de la sténographie grecque; à la fin de l'année, les élèves étaient arrivés à déchiffrer très correctement cette sténographie. Le vendredi, le maître traitait de l'*Histoire littéraire de la Grèce après Aristote;* il commençait par les historiens, chronographes et géographes, et continuait par les écrivains techniques de l'art militaire, les mécaniciens et les physiciens, les mathématiciens et les astronomes, les philosophes, les écrivains de l'histoire naturelle et de la médecine. Dans le second semestre, il passait en revue les rhéteurs et sophistes, depuis Démétrius de Phalère; les grammairiens et philologues, depuis le commencement de l'École d'Alexan-

bourg), Le Deuff, Lebègue, Corda, Rieder, Besson, Charlier, Mathcescob, Gostynski, Rabans, Blum, Gaillard, Wagener (Luxembourgeois). — Cette année-là M. Dulac travaillait encore pour l'Académie de Berlin; MM. Dulac, Martin et Angellier collaboraient, les deux premiers très activement, à la *Revue des Revues*, qui venait d'être fondée.

drie, en s'arrêtant au ɪvᵉ siècle après Jésus-Christ ; les poètes des écoles alexandrine, romaine et byzantine : les historiens et chronographes byzantins, depuis le ɪvᵉ siècle jusqu'à la chute de Constantinople. Sur chaque auteur, le maître donnait une biographie, une liste des écrits conservés, avec courte analyse de chacun d'eux, l'indication des principaux manuscrits et des principales éditions ; une liste des écrits perdus [1].

En 1879-1880, les mercredis, *Éléments de paléographie grecque :* pendant une heure, exercice de déchiffrement : pendant une demi-heure, exposé de notions historiques relatives au matériel de la paléographie, encres, papiers et parchemins, manuscrits palimpsestes, roseaux et plumes à écrire, reliures, etc. ; notions sur les copistes, les bibliothèques, etc. Les écritures du ɪxᵉ au xɪvᵒ siècle étaient étudiées avec un soin tout particulier, à cause de l'importance spéciale qu'elles ont pour la constitution du texte des classiques grecs. Le maître faisait étudier des fac-similés photographiques de manuscrits, pleins d'abréviations, datés du xɪɪɪᵉ siècle, rapportés par lui de l'Escurial. Le vendredi, *Étude des formes du dialecte attique ;* le verbe pendant le premier semestre, et les autres parties du discours, pendant le second ; les témoignages des manuscrits, des grammairiens, des inscriptions, l'étude d'Aristophane et des comiques, où le mètre garantit l'authenticité de certaines formes, celle du *Banquet des Sophistes* d'Athénée, du *Lexiphane* et du *Pseudosophiste* de Lucien, étaient mis à contribution

---

1. *Rapport*, etc., 1878-79, pp. 6 et 7. Élèves : MM. Martin, Jacob. Baudat (Suisse), Omont, Rébouis, Bénet, Desbassyns de Richemont, le P. Lechevallier, Krebs, Payot (Suisse), Lebègue, abbé Gaugain, abbé Garilbe, Ogereau, Hennequin (Suisse). En cette année 1878-1879, M. Baudat, élève de seconde année, faisait une conférence supplémentaire sur la *Grammaire des dialectes grecs*.

pour arriver à la distinction des formes propres du dialecte attique, depuis Thucydide jusqu'à Démosthène [1].

En 1880-81, le mercredi, *Exercices de paléographie grecque;* pendant le premier semestre les élèves de seconde et de troisième année étaient exercés à la lecture des papyrus grecs, depuis le temps des premiers Ptolémées jusqu'au VIIe siècle de notre ère. Le maître leur exposait le développement de l'écriture grecque, pendant ce millier d'années, et la bibliographie du papyrus. Une heure y était consacrée: pendant une seconde heure, les exercices de déchiffrement de fac-similés en minuscules étaient dirigés par M. Lebègue, élève de seconde année. Pour le second semestre, *Exercices critiques :* les élèves étaient exercés, sur les quinze premiers chapitres de la *Vie de Cicéron,* par Plutarque, au métier d'éditeur de textes. Le maître dictait à chaque conférence, sur une certaine étendue de texte, les variantes proposées par le manuscrit étudié par lui à Madrid et non encore utilisé par les éditeurs de Plutarque; les élèves relevaient dans les éditions critiques les variantes des autres manuscrits. Un élève spécialement désigné pour préparer telle partie du texte discutait toutes ces variantes et donnait son opinion motivée, qui était immédiatement discutée par toute la conférence. Le jeudi, *Syntaxe attique :* le maître, après avoir étudié dans une introduction certaines tendances générales et dominantes de la langue grecque, qui rendent compte d'un grand nombre de règles particulières propres à cette langue, étudiait en détail la valeur et l'emploi de l'article et des pronoms, puis les rapports du sujet, du verbe et de l'attribut, toujours

1. *Rapport,* etc., pour 1879-80. pp. 8 et 9. Élèves : MM. Dosson, Lebègue, Le Foyer, abbé Beurlier, Desbassyns de Richemont.

en dictant aux élèves et en leur faisant expliquer un grand nombre d'exemples [1].

Il est bien inutile que je dise avec quel soin Charles Graux préparait ses conférences, comme il était sûr de tout ce qu'il apportait, quelles belles leçons de méthode il donnait à ses élèves par cet enseignement qui ne se répétait jamais, ou qui, du moins, était renouvelé sans cesse par des recherches et par des découvertes! Il voyait avec orgueil l'École des Hautes études durer, prospérer, prendre une grande place dans le monde savant. « Il règne en ce moment à l'École un mouvement et une animation que je n'y ai jamais vus, écrit-il le 26 novembre 1876. Nos cours de grec sont très fréquentés. L'ensemble imposant que nous formons maintenant pour l'enseignement de la philologie grecque fait de l'effet. Un Russe, agrégé de l'Université de Kiew, qui étudiait depuis un an à Leipsig, a quitté l'Allemagne et vient chez nous où il est enchanté de notre manière. Ce qui l'a attiré, c'est notre enseignement de la critique des textes et de la paléographie, deux conférences qui n'ont pas leur pendant dans les universités allemandes. » Chaque année, dans les lettres de novembre, il rendait compte à ses parents de la situation à la reprise des cours. Il notait, mais toujours avec modestie, les progrès qu'il faisait lui-même — « Mon exposition d'ouverture aux élèves de première année, écrit-il le 19 novembre 1878, a été très claire et je vais, pour la première fois, faire un cours bien charpenté et bien nourri. » Il s'agit du cours de paléographie qu'il professait depuis quatre années déjà, on sait avec quelle autorité.

1. *Rapport*, etc., 1880-81, pp. 8 et 9. Élèves : MM. Jacob, de Nolhac, Lebègue, Le Foyer, abbé Beurlier, Desbassyns de Richemont, Psichari, Marossy (Hongrois).

Il s'en fallait que l'enseignement prît toute la vie de Charles Graux. Il y donnait ses meilleures heures, mais il y avait tant d'heures dans sa vie laborieuse ! D'abord il était resté, en devenant professeur, étudiant. Il suivait à l'École des Hautes études les leçons de M. Weil, au Collège de France celles de M. Bréal.

Il trouvait le temps d'obliger, par les collations qu'il faisait à la Bibliothèque nationale, les savants de l'Europe entière et d'entretenir avec eux une correspondance active, où il recueillait une ample moisson de remerciements, car, dans ce commerce avec tant d'hommes éminents, il était bien rare qu'il fût l'obligé.

Il débutait, le 23 janvier 1875, à la *Revue critique*, et ses articles montrent qu'il embrassait, dans ses études, le monde entier de l'antiquité grecque. Chacun de ces articles était pour lui une occasion de s'instruire, et l'on voit çà et là par sa correspondance qu'il a étudié plusieurs sujets comme s'il eût dû les traiter lui-même. Au mois de mai 1879, M. Gaston Paris lui faisait une proposition qui le « flattait au plus haut point », celle de remplacer à la *Revue critique*, dans le comité des trois directeurs, M. Bréal qui se retirait, après sa nomination d'inspecteur général. Graux accepta cette proposition.

Quand M. Tournier fonda en 1877 la *Revue de philologie*, il s'adjoignit M. Louis Havet pour la philologie latine. Ce recueil devait comprendre une *Revue des Revues* où fussent résumés tous les articles relatifs à l'antiquité publiés dans les revues d'érudition. Il ne s'agissait de rien moins que du dépouillement annuel de 200 volumes donnant environ 80,000 pages. M. Tournier s'était adressé d'abord à quelqu'un, qui, si zélé qu'il fût, plia bientôt sous le fardeau. Il en chargea donc Charles Graux, qui, au mois de mars 1877, envoyait aux collaborateurs une circulaire rédigée par M. Tournier pour leur expliquer ce qu'on attendait d'eux. Il avait trouvé la plupart de ces collaborateurs parmi les nombreux savants étrangers avec lesquels il était en relations. Il désigna des rédacteurs généraux, confia l'analyse des revues spéciales à des spécialistes. Il dressa la liste des revues à dépouiller, dont la plupart étaient inconnues en France, et l'on pense bien qu'il travailla plus que personne au dépouillement. La première année, sa part fut de 43 volumes. Il était en même temps secrétaire de la *Revue de philologie*, chargé de la correspondance avec les auteurs [1].

Pendant près de trois ans, il garda le secrétariat de la *Revue de philologie* et la rédaction en chef de la *Revue des Revues*. Corrigeant toutes les épreuves, il lut trois fois le résumé de tout ce que les revues françaises et étrangères avaient publié pendant les années précédentes. Après, il demeura un collaborateur zélé de l'une et l'autre partie du recueil.

De février 1872 à avril 1878, Charles Graux remplit les fonctions de secrétaire de la section des sciences historiques et philologiques à l'École des Hautes études. Elles ne lui plaisaient guère, parce qu'il fallait dépenser quelques heures par mois pour dresser des états de traitement et aller chercher de l'argent au ministère des finances. Il eut au contraire un grand plaisir à être attaché au service de la bibliothèque de l'Université, comme sous-bibliothécaire (octobre 1876) d'abord. comme bibliothécaire ensuite (1er août 1881) : il y a rendu les plus grands services. La bibliothèque était riche déjà en ouvrages de philologie; mais il sut bien

---

1. Notice sur Charles Graux, par E. Chatelain, dans la *Revue de philologie, de littérature et d'histoire ancienne*, 1882, pages 104 et suiv.

trouver des lacunes, car il portait dans sa tête un catalogue en bon ordre et il avait toujours sous la main une liste de *desiderata*, qui lui permettait de proposer à M. Léon Renier des acquisitions par lesquelles se complétait la bibliothèque autant que le permettait son budget, qui était et qui est encore misérable [1]. Charles contribuait ainsi à faire de la bibliothèque de l'Université ce qu'elle doit être, « l'outil de l'enseignement supérieur ». Il se préoccupait de ce qu'elle deviendrait dans la Sorbonne reconstruite et il avait préparé sur ce sujet une note très intéressante pour la *Société d'enseignement supérieur*, dont il était membre et où il tenait une grande place dans la section des lettres [2].

Comment trouvait-il encore du temps pour ses travaux personnels? En ne perdant pas une heure. Il défendait jusqu'à ses minutes, parce que, comme il l'écrivait un jour, il convertissait ces « minutes en philologie ». L'amour du chez soi grandissait toujours en lui; il menait ce qu'il appelait « la vie sans mouvement ». « Si quelqu'un bougeait autour de moi, écrivait-il le 9 novembre 1878, il me semble que je rentrerais dans la vie réelle », et deux jours après : « Si vous saviez comme je défends mon calme contre tout ce qui peut tenter de l'altérer. Mon calme, c'est toute ma force et toute ma fortune! » Il se couchait alors à huit heures du soir, dormant dès qu'il avait la tête sur l'oreiller; à quatre heures du matin il était levé.

Ainsi peut-on expliquer qu'en même temps qu'il enseignait comme il faisait, qu'il collaborait à ses deux chères revues, dirigeait le service des collations à l'École des Hautes études, et celui des acquisitions philologiques

1. Notice sur Charles Graux, par E. Chatelain, page 106.
2. Cette note a été publiée dans la *Revue internationale*, organe de la Société, le 15 mars 1882, pages 271 et suiv.

à la bibliothèque de l'Université, il ait pu mener à bonne fin des travaux considérables dont l'histoire est liée intimement à celle de ses quatre voyages à l'étranger.

Le premier voyage fut entrepris à la fin d'août 1875 et dura jusqu'à la mi-avril 1876. Charles Graux en avait exposé l'objet dans une lettre adressée au ministre de l'instruction publique au mois de mai 1875, pour solliciter la mission qui lui fut accordée : visiter les bibliothèques de Madrid et de l'Escurial; étudier un manuscrit de la *Cyropédie* de Xénophon et un autre de Stobée, tous deux du xiᵉ siècle et signalés par M. Miller, un autre du xᵉ siècle, contenant les auteurs publiés par M. Wescher dans la *Poliorcétique des Grecs*, et, en outre, un certain nombre d'écrivains militaires, parmi lesquels Philon, l'ingénieur d'Alexandrie, auteur des traités sur l'*Artillerie* et sur la *Fortification*, qui sont les monuments les plus anciens et les plus curieux de l'art de l'ingénieur dans l'antiquité. La valeur du manuscrit avait été signalée par M. Miller dans un article du *Journal des Savants*, en 1868. Depuis deux ans, Charles Graux préparait une nouvelle publication de Philon l'ingénieur, et il avait réuni les collations de dix-huit manuscrits, dont dix appartenaient à des bibliothèques étrangères. Il se proposait encore de copier quelques textes inédits et signalait ceux du rhéteur Choricius, qui « gît, aux deux tiers inédit, dans une bibliothèque madrilène ». Pour cela, il demandait quatre mois; mais, à peine arrivé en Espagne, mesurant mieux la besogne, il exprimait le désir d'y demeurer plus longtemps; une prorogation lui fut accordée par le ministre, par lettre du 21 décembre 1875 [1].

---

1. Graux avait, avant de partir, commencé d'apprendre l'espagnol; au retour, il savait la langue.

Les résultats de cette mission ont été exposés par
Charles Graux dans son *Rapport sur une mission en Espagne* [1]. Il y donne la liste de 49 bibliothèques de Barcelone, Cordoue, l'Escurial, Grenade, Madrid, Sala-
manque, Séville, Tarragone, Tolède, Valence, qu'il a
toutes visitées, à l'exception de neuf : quatre de celles-
ci étaient fermées pour cause d'absence du bibliothécaire; cinq ont été négligées par Graux parce qu'il avait
acquis « la certitude qu'elles ne cachaient pas de manuscrits grecs ». En outre il étudia plusieurs bibliothèques particulières. En somme, il fit des recherches
personnelles dans plus de 60 bibliothèques, où il
tint plus de 450 manuscrits grecs, qu'il a décrits le
premier, ou dont il a revisé la description quand elle
avait été faite avant lui. Ce rapport a un intérêt particulier pour la biographie de Charles Graux. On y trouve
l'annonce de ses travaux futurs, et on y voit qu'il avait
étendu le terrain de ses recherches bien au delà des
limites qu'il s'était d'abord assignées. La collation des
manuscrits de Xénophon et de Stobée fut abandonnée
par lui, quand il s'aperçut que les résultats ne répon-
daient pas à l'attente qu'il en avait conçue, mais il fit
une collation complète des *Météorologiques* d'Aristote,
du prétendu cinquième livre de Philon l'ingénieur et
des trente-deux chapitres inédits du *Traité militaire*
attribué à Nicéphore II Phocas; de l'*Eutyphron* de
Platon; de la troisième *Philippique* de Démosthène; du
Breviarium historiae romanae de Rufus; de fragments de
manuscrits de Thucydide, Euripide, Plutarque, Arrien,
Alexandre d'Aphrodisie, Philostrate, etc., etc.; d'une
collection de 1206 proverbes, dont le dépouillement lui

1. *Archives des missions scientifiques et littéraires*, 3ᵉ série, t. V,
pp. 111 et suiv.

fournit de bonnes variantes, et çà et là, de petites parties inédites. Enfin, il copia un certain nombre de textes inédits : de saint Jean Chrysostome, le Λόγος ὠφέλιμος, et une homélie, qui lui semblait d'une authenticité douteuse; de Libanius, un passage qu'il envoya à M. le professeur Foerster de Rostock, pour qu'il pût combler une lacune de deux pages à la fin de la première des *Deux Déclamations inédites* de ce rhéteur, publiées par lui; de Jean Laurentios Lydos, de longs fragments du traité περὶ διοσημειῶν, pris dans un *membranaceus* contenant une rédaction ancienne, qui permettra de restituer le chapitre IX tout entier, avec le début du chapitre suivant, et d'y remplir des lacunes considérables. Il fit photographier deux fragments anonymes sur l'histoire de l'ancienne musique grecque, pour les transcrire à son retour en France [1]. Il copia intégralement quatre pièces beaucoup plus importantes : 1º un discours du rhéteur Chorikios de Gaza; 2º une *Apologie des mimes*, du même auteur (le *Discours* contient des matériaux pour l'histoire byzantine au temps de Justinien, et l'*Apologie* des détails neufs et curieux sur l'histoire du théâtre à la même époque); 3º une lettre d'Harpocration à un empereur, qui semble être Julien; 4º un *Traité militaire* de l'empereur Nicéphore II Phocas [2]. C'était là une bonne-moisson pour un premier voyage de découvertes. Et déjà Graux laissait entrevoir, dans le rapport, l'idée de l'œuvre qui devait être la plus importante de sa courte vie, lorsqu'il disait qu'il s'était efforcé de démêler l'origine des diffé-

---

1. Publiés par M. Ch. Em. Ruelle dans l'*Annuaire de l'Association pour l'encouragement des études grecques en France*, IIᵉ année (1877), pages 147 et suiv.

2. Celui-là dont le texte a été étudié en conférences, à l'École des Hautes études, dans le second semestre de l'année scolaire 1875-1876.

rents dépôts de manuscrits grecs en Espagne. Il était
allé très loin dans cette recherche, car il savait en
partie d'où vient le millier de manuscrits grecs qui se
trouvent dans ce pays, à quelle époque ils y sont arrivés; et il était à même d'affirmer qu'il n'y restait pas
de manuscrits grecs provenant des Arabes [1].

L'immense travail accompli pendant cette mission et
constaté par ce rapport officiel, Charles Graux le décrit
et l'explique presque jour par jour dans les lettres
écrites à sa famille. Ces lettres seront un guide précieux
pour celui ou pour ceux de ses élèves qui voudront
suivre ses traces en Espagne et achever quelques travaux qu'il se proposait d'aller y terminer un jour. Elles
sont intéressantes aussi pour le biographe; car elles
abondent en traits de caractère.

Graux était parti avec joie. C'était son premier voyage,
et ses lettres sont pleines d'une gaieté charmante. Portrait des compagnons de route, de Paris à Marseille;
description de Marseille et de ce littoral aux « teintes
chaudes, où la craie, dans le lointain, paraît comme
mystérieusement transformée »; récit d'une excursion
à Arles et au Pont-du-Gard : tout cela respire le plaisir
d'un jeune homme qui s'en va à la découverte, tout fier
d'avoir dans la poche son premier passe-port; car il
avait un passe-port et même un passe-port diplomatique, qui lui fut fort utile le jour où il rentra dans
Arles après une excursion faite aux environs avec
blouse et sac de voyage. Un gendarme lui demanda s'il
avait des papiers. « Je souris si doucement qu'il fut
gêné, à ce qu'il me semble, dans les entournures; il
ajouta pendant que, souriant, je dépliais lentement,
presque élégamment mon passe-port *diplomatique*, —

---

1. *Revue critique*, 1882, p. 143.

car mon passe-port n'est pas un vulgaire *papier*, il est signé Decazes, — il ajouta : « C'est qu'ici c'est comme ça. On demande des papiers. » Il lut jusqu'à la dernière lettre. Arrivé aux mots *chargé d'une mission scientifique*, il s'interrompit : « Scientifique? » dit-il d'un air drôle. — « Scientifique, » répondis-je d'un air simple. Je ne sais s'il vit un rapport entre scientifique et ma blouse sale ; mais je crois qu'il m'avait pris pour un carliste [1]. Charles garda pendant tout son voyage cette belle humeur. A l'entrée en Espagne, il est pris d'enthousiasme : « Je me demande si ce voyage, écrit-il après le débarquement à Barcelone, n'est pas le début heureux d'un beau rêve oriental ! » Mais son travail commence tout de suite, un travail acharné. On le suit de Barcelone à Osuna, d'Osuna à Séville, à Grenade, à Cordoue, à Madrid, à Tolède, à Madrid encore, et à l'Escurial. Partout, il note les résultats de ses recherches, le progrès de ses travaux, les espérances pour le travail à venir. Il s'informe avant chacune de ses visites ; il contrôle ensuite les informations, veut tout voir et met une douce et malicieuse ténacité à vaincre tous les obstacles.

Il sait qu'il y a dans la bibliothèque de la cathédrale de Cordoue deux cents manuscrits ; il veut vérifier s'il ne s'y trouve pas quelque manuscrit grec. Or il a une lettre de recommandation pour un commerçant, lequel se trouve avoir un ami, qui est l'ami de M. le chanoine pénitencier, gardien de la bibliothèque. A neuf heures et demie, le 28 septembre, il s'en va, plein d'espoir, attendre à la sortie du chœur le pénitencier, « un tout petit homme jeune, de manières calmes et très posées, comme un directeur de consciences déjà expérimenté ». Il lui expose l'objet de sa requête et s'entend inviter,

---

1. Lettre à Paul Garbe, de Séville, 17 septembre 1875.

d'un ton fort affable, à revenir le lendemain à la même heure. Il est fort exact; M. le pénitencier aussi. Celui-ci le mène à la porte de l'escalier de la bibliothèque : elle est fermée. Le pénitencier dépêche un grand enfant de chœur qui revient, disant : « Personne ne sait où est la clef. » Le pénitencier répète la phrase au visiteur, qui demande ce qu'il doit faire. « Aller à Séville ou à Cadix, répond le prêtre, et venir en repassant voir si la clef est retrouvée. » — « Innocent, sans défiance, je lui avouai que je n'allais pas à Séville, puisque j'en revenais, mais que j'avais l'intention de visiter Grenade : il m'envoie à Grenade, façon de m'envoyer promener. » Et, pendant que Graux demeure « ahuri », le pénitencier s'en va, la figure impassible. Il se croyait débarrassé, mais, à deux pas de l'église, notre visiteur, qui réfléchissait au moyen d'ouvrir une nouvelle attaque, rencontre « un rat d'église cicerone ». Il lui conte l'aventure et lui promet un pourboire, si la clef se retrouve. Le soir même, le rat d'église lui annonce qu'il a parlé au sacristain Aguilar et que celui-ci a la clef. Là-dessus, pourboire, avec promesse d'augmentation, s'il y a des manuscrits grecs. « Je viens de voir le pénitencier, dit alors le cicerone; je lui ai appris que la clef est chez le sacristain et que vous reviendrez demain. Il m'a répondu : — Ne dites rien; s'il vient demain, il viendra, on verra. » Ces paroles étaient de mauvais augure; Graux n'en était pas moins à la cathédrale, le lendemain, à neuf heures et demie, et il avait ce dialogue avec le pénitencier :

— N'a-t-on pas retrouvé la clef?

— Vous deviez revenir après Grenade?

— Mais je désirerais vérifier maintenant. Il ne vous manque que la clef, non la bonne volonté. Je croyais que la clef était retrouvée.

— L'homme qui l'a n'est pas ici maintenant.

— Mais vous l'avez vu hier.

— Je ne l'ai pas vu.

— Tâchez de le voir d'ici demain ; je repasserai encore.

Le pénitencier s'en va. Mais le sacristain, Raphaël Aguilar, entre à ce moment. Graux le prie de donner la clef au pénitencier pour le lendemain, mais il sent que son homme se retranche :

— Je la lui donnerai, dit-il, s'il me la demande.

— Il ne lui manque pour cela que de vous voir ; faites en sorte de lui parler.

— Mais c'est que je l'ai rencontré hier ici après-midi ; il ne m'a pas parlé de clef.

Graux compare cette déclaration à celle du prêtre, qui avait assuré n'avoir pas vu le sacristain. Il en conclut qu'on ne lui a pas dit « la vérité toute nue. » Alors il se pique au jeu. Il découvre en s'informant que le sacristain reviendra pour allumer les cierges, à trois heures et quart, et qu'à trois heures et demie, le pénitencier devra être prêt à entrer dans le chœur. Il en conclut qu'il y aura un moment où « le sacristain sera encore à la cathédrale et où le pénitencier s'y trouvera déjà ». A trois heures il est à son poste, voit arriver le sacristain, court à la sacristie, où il trouve le pénitencier. « D. Raphaël Aguilar est ici maintenant, lui dit-il. Voulez-vous lui demander la clef ? » Le pénitencier répond que ce n'est pas nécessaire, renvoie au lendemain, reparle du voyage de Grenade. « Non, réplique Graux, vous m'avez dit demain, à demain ! » Pendant cette conversation, don Raphaël Aguilar avait disparu. Du moins, un grand pas était fait : il était constaté que la clef était là, et qu'il n'y avait qu'à tendre la main pour l'avoir. Le lendemain, à huit heures du matin,

l'obstiné visiteur était à la cathédrale. Il surprend
Aguilar, qui promet d'ouvrir la porte, quand le pénitencier sortira du chœur à neuf heures et demie ; mais
le pénitencier confessait, confessait toujours. Il ne sortit du chœur qu'à dix heures et quart : le sacristain
s'était éclipsé. Graux aborde le pénitencier, le prie
d'attendre deux minutes, court chez Aguilar, qui demeure à 40 mètres de la cathédrale, retourne au pénitencier, qui s'impatiente, court de nouveau chez Aguilar, qui lui dit qu'un autre homme ouvrira à sa place,
retourne à la cathédrale, se croyant éconduit cette fois
et pour tout de bon. « Par bonheur, un rat d'église, à
qui j'avais été présenté la veille par le rat cicerone,
s'était intéressé à mon affaire, en voyant la rare ténacité dont je faisais preuve. Il s'approcha du prêtre,
auquel il demanda, devant moi, s'il lui fallait aller, de
sa part, dire à Aguilar de lui remettre la clef. Le pénitencier, pris de court, ne put tourner. Il lâcha un *oui :*
l'autre alla et revint avec la clef. Nous entrâmes tous
trois. Mon cœur battait à l'aise. J'étais d'une joie enfantine d'avoir vaincu le pénitencier ! » C'est à M. l'abbé
Magnier que Charles Graux raconte cette jolie histoire [1].
Le plus curieux de l'affaire, c'est qu'il n'espérait rien
découvrir qui l'intéressât. En effet, dans cette bibliothèque, qui contenait deux mille volumes, et où les
imprimés et les manuscrits étaient mêlés, il trouva de
beaux manuscrits latins, une vingtaine ou une trentaine
d'éditions aldines et autres d'auteurs grecs, mais point
de manuscrits grecs. Comme il s'attendait à ce résultat,
au moment même où il soutenait cette lutte acharnée,
il avait « un moment douté de sa persévérance » ; mais,
ajoute-t-il : « c'était au fond une question de caractère

1. Lettre datée de Grenade, 1er octobre 1875.

et de principe. Cela m'a rendu fort. » On peut juger,
par cette anecdote, que Charles Graux ne négligeait
rien pour bien accomplir sa mission; lorsqu'il dit : « Il
n'y a rien en tel lieu, » ou bien : « Il est impossible de
pénétrer là, » on le peut croire sur parole.

Pendant le temps qu'il demeura en Espagne, il fut
tout entier au travail. Les lettres de recommandation
qu'il avait emportées lui avaient donné les plus bril-
lantes relations. La haute société de Madrid l'accueillit
à merveille, et il eut à se louer surtout de la bienveil-
lance de Mme la comtesse de Montijo et de M. le duc de
Sesto. Il eut même l'honneur d'être reçu par le roi
d'Espagne, et, dans cette audience, il demanda à ce
prince de vingt ans à peine établi sur le trône, de s'intéresser à la question du prêt des manuscrits à l'étranger ! Il fit cela simplement et naturellement, n'imaginant
pas qu'il pût parler d'autre chose que de l'objet de sa
mission. Le roi, qui fut sans doute un peu étonné,
promit de s'occuper de la chose, après que la guerre
carliste serait terminée et que les communications
seraient plus sûres, et Graux, après avoir pris congé,
passa, sans orgueil, entre les deux rangs de halle-
bardiers qui gardaient la porte royale et qui le sa-
luèrent en frappant le sol de leur hallebarde. « Voilà,
écrivit-il à sa mère [1], ton désir accompli (car c'était à
Vervins que l'on avait désiré cette audience)... Enfin,
je sais maintenant par expérience ce que c'est qu'une
audience de roi : c'est toujours autant. »

Il répète dans ses lettres qu'il n'est fait ni pour le
monde, ni pour la cour. Il aimait la nature, et ses lettres
offrent de bien jolies descriptions. Mais on y retrouve
toujours la préoccupation de savoir mêlée au plaisir

---

1. 29 janvier 1876.

de sentir. S'il parle du beau ciel étoilé qu'il a admiré à
Grenade, il ajoute qu'il remarque bien que le pôle a
baissé, que la Grande Ourse, qui est circompolaire en
France, disparaît en partie sous l'horizon : « Si je
savais mieux mon ciel, ce serait intéressant. On ne
devrait pas voyager sans savoir son ciel : je l'appren-
drai un jour [1]. » — Il fait une excursion dans la Sierra
de Guadarrama, « montagne bien élevée, dit-il pour sa
mère, qui n'a ni précipices, ni avalanches, ni toutes les
vilaines manières du commun des grandes chaînes. »
Il y admire le paysage, mais il observe le phénomène
de la formation des torrents par la fonte des neiges, et
il étudie la roche pour savoir en quel terrain il se
trouve [2]. — Les mille choses qui attirent les touristes
le laissent froid, ou du moins il n'y va pas tout d'abord :
il commence par travailler, puis, quand il juge qu'il le
peut, il se donne une récréation d'un jour ou deux,
comme il fait à Tolède, d'où il écrit le 11 janvier :
« Plus de philologue dans ma peau! Il n'y reste qu'un
touriste! » Il se refuse à se détourner de son chemin
pour assister à une fête. Au mois de février, à Madrid,
on l'engage à retourner à Séville pour y voir la célèbre
foire : « Que m'importe à moi, écrit-il, tel que la Pro
vidence m'a bâti, la gaieté andalouse [3]! » Il se fait une
fête au contraire de « se retirer du monde », et d'aller
passer un mois « dans la tranquillité de l'Escurial. »
Admirablement reçu par le bibliothécaire, il fut installé
dans une cellule où il travaillait toute la journée,
fenêtre ouverte. Sur la porte étaient écrits ces mots :
Pax est in cella, foris autem plurima bella. Il a passé là
les meilleures heures du voyage d'Espagne.

1. Lettre, déjà citée, à M. l'abbé Magnier, de Grenade, 1er octobre 1875.
2. Lettre à M. Graux, de l'Escurial, dimanche gras de 1876.
3. Lettre de Madrid, 20 février 1876.

C'est en Danemark et en Suède que Charles Graux fit son second voyage scientifique, pendant les grandes vacances de l'année 1877. L'objet en est marqué dans sa lettre au ministre, du 3 mai 1877 : faire des recherches dans les manuscrits grecs des bibliothèques d'Upsal, Stockholm, Lund et dans les deux bibliothèques principales de Copenhague; entreprendre le catalogue des manuscrits grecs conservés à la bibliothèque royale de Copenhague; agrandir les relations de l'École française de philologie classique avec les Universités du Nord; établir avec les professeurs scandinaves, les Madvig, les Ussing, les Cavallin, « une alliance... comme celle qu'ont déjà conclue avec Paris, M. Cobet et la brillante école de Leyde. » La mission fut accordée par un arrêté ministériel du 9 juin 1877, et Charles Graux partit le 18 juillet [1]. A Bruxelles, il s'arrêta pour visiter la collection des manuscrits grecs; il visita aussi celle de Leyde. Ni dans l'une ni dans l'autre, il n'y avait de découvertes à faire : il y releva pourtant des indications paléographiques, intéressantes pour ses études générales sur les manuscrits grecs. S'il resta trois jours à Leyde, c'est qu'il se plut extrêmement en la compagnie du professeur Cobet. L'illustre philologue connaissait les travaux de Charles Graux; il l'avait loué dans sa revue, la *Mnémosyne*, l'appelant *vir illustrissimus*, « ce qui est la traduction latine du mot *monsieur* », comme dit Charles Graux, dans une lettre à ses parents, où il leur traduit le passage, si flatteur pour lui, de la *Mnémosyne* [2]. Cobet accueillit cordialement le jeune savant.

1. On a vu qu'il avait appris le danois, qu'il parlait fort bien. Il a aussi un peu travaillé le hollandais et le suédois. Il y a, dans sa bibliothèque, des dictionnaires et des grammaires de ces deux langues.

2. Lettre à M. Graux, de Paris, 27 avril 1877.

qu'il fut tout étonné de trouver si jeune. Celui-ci se
plut à merveille dans cette ville calme, pleine de fraîcheur et d'ombre, où la vie d'un savant est naturellement féconde. « Je me prends à regretter, écrit-il,
de n'être pas libre d'y venir étudier une bonne année
entière. Leyde m'explique Cobet [1]. » Le 25 juillet, il
arrivait à Copenhague après avoir fait de Kiel à Korsor
une délicieuse traversée de nuit pendant laquelle « la
lune, brillant, à l'arrière, dans l'axe du bateau, semait
l'argent sur les vagues et l'écume que nous laissions
derrière nous jusqu'à l'horizon ».

Charles Graux n'a pas publié de rapport sur cette
mission; mais il a donné dans trois lettres adressées à
M. le baron de Watteville, alors chef de la division des
sciences et lettres, des indications précises sur ses
travaux : catalogue des quatre-vingts manuscrits grecs
de la bibliothèque de Copenhague; découverte d'un
manuscrit important pour les études messianiques,
parchemin du xe siècle contenant un texte des *Psaumes
de Salomon* beaucoup meilleur que celui des deux seuls
manuscrits, dont l'un est aujourd'hui perdu, que l'on a
connus de ce livre [2]. A Upsal, catalogue des soixante-trois
manuscrits de la collection; étude d'un vieux manuscrit
des Évangiles, qui fournit quelques données curieuses
sur une antique bibliothèque de Jérusalem et sur la
stichométrie du Nouveau Testament [3]. En rentrant en
France, Charles Graux passa par Heidelberg, pour
étudier le fameux manuscrit de l'Anthologie palatine,
dont une partie est restée à Paris, « vénérable codex »,
dont l'étude lui permit d'arriver à des résultats nou-

1. Lettre à ses parents, de Leyde, 21 juillet 1877.
2. Lettre à M. de Watteville, 6 août 1877, de Charlottenlund,
station, près Copenhague.
3. *Idem*, 13 septembre 1877, d'Upsal.

veaux, en ce qui concerne la distinction des différentes mains et des différentes encres [1]. » Pendant tout ce voyage, il tint sa promesse de chercher des relations utiles: il recueillit plusieurs engagements que prirent des savants hollandais et scandinaves, d'envoyer, par amitié pour la France, des articles à la *Revue de philologie* et à la *Revue des Revues*, et se félicita de n'avoir plus à craindre d'être incomplet en ce qui concernait la Suède et la Norvège [2].

Ses lettres à sa famille contiennent, ici encore, des détails sur sa vie quotidienne, en particulier sur les fêtes du centenaire de l'Université d'Upsal, et sur les huit jours qu'il a passés, vivant « de pair à compagnon » avec MM. Gaston Boissier et Gaston Paris, qui représentaient la France à cette cérémonie, « tous deux si gais causeurs et si au courant de tout! » Ici encore, il vit tout ce qui était à voir. Apprenant qu'il y avait à Linkoping, au tiers du chemin entre Stockholm et Lund, des manuscrits grecs, il prit le temps d'aller visiter cette petite ville, « où il y a eu de tout temps des évêques, qui sont tous, de père en fils, de braves gens, comme l'attestent les belles pierres tombales qu'on leur a sculptées ». Il arriva de nuit, dut errer à la lueur des étoiles, en quête d'un gîte, car l'unique hôtel était rempli par les députés de la Diète, alors réunis. Il constata le lendemain que les manuscrits méritaient l'oubli où ils vivaient et repartit sans témoigner la moindre mauvaise humeur.

De ce voyage en Scandinavie, Charles Graux rapportait de nouvelles connaissances paléographiques et les notes nécessaires pour dresser le catalogue, qu'il

---

1. Lettre à M. de Watteville, 6 octobre 1877, d'Heidelberg; et cf. *Revue critique*, 27 octobre 1877.

2. Lettres citées, du 6 août et du 13 septembre.

devait publier plus tard, des manuscrits grecs, avec des renseignements philologiques de diverse nature sur les plus importants d'entre eux.

Dès le mois de mai 1878, quelques mois après sa rentrée à Paris, l'infatigable travailleur sollicitait du ministre une nouvelle mission en Espagne. Il exposait que, lors de son premier voyage, occupé à dresser l'inventaire des manuscrits grecs, il n'avait pu donner assez de temps à la copie des textes inédits et à la collation des manuscrits de valeur. Il désirait copier à Madrid des *anecdota* considérables de Chorikios; collationner, à l'Escurial et à Madrid, quatre manuscrits très anciens des scholies homériques et de la *Cyropédie* de Xénophon; prendre des fac-similés de certains manuscrits datés et particulièrement remarquables au point de vue de l'histoire de l'écriture grecque; enfin, explorer les bibliothèques du Portugal et celles du nord-ouest de l'Espagne, qu'il n'avait pas visitées. Le crédit des missions étant alors épuisé, Graux dut attendre l'année suivante. Deux rapports, l'un daté de l'Escurial (19 août 1879), l'autre de Paris (31 décembre 1880) [1], donnent les résultats de cette mission, à laquelle il employa deux voyages (19 juillet-24 octobre 1879; 15 mars-26 avril 1880).

Charles Graux eut alors la joie de découvrir à Madrid un manuscrit offrant, pour huit biographies de Plutarque, un texte meilleur que celui de la vulgate actuelle. Dans la partie de ce manuscrit qui contient les quatre paires des *Vies parallèles* de Nicias et Crassus, Alcibiade et Coriolan, Démosthène et Cicéron, Agésilas et Pompée, il releva de très nombreuses variantes, qui

1. *Archives des missions scientifiques et littéraires* (3e série, t. VII, Paris, 1881).

renouvelaient le texte, et faisaient disparaître beaucoup de passages embarrassants et inintelligibles. « La découverte de ce Plutarque sera considérée comme importante par les philologues, dit-il dans son rapport au ministre; » et, dans une lettre à ses parents : « Mon manuscrit de Plutarque va faire une révolution dans la constitution des *Vies parallèles.* » Aussi travaille-t-il avec acharnement : « Je te souhaite autant de lièvres, écrit-il, le 4 octobre 1879, à Paul Garbe, qui chassait alors dans la forêt du Nouvion, que je trouve de variantes. »

En même temps, il menait « une campagne photographique ». Il avait entrepris de réunir une collection de fac-similés, qui présentât les principaux types d'écriture grecque choisis dans une série de manuscrits des IXe, X^e, XIe, XIIe, XIIIe, XIVe et XVe siècles, jusqu'à la prise de Constantinople. Il prit plusieurs clichés à Madrid avec l'aide du bibliothécaire du ministère de l'instruction publique, D. Sancho Rayon, qui possédait un laboratoire de photographie où furent transportés les manuscrits choisis. A l'Escurial, la besogne fut plus difficile; si complaisant que fût le bibliothécaire en chef, M. Félix Rozanski, dont Graux loue dans chaque lettre la cordiale et charmante hospitalité, il ne pouvait se résoudre à laisser sortir les volumes de la bibliothèque. Il fallut « se démener chez lui, en buvant du thé, comme un ou plusieurs beaux diables [1] ». Don Félix accorda que les manuscrits fussent portés, pendant l'opération photographique, dans l'élégante *Galeria de los convalescientes*, portique en équerre, tourné vers le levant et le midi. Une cellule abandonnée servait de cabinet noir. Il n'y avait dans toute

---

1. Lettre à M. Paul Garbe, de l'Escurial, 4 octobre 1879, déjà citée.

la journée que quelques heures favorables; le matin, avant que le soleil se fût élevé au-dessus du toit de la galerie, puis entre deux et quatre heures. Le matin, il fallait que Graux allât réveiller le garçon de la bibliothèque et reprendre les manuscrits qui étaient rentrés pour la nuit. De midi à deux heures, nouvelle rentrée des manuscrits; il fallait aller les redemander au garçon, mais celui-ci, à cette heure-là, montrait la bibliothèque aux étrangers : on perdait ainsi une demi-heure et quelquefois une heure. Tout cela ne gênait guère notre photographe : muni de sa machine montée sur deux roues, il la faisait évoluer suivant la position du soleil dans le ciel. Le soir, il *révélait* dans de mauvaises conditions, seul avec une lanterne rouge qu'il ne pouvait accrocher nulle part et qui l'éclairait de bas en haut, ou, pour mieux dire, ne l'éclairait pas du tout. Il put cependant prendre d'une façon très satisfaisante 54 clichés répartis entre 15 planches dont il donne la description dans son rapport, cité plus haut, du 31 décembre 1880.

Enfin, dans ce second séjour en Espagne, Graux poursuivit le travail historique sur la formation des collections espagnoles de manuscrits grecs dont il avait eu l'idée lors du premier voyage. Il releva les souscriptions des manuscrits, étudia les signes de provenance et les marques de classification qu'ils ont portées successivement, ainsi que les fers des reliures. Il dépouilla les inventaires de collections particulières réunies au temps de Charles-Quint, de Philippe II et de Philippe IV; il parcourut la correspondance de plusieurs savants de la Renaissance, espagnols et italiens; il arriva ainsi « à des résultats sûrs, considérables et de deux sortes, devant servir, les uns aux historiens de la renaissance des lettres en Espagne, les

autres aux philologues qui s'occupent de la constitution
des textes grecs, classiques et sacrés. D'une part, en
effet, le spectacle de la formation laborieuse des bibliothèques de manuscrits réunies par Antoine Augustin,
par les deux Covarrubias, les deux Mendoza, etc.,
nous fait entrer dans la confidence de leurs idées.
D'autre part, la recherche individuelle de chaque manuscrit, en remontant autant que possible jusqu'à sa
naissance, nous fait connaître ou nous aide à deviner
l'archétype, souvent encore existant de nos jours, sur
lequel il a été copié. Les questions de classement des
manuscrits des auteurs se trouvent par là simplifiées et
éclairées [1] ». Dans ce vaste sujet, il commençait à
traiter à part l'histoire des origines du fonds grec de
l'Escurial, après avoir remarqué qu'elle « formait un
tout en soi, bien un et bien délimité [2] ». Il se sentait
sûr de lui-même : « J'ai terminé ma première revision
des 580 manuscrits grecs de l'Escurial, écrit-il le 8 septembre 1879 [3]. Je sais la provenance des trois
quarts. Je vais, cette semaine-ci, prendre un à un les
récalcitrants, pour en réduire quelques-uns à merci. »
Et il disait avec joie : « C'est du travail tout neuf que
je fais là, surtout en ce qui concerne la méthode employée [4]. »

C'est au retour du troisième voyage en Espagne que
Charles Graux acheva les deux thèses qu'il destinait à
la Faculté des lettres [5]. Il les soutint le 11 janvier 1881;

---

1. *Rapport*, plus haut cité, du 19 août 1879.
2. *Rapport*, etc., du 31 décembre 1880.
3. Lettre à sa mère.
4. Carte postale du 17 août 1879.
5. *De Plutarchi Codice manuscripto Matritensi injuria neglecto.*
Paris, Klincksieck, 1880, 57 pp. gr. in-8. — *Essai sur les origines
du fonds grec de l'Escurial.* Paris, Vieweg, 1880, xxi et 529
pp. in-8.

la soutenance lui valut le grade de docteur ès lettres à
l'unanimité et elle fit désirer à la Faculté de s'attacher
un savant de si grand mérite. Quatre mois après, par
un arrêté ministériel (12 mai 1881), Graux était « chargé
de faire à la Sorbonne deux conférences par semaine de
philologie et d'histoire grecques. » Le second semestre
était déjà commencé : il fit pourtant quelques leçons
où il expliqua et commenta l'opuscule sur *la République des Athéniens* attribué à Xénophon.

Aussitôt l'année scolaire finie, Charles Graux partit
pour l'Italie, sans même prendre un jour de repos : le
ministre de l'instruction publique lui avait donné sur
sa demande la mission d'y aller étudier « les manuscrits des *Vies parallèles* de Plutarque, la fixation de
l'âge des manuscrits grecs et la formation des principaux cabinets de manuscrits grecs de la Renaissance [1] ».

Il désirait depuis longtemps faire ce voyage : « Je
m'étais toujours promis, écrit-il de Venise le 16 septembre, d'offrir le voyage d'Italie au paléographe que
M. Tournier a fait éclore en moi! » Aucun de ses
voyages ne fut plus gai que celui-là. « Je suis tout pénétré d'aise, écrit-il à sa mère, des bords du lac
Majeur. Au lieu de gagner Milan au plus vite, je passe
délicieusement tout ce dimanche à Streza [2]. » Et il
raconte gaiement les incidents de voyage, décrivant
ses compagnons de route de nationalités diverses, les
scènes qui se présentent à lui, comme le sermon du
curé de Streza : « Je l'ai quasi compris tout du long;
il parlait de la foi, disait qu'il faut la grâce pour l'obtenir, etc... Il était persuadé que j'étais un Anglais
chancelant dans mon protestantisme : j'aurais juré, de

1. L'arrêté est du 6 avril 1881.
2. De Streza, 4 septembre 1881.

ma place, vers laquelle il était toujours tourné, qu'il
s'occupait de ma conversion. » Jamais il ne se donna
autant de loisirs que dans ce voyage. Son esprit, indéfiniment perfectible, s'ouvrit alors à toutes les jouissances que donne en Italie le spectacle des monuments
de tous les arts. Pendant des heures, pendant des journées entières et pendant des séries de journées, il donne
congé au philologue, pour admirer tranquillement les
statues, celles du moins qui sont d'une beauté sévère,
car il « n'aime pas le déclamatoire en marbre » ; les
églises, non point les églises du style *rococo*, non point
même celles de la Renaissance, mais les vraies églises
du Christ, romanes ou gothiques. C'est pendant ce
voyage qu'il commença de prendre goût à la peinture.
« Les limites entre lesquelles se trouvent renfermés les
travaux de cette jeunesse féconde, a dit M. Louis Havet,
ne sont point les limites de ses aptitudes et de sa curiosité[1]. » Rien de plus vrai : les limites réelles de sa
curiosité reculaient sans cesse. « La belle peinture décidément, écrit-il de Florence[2], me touche plus que je
ne croyais... J'ai des progrès à faire. » Il aurait fait
ces progrès et il y a, dans quelques-unes de ses lettres,
des mots de critique d'art, inspirés par une sincère
admiration des maîtres. Il sent avec vivacité l'étrange
ou gracieuse beauté des villes où il s'arrête. Il a de
jolies descriptions de Venise, de Ravenne, où il se
plaît si bien qu'il y demeure trois jours au lieu d'un.
Il est tout pénétré du charme de Florence.

A Rome, il ne sait « comment faire pour satisfaire la
moitié des désirs que la ville fait naître en lui ». « Si
tu jouis de mes joies, écrit-il à sa mère[3], comme tu

1. *Revue critique*, 1er semestre, 1882, p. 114.
2. Lettre du 24 octobre 1881.
3. 29 novembre 1881.

dois être aise de me savoir ici! » C'étaient toujours des joies sérieuses; alors même qu'il voyageait en touriste, il n'était point un voyageur « du grand troupeau », comme il disait. A Salerne, « coin de pays tiède et embaumé comme une serre d'orangers », il étudie, comme un architecte, les styles de la cathédrale; à Pœstum, il regarde les murs en connaisseur, et l'envie lui prend d'aller chercher à Rome les niveaux, équerres d'arpenteur et autres instruments nécessaires pour *relever* les fortifications et en faire une étude.

Tels furent les loisirs de cette campagne en Italie. La moisson du travail fut abondante. A Venise, où le bibliothécaire de la bibliothèque de Saint-Marc, M. Veludo, le reçoit à bras ouverts, il trouve de quoi mettre « dans la jubilation » le paléographe et contenter en même temps l'éditeur de Plutarque et l'historien de la philologie [1]. En effet, il étudie un manuscrit du xie siècle en onciale — il désirait « depuis longtemps voir un manuscrit de la sorte de celui-là » : — puis un Démosthène du xe siècle, où les stiques sont numérotés de 100 en 100; il tient avec profit 60 manuscrits, et « augmente sensiblement son expérience en paléographie » : voilà pour le paléographe. Il met la main sur un manuscrit important de Plutarque et sur des pièces concernant Antoine Éparque : voilà pour l'éditeur de Plutarque et pour l'historien de la philologie [2]. A Bologne, il étudie trois fonds de manuscrits grecs, dresse pour son usage personnel un catalogue de 23 manuscrits en un index de 70 [3]. A Florence, il copie le chapitre III de la *Vie de Démosthène* et toute la *Vie de Cicéron* sur « un

1. Lettre de Venise, 21 septembre 1881.
2. Lettres de Venise, 24, 26, 27, 29 septembre; 4, 6 et 8 octobre; de Bologne, 11 octobre.
3. Lettre de Ravenne, 12 octobre.

manuscrit de la famille de son fameux manuscrit de Madrid » [1]. Il travaille à la constitution du texte de la *Vie d'Agésilas*, étudie un manuscrit portant de l'écriture tachygraphique dans les marges, et la stichométrie de toute une série de saint Basile. A Rome il travaille surtout aux bibliothèques Vaticane et Barberini. A la Vaticane, lui et son élève et ami, M. Martin, arrivaient toujours les deux premiers pour avoir les bonnes places ; la Vaticane fermant à midi, il courait à la Barberini, où il restait jusqu'à deux heures. C'est l'éditeur de Plutarque surtout qui fut satisfait de ce travail : « La question touche à sa fin, » écrivait-il le 16 novembre, et le 24 : « Plutarque est fini, sauf des vérifications à faire à Florence et à Milan en retournant. »

Le séjour de Rome touchait à sa fin. Graux était attendu en France, où la Faculté des lettres avait recommencé ses travaux de l'année scolaire 1881-1882. Déjà, il lui avait fallu demander à M. Wallon, doyen de la Faculté, une prolongation de quelques jours, qui allait expirer ; mais un des bibliothécaires du Vatican, M. Stevenson, à la veille de mettre sous presse le catalogue des manuscrits grecs du fonds palatin, lui demanda, d'accord avec Son Éminence le cardinal Pitra, bibliothécaire en chef, de donner son avis sur la date qui doit être attribuée à chacun des 435 manuscrits dont se compose le fonds. Graux n'eut garde de refuser ce service à rendre et ce moyen de s'instruire. Il m'écrivit alors que c'était une occasion unique d'être, pendant huit ou dix jours, seigneur et maître d'une admirable collection, de comparer les écritures, les mains qui ont ajouté telle ou telle note, les reliures, « choses difficiles à faire, quand on ne peut tenir que quelques ma-

---

1. Lettres de Florence, 21, 24, 31 octobre.

nuscrits à la fois ». Il ajoutait qu'à son avis la Faculté ne pouvait qu'être flattée de voir un de ses membres appelé à dater les manuscrits de Rome. Ce fut aussi l'avis de M. Himly, qui venait d'être nommé doyen de la Faculté, et qui accorda l'autorisation demandée. Graux resta donc à Rome pour faire ce travail jusqu'au 18 décembre. Le 23, il rentrait à Paris [1].

Tout en mettant en ordre ses notes de voyage, Graux préparait ses conférences de l'École des Hautes études et de la Faculté. Dans une conversation qu'il avait eue avec M. Dumont, directeur de l'enseignement supérieur, lors de sa nomination, au mois de mai 1881, M. Dumont lui avait dit que « l'on comptait sur lui pour prendre une grande part au progrès de l'enseignement supérieur ». Graux avait répété le mot dans une lettre à ses parents [2], témoignant, comme toujours, de l'étonnement de l'honneur qu'on lui faisait. Pourtant, lorsqu'on repasse l'histoire de son travail et de sa formation intellectuelle, on voit bien que M. Dumont avait dit l'exacte vérité.

1. En Italie, comme en Espagne, en Hollande, en Danemark, en Suède, comme partout, il fut admirablement accueilli et se fit des amis. Ses lettres sont pleines d'expressions de sa reconnaissance pour Mᵐᵉ Perruzzi, qui lui donna à Florence une charmante hospitalité. C'est chez elle qu'il fêta, le 4 novembre, la saint Charles. Quatre Charles étaient présents; un invité improvisa en leur honneur un sonnet, dont trois jolis vers étaient consacrés à Charles Graux :

> Quei cava un raggio della greca aurora,
> Come il colon dal guscio trae piselli,
> Da carte che rischiär d' ire in malora.

A Rome, il reçut aussi un gracieux accueil de Mᵐᵉ la comtesse Lovatelli. Il fut très honoré des prévenances qu'eurent pour lui M. Geffroy, directeur de l'École de Rome, et M. de Rossi, qui voulut bien le conduire au cimetière de Callixte et lui donner ainsi une fête archéologique dont il fut tout fier, comme il dit, d'être « le héros ».

2. 12 mai 1881.

Enseignement, travail personnel, missions, tout avait concouru à faire de lui un maître. Il y a dans le travail de cette jeunesse féconde une harmonie qui prouve qu'il était dirigé de haut, par un esprit qui savait son chemin.

D'abord, Graux avait en main tous les instruments du travail. A la connaissance des langues anciennes [1], il avait ajouté celle des principales langues européennes, allemand, anglais, danois, espagnol [2].

Il possédait l'érudition bibliographique la plus étendue et la plus précise; il connaissait, pour les avoir étudiés de près, les catalogues des principales bibliothèques de l'Europe; directeur de la *Revue des Revues*, bibliothécaire à la bibliothèque de l'Université, il surveillait l'activité scientifique dans tout le domaine de la philologie ancienne. Il avait dressé pour lui-même un inventaire de tous les manuscrits de Plutarque, qui se trouvent dans les bibliothèques européennes. Il était donc admirablement informé, et savait où se trouvait, en quelque endroit qu'elle fût, la matière de son travail.

Il était un paléographe de premier ordre et un critique de textes de grande autorité. M. L. Havet l'a dit dans la *Revue critique* : « Il s'était livré avec une patience incroyable à un long et fastidieux labeur, la vérification de *'incipit* et du *desinit* pour des centaines et des milliers de textes manuscrits. Jamais manœuvre obscur et

---

1. « Il était latiniste; la latinité de sa thèse sur Plutarque a été remarquée, et lui-même savait juger le latin des autres. » Louis Havet, *Revue critique*, 1882, t. I, p. 144.

2. Dans ses lettres datées d'Italie, on voit qu'il parlait l'italien, suppléant parfois un mot italien par un mot espagnol, mais se faisant comprendre. Il n'aurait pas eu de peine assurément à se rendre complètement maître de la langue. Cf. ci-dessus, note 1, p. 316.

docile ne mérita par un travail plus rebutant la pitié des
littérateurs. Tout en compulsant les in-folio et en classant
ses fiches, Graux, dans le secret de sa pensée, soumet-
tait la science paléographique à une refonte presque
générale : il l'embrassait d'un coup d'œil, et, sans se laisser guider par les idées courantes, il brisait et en refor-
mait les cadres. Nul ne connaissait mieux que lui la
forme des écritures ; il avait approfondi après Ritschl les
questions relatives à la stichométrie ; il savait trouver
mille révélations dans le genre des reliures, dans les
armoiries qu'elles portent, dans la nature des encres,
dans la matière du papier, dans le dessin des filigranes,
qu'il avait parfois le soin de reproduire dans ses catalogues. » Ses *Notices sommaires des manuscrits grecs de
la bibliothèque royale de Copenhague* [1] sont un modèle
du genre ; elles disent ce que valent les *Notices sur
les manuscrits grecs d'Espagne*, demeurées inédites, mais
préparées pour l'impression, avec copie de nombreux
et quelquefois assez longs passages. Son grand travail sur la *Stichométrie*, publié dans la *Revue de philologie* [2] (avril 1878), avait si bien renouvelé les notions
acquises sur la matière, ainsi que Graux le raconte dans
une lettre à ses parents, du 6 mai 1878, que Blass lui
écrivit : « Mes positions sont menacées. » Il avait eu
la satisfaction de mettre au jour des fragments inédits,
ceux que nous avons cités, à savoir, l'*Éloge d'Aratios et
de Stephanose* et l'*Apologie des Mimes*, de Chorikios [3], une
Lettre d'Harpocration à un empereur [4], un supplément
au *Corpus paræmiographorum græcorum* [5] ; un impor-

1. *Archives des missions*, 3e série, t. VI, pages 133-242.
2. *Revue de philologie*, 1878, pp. 97 et suiv.
3. *Idem*, janvier 1877, juillet 1877.
4. *Idem*, janvier 1878.
5. *Idem*, juillet 1878.

tant traité de Philon de Byzance, précédé d'une notice
et illustré de notes, publié avec la collaboration de M. de
Rochas [1]; il préparait pour l'impression, entre autres
fragments inédits, un traité militaire de Nicéphore II
Phocas [2]. Au cours de ses recherches paléographiques,
il avait réuni les notes et collations nécessaires pour
contribuer à des éditions nouvelles de traités d'auteurs
classiques, par exemple des *Météorologiques*, d'Aristote.
Il avait donné lui-même une édition des onze premiers
chapitres des *Économiques*, de Xénophon. Ses éditions
des *Vies de Démosthène et de Cicéron* [3], par Plutarque,
étaient le début d'une édition complète de Plutarque.
Il sentait bien qu'il serait prochainement capable de
donner un traité de paléographie, faisant loi sur la
matière; en attendant, il recevait l'hommage d'une
dédicace du traité de Gardthausen, et il en rendait
compte dans le *Journal des savants* [4]; puis il préparait
une galerie de clichés photographiques, de pages ou de
fragments de pages de manuscrits espagnols et de manuscrits de la *Bibliothèque nationale*, pour servir à
l'histoire de la paléographie.

Connaissance des langues, bibliographie, paléographie, critique n'étaient pour lui que des moyens de travail : le but, il l'a remarqué en donnant la définition de
la philologie au commencement de sa thèse française [5]
où il dit que les philologues de la Renaissance cherchaient dans l'étude de l'antiquité, « non pas une inspiration ou seulement une pure jouissance du goût, mais

1. *Revue de philologie*, janvier, avril, juillet 1879.
2. Rapport sur l'École pratique des Hautes études, 1875-1876;
et lettre du 21 avril 1878.
3. Chez Hachette.
4. *Journal des savants*, avril, mai 1881.
5. A la page 4.

la connaissance de l'antiquité même et de sa vie, de sa civilisation et de sa manière de penser ».

Connaître la vie, la civilisation, la manière de penser de l'antiquité, telle était l'ambition de Charles Graux. Chacun de ses maîtres avait voulu le retenir auprès de lui, dans la partie de la science qu'il cultivait. « Consacrez-vous à la paléographie, lui disait-on, ou bien à la critique verbale, ou bien à l'épigraphie ; » mais il poursuivait doucement son chemin, tâchant de ne froisser personne, résolu pourtant à être lui-même. Dans sa thèse latine *De Plutarchi codice manuscripto matritensi injuria neglecto* [1], il montrait, par les corrections historiques tirées du manuscrit, à quoi il peut servir à un historien d'être aussi un philologue. Il était prêt, dit M. L. Havet, à parler avec compétence d'histoire romaine [2]. Et, de fait, il avait écrit déjà quelques chapitres de l'histoire de l'antiquité. Sa *Note sur les fortifications de Carthage à l'époque de la troisième guerre punique* [3], et ses annotations de l'édition de Philon de Byzance, montrent qu'il avait une connaissance précise de l'art militaire chez les anciens. Ses articles de la *Revue critique* attestent que sa curiosité s'étendait toujours. Il allait se prendre à l'histoire politique proprement dite. C'est dans ce grand milieu intellectuel de la Faculté des lettres qu'il aurait donné la mesure de sa valeur, car il s'agissait pour lui, et il le sentait bien, d'employer tous ses moyens de travail à ce difficile enseignement par lequel les maîtres de la Faculté transmettent aux étudiants leur méthode, tout en les instruisant des connaissances acquises. Pendant le second semestre de l'année 1880-81,

1. *Revue de philologie*, 1881, pp. 47 et suiv.
2. *Revue critique*, 20 février 1882.
3. *Bibliothèque de l'Ecole des Hautes études*, fasc. 35.

il avait expliqué et commenté devant ses élèves de la
Faculté le *Traité de la République des Athéniens*, qui ne
doit plus être attribué à Xénophon [1]. Sur l'affiche du
premier semestre de 1881-82, il avait annoncé son cours
sous le titre de Philologie et histoire grecques, et il se
proposait d'étudier, une année, les institutions religieuses et les coutumes domestiques, une autre année,
les institutions politiques. Ce n'est pas sans quelque
hésitation qu'il abordait ce genre nouveau d'études;
mais il avait pris son parti, ce qu'il ne faisait jamais
sans avoir consulté ses forces et jugé qu'elles suffiraient.
Certainement, s'il avait pu professer ce cours comme il
a professé les autres, avec son travail opiniâtre, revenant toujours à la tâche et croyant n'avoir rien fait
tant qu'il demeurait quelque chose à faire, la France
aurait eu dans quelques années un véritable historien
de l'antiquité grecque. Sa thèse française, qui porte en
sous-titre : *Épisode de l'histoire de la renaissance des
lettres en Espagne*, demeure pour montrer avec quelle
sûre méthode il aurait écrit l'histoire.

Il est donc bien vrai qu'il allait prendre part, et une
grande part, à la réforme de l'enseignement supérieur.
Un homme qui s'était armé comme lui patiemment et
sans jamais plaindre sa peine, de tous les instruments
nécessaires à la découverte de la vérité, qui était capable de travailler de ses mains au progrès de la
science et qui l'aimait assez profondément pour en
communiquer le goût à ses élèves, était capable entre
tous de transmettre avec le trésor des connaissances
acquises la méthode qui permet de les accroître. Jamais
espérances ne furent mieux justifiées que celles que
Charles Graux avait fait concevoir de lui. Hélas! nous

1. *Revue historique*, 1882, numéro de janvier-février, pp. 172 et s.

ne pouvons plus compter aujourd'hui que sur la force de son exemple!

A la fin du mois de décembre 1881, Graux alla passer quarante-huit heures auprès de ses parents. Je voyageai avec lui jusqu'à Vervins : en chemin nous parlâmes un peu de son voyage d'Italie et beaucoup de ses prochaines leçons à la Faculté. De retour à Paris, il écrivait, le 31 décembre, à ses parents : « J'achève l'année en travaillant à ma stichométrie. » Le 7 janvier 1882, il écrivait à sa mère une lettre de quatre pages, où je lis ces mots : « Je songe à m'établir très prochainement une petite vie calme et tranquille, dans laquelle avec l'un et l'autre de vous ici et avec vous deux au Pont-de-Pierre [1] nous reformerons notre famille, qui est toute disloquée, chose que je ne vois plus en enfant, aujourd'hui que j'ai trente ans. Et puis, aussi vite que possible, va, je saurai bien me marier, vous m'aidant de toute façon. » Il ajoutait, continuant sans doute une conversation du dernier voyage à Vervins, où ses parents avaient parlé de quitter tout à fait le pays pour venir s'établir à Paris : « Toute pensée de mariage m'emmenant chez des autres me fait mal... Ce n'est pas seulement notre maison, c'est ma contrée que j'aime, ma Thiérache et ma Picardie de la vallée de l'Oise. J'y resongerais avec trop de mélancolie dans mes vieux jours si je ne m'y savais plus un gîte à moi : et ma propriété, celle que papa faisait pour moi! J'y ai mes souvenirs de famille. A Paris quelle famille ai-je trouvée? L'ardeur de dix ans de recherches m'a fait sentir moins le vide : aujourd'hui j'y pense plus souvent et toujours plus profondément. » Il conseillait

---

1. Le Pont-de-Pierre est un hameau de la commune de Fontaine, tout voisin de la ville de Vervins, et situé près de la gare.

donc aux siens de ne pas se transporter *à demeure* hors du Pont-de-Pierre; mais il souhaitait qu'ils vinssent passer régulièrement quelques mois à Paris dans un logement « aussi près de moi que possible ». C'est la première fois que Charles Graux exprimait ces sentiments dans une lettre : il les avait toujours cachés, pour ne point accroître dans l'âme de ses parents l'amertume de la séparation.

Lorsqu'il écrivait cette lettre, il était mortellement atteint. Je le vis le jour même; il m'avait fait savoir qu'il était fort incommodé d'une grippe. Je le trouvai étendu sur un canapé, pâle, la main brûlante; il parlait malaisément, ayant la gorge embarrassée de mucosités. J'appris alors qu'il avait ressenti un frisson le 1er janvier, à l'Élysée, où il s'était rendu avec la députation qui était allée porter à M. le président de la République les hommages de la Faculté des lettres. Je lui demandai s'il avait vu un médecin; il me nomma M. le docteur Geoffroy, qui devait revenir le lendemain. Il ajouta qu'il se trouvait mieux et qu'il avait commandé son dîner, se sentant en appétit pour la première fois depuis quelques jours. Le lendemain matin M. le docteur Geoffroy entra chez moi, très ému, et me dit que Graux avait la fièvre typhoïde. Il lui avait parlé d'une fièvre muqueuse, comme on fait toujours en pareil cas, et lui avait conseillé de faire venir quelqu'un de sa famille. Le malade l'avait prié de passer chez moi et de me charger d'écrire à Vervins, disant que j'étais le meilleur ami qu'il eût à Paris. Qu'on me permette de répéter ce mot : je le retiens avec orgueil. Je courus rue Monge [1]; Graux était au lit,

---

1. Graux habitait rue Monge, 26, depuis qu'il avait quitté, le 15 octobre 1878, Auteuil, où il avait passé, avenue de Versailles, 53, un an et neuf mois.

très calme : « La maladie sera certainement longue.
me dit-il, elle peut être grave; mais enfin je suis plus
tranquille qu'hier; je sais ce que j'ai; c'est maintenant
au médecin à me tirer de là. » Plus tranquille qu'hier!
Il était donc inquiet, lorsqu'il évoquait dans sa lettre
le souvenir de son enfance, et parlait avec mélancolie
des vieux jours qu'il voulait passer au lieu de sa naissance!

M. Graux père, mandé par moi après la visite de
M. le docteur Geoffroy, arriva le soir même; c'était le
dimanche 8 janvier. Il ne quitta pas le chevet du malade, où Mᵐᵉ Graux vint le rejoindre le jeudi. M. le
professeur Brouardel et M. le docteur Dupuy, de Vervins, médecin de la famille, apportèrent leur concours
au docteur Geoffroy. Tous les soins furent inutiles : le
malade expira, le vendredi 13 janvier, à midi et demi.
Il avait vingt-neuf ans, un mois et vingt-trois jours.
M. le professeur Brouardel avait diagnostiqué que la
maladie participait à la fois de la fièvre des pays maré-
cageux et de la fièvre typhoïde ordinaire; il n'avait
point hésité à dire que le germe en avait été pris en
Italie, pendant ces derniers jours où l'infatigable travailleur s'était surmené. Charles Graux est donc mort
victime de son dévouement à la science.

La nouvelle se répandit aussitôt à la Faculté des
lettres, qui était réunie ce jour-là pour la discussion
d'une thèse, et à l'Académie des Inscriptions, qui tenait
sa séance hebdomadaire. Elle y produisit une impression
douloureuse qui se renouvela le lendemain à l'Académie
des Sciences morales. Tout le monde savant connaissait
ce jeune homme. Pendant deux jours, ses parents
virent se succéder, dans ce cabinet où il a tant travaillé, ses maîtres, ses collègues, ses amis, ses élèves,
toute cette famille intellectuelle où il tenait une si

grande place. Le dimanche 15 janvier, jour où le corps
fut transporté à Vervins, comme les collègues et les
amis du mort étaient réunis devant la maison de la rue
Monge, M. Louis Havet leur proposa de se concerter
pour élever en commun un monument intellectuel en
l'honneur de Graux. L'idée fut acceptée par tous et,
quelques jours après, dans une réunion tenue à la bibliothèque de l'Université, sous la présidence de
M. Léon Renier, un comité de cinq membres était
chargé d'organiser la publication d'un volume de mélanges d'érudition qui serait dédié à la mémoire de
notre cher mort [1]. Ce monument, auquel les philologues les plus illustres de la France et de l'étranger
ont apporté leur pierre, était bien celui qui convenait
à Charles Graux. Dans les cabinets des savants, dans
les bibliothèques de l'Europe, il défendra contre l'oubli
la mémoire de ce jeune homme, protégée déjà par ses
œuvres connues auxquelles s'ajouteront bientôt ses
œuvres inédites [2].

Les obsèques de Charles Graux ont été célébrées à
Vervins, le mercredi 18 janvier 1882. Le corps avait
été transporté au collège, dans un salon transformé en
chapelle ardente, tendue de blanc. A l'église, le service
fut célébré par M. l'abbé Polydore Tourneux, l'absoute
donnée par M. l'archiprêtre. M. l'abbé Magnier monta
ensuite en chaire, pour y prononcer, autant que
l'émotion le lui permettait, l'éloge funèbre du défunt.

---

1. Ce comité se composait de MM. Henri Weil, de l'Académie
des Inscriptions et Belles-Lettres; Gaston Boissier, de l'Académie
française; Ernest Lavisse, Alfred Croiset, Louis Havet. — M. Louis
Havet s'est chargé de toute la correspondance et de la réception
des manuscrits; il a dirigé l'impression, prenant ainsi la principale charge d'une publication dont il a eu le premier l'idée.

2. M. H. Graux entreprend la publication des œuvres complètes de son fils, publiées et inédites.

en prenant pour texte ces mots de l'Ecclésiastique :
Laudent eum opera ejus [1]. Puis il se joignit à M. Gaston
Paris, à M. E. Chatelain et à moi pour tenir les cordons
du poêle. MM. les abbés Tourneux, en habits sacer-
dotaux, précédaient le cercueil. Toute la ville de Vervins le suivait. Au cimetière, situé hors de la ville,
près du Pont-de-Pierre, M. Gaston Paris, au nom de
l'École des Hautes études, et moi au nom de la Faculté
des lettres [2], nous rendîmes un dernier hommage à
notre ami, pendant que sa famille et ses premiers
maîtres pleuraient au bord de la fosse ouverte.

La mort de Charles Graux est une grande perte pour
la science française, et pour la France, par conséquent,
puisque la renaissance des hautes études est un des
moyens par lesquels notre pays doit refaire son honneur et rasséréner son esprit. Les œuvres qui louent
Charles Graux, pour reprendre le texte de l'abbé
Magnier, ne sont point seulement celles que les érudits
connaissent déjà ou que la piété paternelle va mettre
au jour : c'était une grande œuvre que l'exemple qu'il
donnait. S'il est vrai qu'il n'existe point de perfection
hors de la vertu, et que la qualification de *vir bonus*
se doive trouver dans la définition de tout office
humain bien rempli, aucun maître n'a mieux mérité
que notre ami d'être appelé un *vir bonus docendi peritus*.
Sa science procédait d'une vertu, la bonne foi, ou
plutôt elle était cette vertu même appliquée au travail
intellectuel. De même qu'il ne se donnait jamais pour
autre qu'il n'était, de même il n'écrivait, ne disait,

1. Le discours a été reproduit par le *Journal de Vervins*, puis
tiré à part, Vervins, 1882.
2. Les deux discours ont été publiés dans la *Revue internationale de l'enseignement* du 15 février 1882, et tirés à part pour
être distribués aux élèves de la Faculté des lettres.

n'enseignait que ce qu'il savait. Cette bonne foi était accompagnée d'une telle finesse d'esprit, et la notion du réel était si claire en lui qu'on ne lui en imposait point et qu'il n'a jamais été dupe dans la vie, tout bon qu'il était : de même il pénétrait toute imposture littéraire et scientifique, et son regard lucide perçait, à travers l'apparence, droit au vrai. Il était si modeste que ses parents mêmes, qui avaient toutes ses confidences et suivaient de toute leur attention chacun de ses pas, ont ignoré jusqu'au dernier jour la place qu'il tenait dans le monde savant : sa modestie le préservait de cette froide arrogance qui se rencontre quelquefois chez les jeunes érudits, et elle ajoutait à ses qualités de professeur cette charité envers l'élève ignorant, qui est notre vertu professionnelle. Tout à ses devoirs, sans ambition d'aucune sorte, ne se comparant jamais à d'autres, content de faire tout ce qu'il pouvait de tout ce qu'il devait, il laissait rayonner autour de lui l'auréole de son bonheur intime, inspirant à tous l'envie de faire comme lui, pour être heureux autant que lui. Et parce que son exemple valait et pouvait plus encore que sa science, il est bien vrai, comme nous l'avons dit au premier jour, que la perte que nous avons faite est irréparable.

FIN

TABLE DES MATIÈRES

Avant-propos.

L'enseignement historique en Sorbonne et l'éducation nationale.   1

Cours publics et cours fermés a la Faculté des lettres de Paris.   45

Les étudiants a la Faculté des lettres de Paris. .   61

L'enseignement et les examens.   67

Allocution aux étudiants de la Faculté des lettres de Paris, le 31 octobre 1882   81

Allocution aux étudiants de la Faculté des lettres de Paris, le 6 novembre 1883.   97

Allocution aux étudiants de la Faculté des lettres de Paris, le 4 novembre 1884. 121

Discussion d'une thèse de philosophie. 139

Discussion d'une leçon d'histoire 157

L'enseignement de l'histoire a l'école primaire. . . . 179

Universités allemandes et Universités françaises. . 211

Charles Graux. 265

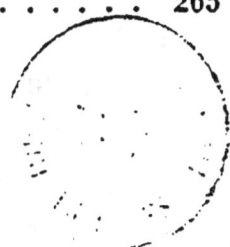

Sceaux. — Imprimerie Charaire et fils.

LIBRAIRIE CLASSIQUE ARMAND COLIN ET Cⁱᵉ

LEÇONS DE PSYCHOLOGIE appliquée à l'éducation, par Henri Marion, professeur de philosophie chargé d'un cours sur la science de l'éducation à la Faculté des Lettres de Paris. Un volume in-18 jésus, broché. Prix. . . . . **4 fr. 50**

Envoi franco, contre le prix en timbres ou en mandat-poste.

La *Psychologie* est une science nécessaire à tout le monde.

Elle apprend à nous connaître nous-même; elle apprend à connaître et à diriger les autres. C'est donc une science humaine par excellence, et parmi les questions qu'elle agite, la plupart sont d'un intérêt immédiat.

Pourquoi l'étude de la *Psychologie* est-elle négligée du plus grand nombre?

C'est qu'elle passe aux yeux de ceux-là qui n'en connaissent que le nom pour une étude abstruse et rebutante.

Il n'en est rien cependant. Pour s'en convaincre, il suffit de lire l'ouvrage de M. Marion. L'auteur présente un exposé complet de *Psychologie*, et avec simplicité, élégance, et sans termes techniques.

Ses leçons de *Psychologie* ont toutes les qualités des meilleurs livres de vulgarisation.

LEÇONS DE MORALE, par Henri Marion, professeur de philosophie, chargé d'un cours sur la science de l'éducation à la Faculté des Lettres de Paris. Un volume in-18 jésus, broch. Prix. . **4** fr.

Envoi franco contre le prix en timbres ou en mandat-poste.

La Lumière naturelle que chacun de nous porte en lui est souvent vacillante. D'instinct, nous savons qu'il faut faire le bien, mais nous ne savons au juste en quoi consiste ce bien.

Un grand nombre de traités de Morale ont déjà eu la prétention de nous l'apprendre, mais en général, leur aspect dogmatique en a découragé plus d'un, si bien que, comme étude, Morale et ennui sont presque devenus synonymes.

M. Marion a rompu avec cette tradition. Dans ses leçons, tout en suivant un méthode rigoureuse, il a su exposer les vérités morales avec une élégance entraînante. On lit son livre comme on écoute les conseils d'un vieil ami. N'est-ce pas là le meilleur éloge qu'on puisse faire d'un traité de morale ?

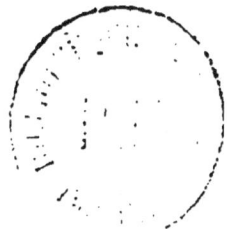

www.ingramcontent.com/pod-product-compliance
Lightning Source LLC
Chambersburg PA
CBHW071625270326
41928CB00010B/1783